諾貝爾經濟學家的永續藍圖

綠色

The Spirit of
Green

精神

The Economics of
Collisions and Contagions
in a Crowded World

William D. Nordhaus

威廉・諾德豪斯 —— 著

周宜芳 —— 譯

CONTENTS

第 1 章　序言　5

PART 1　綠色社會的根基

第 2 章　綠色歷史　14

第 3 章　綠色社會的原則　27

第 4 章　綠色效率　40

第 5 章　外部性的規管　58

第 6 章　綠色聯邦制度　69

第 7 章　綠色公平　78

PART 2　危險世界裡談永續

第 8 章　綠色經濟學與永續觀念　96

第 9 章　國民綠色會計　109

第 10 章　外星文明的誘惑　124

第 11 章　全球疫疾大流行與其他社會災難　144

PART 3　行為主義與綠色政治學

第 12 章　行為主義是綠色主義的敵人　168

第 13 章　綠色政治理論　184

第 14 章　綠色政治實務　199

第 15 章　綠色新政　219

PART 4　綠色社會與綠色經濟

第 16 章　綠色經濟與企業利潤　230

第 17 章　綠色稅賦　243

第 18 章　綠色創新的雙重外部性　264

第 19 章　綠色世界與個人倫理道德　290

第 20 章　綠色企業與社會責任　308

第 21 章　綠色金融　327

PART 5   全球綠色議題

第 22 章   綠色星球？   342

第 23 章   保護地球的氣候公約   360

PART 6   評述與省思

第 24 章   綠色懷疑論者   378

第 25 章   綠色精神之旅   399

注釋   409

第 1 章

序言

　　我生長在新墨西哥的荒漠高地區，綠色在我眼中，是一片乾旱地景裡一抹舒心的寬慰。當我們開車前往山裡的家庭度假小屋時，我父親會說：「這裡簡直綠意盎然。」這句話通常表示他希望溪流裡有足夠的水可以釣鱒魚。「綠」對我父親的意義就是平底鍋裡的鱒魚。

　　自我那段垂釣歲月以來，「綠」對我的意義已經有所變化。綠有了它自己的生命，成為一種社會運動，反映的是個人行動、企業經營、政治活動和法律的新路線。它是一系列相互交織的觀念，內涵關乎現代工業社會危險的副作用，以及我們要如何補救、或至少阻斷這些副作用。本書中，「綠」有兩種意義：首字母大寫時（Green），指的是為了應運當代世界的衝撞與蔓延而生的運動；首字母小寫時（green），指的是樹木和植物的顏色。

十年前，我在構思本書時，希望因應的是經濟成長與全球化所引發的挑戰，以及其中那些未為想見的副作用。我最關切的副作用是氣候變遷，而本書的許多想法，都是在尋找減緩全球暖化政策時所產生的。在本書寫作即將完成之際，全球正籠罩在另一場災禍之中，也就是新型冠狀病毒（Covid-19）所引發的疫疾全球大流行。

　　瘟疫之古老，猶如氣候變遷之新近，但是兩者的解決辦法有共同的核心：社會必須結合私人市場靈活的創造力，以及政府的財政與規管權力。私人市場是糧食和居所等財貨供給充裕的必要角色，而只有政府能夠提供諸如汙染控制、公共衛生和個人安全等集體財（collective goods）。一個管理妥善的社會要能運作，私人市場與集體行動必須兼而有之，缺少任何一者，便如孤掌難鳴。本書討論如何運用民間與公共形式的社會組織，尋找有效的解決方案，化解相互關聯的工業社會所面臨的複雜挑戰。

　　本書將從幾個不同的領域檢視環境運動（或是綠色運動）的影響。雖然大部分人認為，汙染是現代生活最主要的外溢效應，世界卻已經明白，疫疾的全球大流行可能是日常個人與經濟交易的致命副產品。綠的意義不只是乾淨的地球，也是一個沒有像COVID-19這種摧毀力十足的傳染病的世界。

綠色星球的藍圖

本書各章從綠色觀點檢視各式各樣的社會、經濟和政治問題，有的來自既有領域，如汙染控管、減少交通壅塞以及全球暖化，有的則涉及新前沿，如綠色化學、綠色稅制、綠色倫理與綠色金融。

我們從哥本丘（Copenhill）展開我們的旅程：這是一棟最近在丹麥哥本哈根落成的未來主義建築。它結合了內部辦公室與垃圾發電廠、健行步道，並附有爬升吊椅、綠草如茵的滑雪道（從入門級到專家級都有）。由於哥本丘與垃圾的關聯，很少有人會把它與綠色年代的象徵畫上等號，但是它展現了如何以創新的方式，整合我們生活方式的不同元素——從生產、工作到滑雪。

哥本丘是綠色建築的里程碑。綠色建築倡議者詹姆斯·韋恩斯（James Wines）的描述實在貼切：「綠色建築是一種建築理念，主張永續能源、能源節約、建材的再利用與安全，此外，建築地點的挑選也要考慮到它對環境的影響。」在此，「永續」（sustainability）是關鍵。就綠色建築來說，永續意味著透過有效的設計以及可再生資源的運用，把建築物對環境的有害影響降到最低。更一般而言，一個貫穿本書的主題就是，所謂的永續社會，就是在運作上要能夠確保未來世代能享有起碼與當今世代一樣豐足的生活水準。

圖 1-1　哥本丘

　　建成環境（built environment）是人類文明最耐久的有形特質。除了少數幾項工具，最古老的人造物就是建築，包括埃及金字塔、羅馬水道、印第安普韋布洛（pueblo）建築群和哥德式大教堂。大部分的結構體都能留存至少半個世紀之久，相較之下，汽車大約是十年，智慧型手機則是兩年左右。建築物不但醒目、存續時間又長，因此成了綠色原則應用重要性的實用範例。

　　綠色精神一方面是結構體與其他有形財貨實用的藍圖，另一

方面做為相互連結的社會在設計體制、法律和倫理時的概念架構，卻更有影響力。西方經濟體的分析基礎建構於亞當・斯密（Adam Smith）和十九世紀自由派的思想之上，他們的方法強調免於獨占與詐欺的競爭市場。先前時代的經濟見解仍然是繁榮社會的重要元素，但是它們愈來愈必須與修正市場與非市場缺陷的哲學彼此平衡。

本書描述綠色哲學以及它在全球化、科技發展精深複雜的社會裡的應用。有些例子，就像哥本丘，或是新機動車或化學品，這些應用就像鋼筋水泥一樣具體。

然而，有些最重要的綠色理念的實踐屬於組織、體制或態度層面。改革稅制、發展更精確的國民產出衡量指標、改善綠色能源的誘因、運用市場工具以減少汙染，以及提升個人和公司的倫理規範等等；這些改變社會的方法需要的不是鋼鐵或水泥，而是態度和法律的改變。

在談論接下來的各個主題之前，我必須向那些惠我良多的朋友和同事致謝。我要特別向我上一代的老師們致敬：特亞林・科普曼斯（Tjalling Koopmans）、保羅・薩謬爾遜（Paul Samuelson）、羅伯特・梭羅（Robert Solow）與詹姆士・托賓（James Tobin）。

此外，我也要謝謝環境與經濟思想領域諸多的貢獻者，他們儼然形成一個無形會社，這些人包括：喬治・阿克洛夫（George Akerlof）、傑西・奧蘇伯爾（Jesse Ausubel）、林特・巴瑞奇（Lint

Barrage）、史考特‧巴瑞特（Scott Barrett）、威廉‧布連納德（William Brainard）、古樂朋（Nicholas Christakis）、莫琳‧克羅普（Maureen Cropper）、丹‧埃斯提（Dan Esty）、阿倫‧葛伯（Alan Gerber）、肯‧吉林翰（Ken Gillingham）、吉奧佛瑞‧希爾（Geoffrey Heal）、羅伯特‧基歐漢（Robert Keohane）、查爾斯‧爾斯塔（Charles Kolstad）、麥特‧科欽（Matt Kotchen）、湯姆‧樂夫喬依（Tom Lovejoy）、羅伯‧孟德爾松（Robert Mendelsohn）、尼可拉斯‧穆勒（Nicholas Muller）、奈波薩‧納金森諾維奇（Nebojsa Nakicenovic）、約翰‧萊利（John Reilly）、傑佛瑞‧薩克斯（Jeffrey Sachs）、（凱斯‧桑斯汀（Cass Sunstein）、大衛‧史文森（David Swenson）、馬丁‧威茨曼（Martin Weitzman）、楊自力（Zili Yang）與蓋瑞‧約埃（Gary Yohe）。

最後，我要向我的哥哥羅伯特‧諾德豪斯（Robert Nordhaus）致敬：無論在生活或在法律上，他都是一股啟發的力量，他貢獻他的才能，致力把綠色理想寫進聯邦能源環境的立法裡。

本書其他所有的錯誤和不切實際的奇想，全部都是作者的責任。

本書完稿於 2021 年 1 月 21 日，也就是拜登（Joe Biden）當選第四十六任美國總統、全球脫離川普執政黑暗時期的隔天。新執政團隊以及全球各地的政府和公民，在環境以及其他層面，正面臨半個世紀以來最為嚴峻的種種挑戰。但是，在未來的年歲裡，善意、健全的科學，以及民主體制的規則會成為我們的燈塔，引領我們的道路。

PART 1

綠色社會的根基

第 2 章

綠色歷史

本書對綠色運動的回顧，要從我在康乃迪克州紐哈芬市（New Haven）的住家附近的護林員季佛・潘橋（Gifford Pinchot）開始講起。他捐資設立了耶魯林學院，家族裡有祖輩以皆伐法（clear-cutting）經營林木開採而致富。這段回顧之旅最後會回到同一個地方、在同一所學院裡（現在的耶魯環境學院），在一位才能出眾的環境律師身上劃下句點。當我們回顧丹・埃斯提（Dan Esty）教授的經歷，以及他對於如何保護、保存地球的一系列基進構想時，我們也會目睹綠色運動的轉型進程。

潘橋、謬爾，以及美國環境主義的發端

我們今天所知道的環境主義（environmentalism）誕生於十九

世紀末期。將近一個世紀以來，環境主義著重的是自然資源的管理和保存，特別是森林和荒野地區。自然資源的供給混合了市場與非市場機制，而早期最熱烈的辯論，多與對市場或政府的仰賴孰輕孰重有關。潘橋以及約翰・謬爾（John Muir）這兩位環境思想的開山祖師，為後來的辯論奠定了基礎。

潘橋是美國環境主義歷史的起點。在耶魯，這可是個響噹噹的名字：潘橋 1889 年從這所大學畢業，後來捐資成立了耶魯大學林學院。他出身於一個富裕的伐木大亨家族，以皆伐的經營方式在西部開採大片林地。他有些思想如今多半會受到貶抑（像是對優生學的社會觀點，以及對皆伐的環境觀點），不過他仍是森林科學的開拓先鋒。

潘橋相信，做為木材來源，森林是國家的根本資產，但他也認為民間企業對森林資源的管理不善。企業的主要缺陷在於時間跨度太短（以現代用語來說就是折現率太高）。他寫道：「森林受到許多敵人的威脅，其中危害最烈者，就是祝融之災與無止無盡的砍伐。」他認為，政府的角色是確保森林資產得到妥善的運用，保護森林不受敵人的傷害。

潘橋是最早倡議永續性的人士之一，永續是綠色運動的核心原則之一。他寫道：[1]

林業的基本觀念是藉由明智的善用以使其延續不絕──也就

是讓林產今日之極盡其利不會損及其未來之利，反而增其益。

　　這段陳述道出現代環境經濟學最深奧的觀念之一。所謂的永續消費量（sustainable consumption），就是在這個消費水準下，能留給未來等同於今日消費的消費量（無論是在伐木業還是更廣泛的經濟體，都是如此）。

　　潘橋不但有遠見，也是位實踐家。雖然他認為森林具有多種用途的價值，但是他主要強調的是伐木，且視森林為「成熟可砍伐之樹木的定時供給」。他強調：「森林所面臨的許多最嚴重的威脅都源自人類。例如毀滅性的砍伐，以及對林地課徵過度的重稅……這些稅賦高到……〔伐木者〕被迫急促砍伐、出售木材，而未能顧及未來。」他的使命是修正毀滅性的伐木實務，以建立「務實林業」（practical forestry），讓「森林對人類能極盡其利，而其利之增加非以損耗未來之益為代價。」

　　在那個年代，另一位具代表性的人物是謬爾。如果說潘橋是伐林的執斧人，那麼謬爾就是自然的行腳者。謬爾出生於蘇格蘭，十一歲移民到威斯康辛州。他打過零工，也曾務農。他在短暫的大學求學時期一路跌跌撞撞，後來發現自己熱愛徒步旅行與大自然。身為美國國家公園制度建立的重要推手，謬爾創設了山嶽協會（Sierra Club），也是現代環境主義中「環境保存者」（preservationist）此一支派的開創者。

二十幾歲時，他開始在國內徒步旅行，足跡遍布各地。他展開了一場橫跨全國的一千英哩步行之旅。當他抵達佛羅里達礁島群（Florida Keys）的海洋時，他的浪漫情懷油然湧現：[2]

　　記憶或許會掙脫意志，或許會進入漫長的沉睡，但是只要有對的力量來翻攪，即使力量輕如幽影，回憶也會在剎那間完全甦醒，充滿生命力，重現每一個細節……我注視著一望無垠、綿延到天際線的墨西哥灣。當我站在濱岸，凝望那一片波光粼粼、棵樹不生的平原，心中升起的是怎麼樣的夢與臆想！

　　後來，他創立山嶽協會時，便把這些感受融入協會的憲章，主張協會的宗旨為「讓太平洋海岸山區可以為人所探索、享受並親近」，還有爭取各方支持，以「保存內華達山脈的森林和其他自然特徵」。從那時起，山嶽協會就把自身的使命擴大為「探索、享受並保護地球的荒野，以及實踐、提倡以負責任的方式使用地球生態系統和資源。」

人類中心主義 vs. 生物中心主義

　　謬爾寫作的主題之一，就是有價值的自然地點應該受到保護和保存，留給未來的世代——這種觀點稱之為人類中心主義派（human-centric，或是 anthropocentric）。今日，自然資源幾乎所

有的法律和經濟分析，都是以人類的價值為基礎。

　　第二個突出的主題是一種生態觀點：自然有它自己獨立於人類的價值，因此即使沒有人可以享用，也應該得到保存（這就是所謂的生物中心主義派〔biocentric〕）。[3]

　　大部分人即使不知道如何評價大自然，或是不知道如何在人類和非人類的關切事項之間做取捨，也都能本於直覺知道大自然有其內在的價值。生物中心主義派的一個例子就是動物權運動，主張動物有獨立於人類之外的權利或利益。

　　從經濟觀點來看，我們或許要問：「一座森林或一套生態系統的價值是什麼？」更一般來說，自然系統的價值是什麼？如圖2-1所示，區分三種評價環境的方法，有助於我們解析這個問題。潘橋和許多市場導向的人強調圓圈A的重要，也就是木材等產出的市場價值。我們不應該淡化市場產出的重要性。人永遠都需要糧食、居所和衣物；現代人類還享有手機、電視節目和音樂會。

　　不過，除了圓圈A的市場價值之外，我們也必須體認圓圈B裡非市場活動的重要性。其中包括休閒與家庭生活，還有自然資產的無形用途（服務），像是在海灘散步或在山裡健行。圓圈B的非市場用途對人類的價值，或許和圓圈A的市場活動一樣重要。從概念上來看，A和B都屬於人類中心觀點，哲理上都是為了提升人類的福祉，只不過是透過不同的機制滿足人類的目標。

圖 2-1　各種價值系統

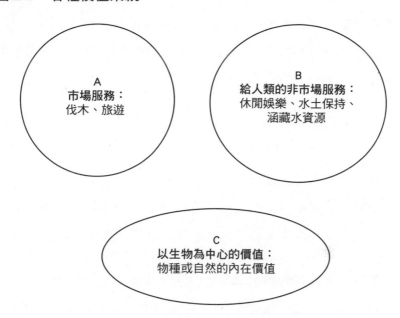

圓圈 A 代表森林的市場價值，在潘橋的學派下達到最高。圓圈 B 納入系統的非市場價值，在無規範的市場裡無法達到效率供給。圓圈 C 包括人類不見得重視、但有其內在價值的項目。

　　圓圈 C 為價值開闢了一個新面向，指出非人類的物種，或是生態系統，或是個別的動物，都有其內在的價值，且這個價值獨立於他們對人類的價值。這個關鍵點值得深入探討。大部分的社會科學，如經濟學、法學理論等，社會的目標和偏好都只考量到人類的偏好或福祉。

　　然而，有些思想家和環境主義者（以及動物權利團體）想要

拓展利益和價值的界域，以納入非人類物種的福利。[4] 環境研究有時候會把這個支派稱為生物中心主義或深層生態學。這一派的倡議者保羅‧泰勒（Paul Taylor）如此描述生物中心主義背後的基本原則：

> 我們對地球非人類形式的生命之所以負有義務，其根據為他們是擁有內在價值的個體。他們有一種在本質上屬於他們的價值，而正是因為這種價值，純粹把他們當成是滿足人類需要的工具般對待是錯誤的。他們的福祉應該為了他們本身之利益而得到提升和保護。就好像人類應該被尊重，他們也應該如此被對待。[5]

關於提升人類的福祉或偏好所應該採取的行動，泰勒的思想正好與經濟學、法學的標準分析形成對比（有人會說是互補）。請注意，主張非人類生命有其內在價值，與主張人類要珍惜非人類生命不同。大部分的人都會同意，保存北極熊或是珊瑚礁是可貴的活動，是因為人類喜愛牠們。他們或許會補充道，這些珍貴的生命形式有其內在價值。但是，對於那些堅持生命有其內在價值的人，比較棘手的例子像是蚊子或水母等生物——許多人想要撲滅牠們，但是生物中心主義者或許會為了捍衛其價值而表示抗議。

回到我們對潘橋與謬爾的討論。潘橋的主要焦點顯然是圓圈 A 的價值，並基於此而堅持政府規範是確保圓圈 A 的價值達到最

適化的必要措施。謬爾的觀點較廣，他顯然相信圓圈 B 的非市場價值有其重要性，但有時候他也主張為自然內在的價值（圓圈 C）而保護大自然。

看起來，雖然謬爾兼具人類中心與生物中心的精神，但卻沒有像今日的我們如此明確區分二者。他的生物中心觀點明顯來自他對短吻鱷的辯護，他寫道：「許多好人相信，由於短吻鱷是惡魔創造的，才會無所不食且面貌醜惡……其他所有的生物都是由相同的材料所造，無論牠們在我們眼中多麼有害、多麼不起眼。」[6] 同時，他也有務實的一面：他體認到動員那些把大自然當成提神經驗之人的重要性。短吻鱷沒有投票權，也沒什麼人同情牠們。

公地的悲劇

環境科學領域最具影響力的論文之一，就是嘉瑞特・哈汀（Garrett Hardin）1968 年發表的〈公地悲劇〉（The Tragedy of the Commons）。[7] 哈汀本來是學微生物學的，但沒多久便轉進公共倡議的職涯，評論人口與經濟成長。他代表了後來在現代環境主義中所形成的反市場論點。

根據哈汀的公地悲劇基本主張，亞當・斯密所說的無規範市場競爭或「看不見的手」（第 4 章會詳細討論）可能會導致生態和人類的浩劫。哈汀認為，亞當・斯密的分析「助長一種根據分

析而採取行動的主流思想，也就是認為符合個人意願的決策，對整個社會來說也會是最佳決策。」[8]

哈汀提出了許多市場力量無效率的例子，但是他把焦點放在人口的爆炸式成長。許多人都倡議科技解決方案，例如海洋養殖或研發新品種的雜交糧食作物，但是他認為這些努力都徒勞無益：「沒有任何科技方案能解救我們脫離人口過剩之災。」[9]

他推論道，一對夫妻變為三口之家，就像牧人的畜群多增加一頭牲畜，因此會加重公地的過度放牧：

每一個人受困於同一個系統，並受到系統的驅使，在一個有限的世界裡無限制增加牲口數。在一個信仰公地自由權的社會，各自追求自己最佳利益的所有人注定衝向頹敗。公地的自由權為所有人帶來毀滅。[10]

從今天的眼光來看，公地悲劇是由外部性（externality）所引發經濟無效率的一個例子。（更具體來說，是公共財資源所引發的經濟無效率，後文會再詳細論述。）過度放牧之所以發生，是因為牲口啃食植被的頻率過度密集，造成植被來不及再生。個別牧人不會關注牧地再生能力的喪失，一片肥沃的草地因而變成一片不毛的荒地。海洋或空氣等公共財資源也會出現這種現象：由於開發的價格低於應有的水準而惡化。

瑞秋・卡森開創性的貢獻

環境理論在十九世紀萌芽之際，引起的關注有限。在那個美國資本主義盛行的年代，政治角力的核心戰場是關稅問題、金與銀、勞資糾紛，還有獨占事業的崛起及對其的防堵，其間穿插著戰爭和經濟蕭條。

第二次世界大戰之後，經濟活動的規模對土地、空氣和水造成愈來愈大的壓力。對大眾與政治領袖大聲疾呼、警示環境問題的一個重要人物，就是科學家兼詩人瑞秋・卡森（Rachel Carson，1907-1964）。

卡森出生於匹茲堡北方的一個小鎮，修習的是海洋生物學。她醉心於海洋，並開始為廣播節目撰稿並書寫文章。她以有力的文字描述海洋：「誰認識海洋？既不是你，也不是我；螃蟹在潮池的巢穴裡，躲藏於海草之下，任憑潮汐拍打，而我們的感官僅囿於陸，無從知曉那潮汐的沫花與湧浪。」[11]

她在保育生物學的研究引領她開始關心殺蟲劑的廣泛使用，其中最重要、破壞力最強的就是 DTT——從消除軍人的頭蝨到撲滅熱帶的蚊子，用途幾乎無所不包。她根據自己的研究出版了《寂靜的春天》（*Silent Spring*，1962 年）一書，描述用化學藥劑防治蟲害的社會所面臨的兩難：[12]

沒有任何一個負責任的人會主張我們應該忽視昆蟲傳播的疾病。但是，現在浮現的迫切問題是，採用會迅速讓問題惡化的方法解決問題，是不是明智或負責任的做法。透過病媒昆蟲防治而成功打擊疾病的捷報已處處可聞，故事的另一面卻鮮為人知──那些挫敗，以及如曇花一現的勝利，如今都強烈印證了一個令人警惕的觀點：我們的敵人昆蟲其實已經因為我們的動作而變得更加強大。更糟的是，我們可能已經毀了我們戰鬥的工具。[13]

　　《寂靜的春天》一書廣為環保人士與科學家所推崇。甚至在該書尚未出版之時，就已經引起甘迺迪總統的顧問、後來是總統本人的關注。甘迺迪總統公開為《寂靜的春天》背書，並指示總統科學顧問委員會研究關於殺蟲劑使用的各項衛生與環境問題。此書的知名度亦為甘迺迪政府推動環境立法提案增添助力。[14]

　　然而，卡森的評論挑起受影響企業的激烈反應，為環境政治學打開新頁。企業揚言要控告出版商，阻止《寂靜的春天》出版，而諸如 Velsicol 等化學公司則進行反證研究，進行聲譽和獲利的保衛戰。這不是化學工業集團第一次攻訐環保評論，不過卻是最凶狠的幾次之一，並在香菸、酸雨和全球暖化等領域，為科學家與企業之間類似的論戰開設了擂臺。

拯救地球的激進思想

本章最後要肯定激進思想對於社會進步的重要性。我們在全書會一再看到，新科技和新思想如何引發其他思想與科技可以解決的問題。經濟進步造成城市人口的爆炸性成長，因而需要大量馬匹來滿足運輸需求，而馬車行經之處，馬匹又會留下堆積如山的排泄物。等到我們發明汽車（往往為現代環保人士所鄙夷）取代馬匹，這些排泄物才消失，街道再次恢復整潔。

時間快轉到今日，一如接下來的各章會談到的，我們也面臨類似的挑戰。這些挑戰從地方議題（如交通壅塞）到全球議題（如氣候變遷）都有。一個貫穿本書的主題就是，對於激進思想，無論新舊，只要我們傾聽時抱持審慎的態度與批判性思考，人類的問題就會有解決之道。

最近埃斯提在編輯的書《更好的地球》（*A Better Planet: Forty Big Ideas for a Sustainable Future*），就是可供參考的資源。[15] 埃斯提的職涯跨越民間研究與公共倡議。他是耶魯法學院與耶魯環境學院的教授，曾任康乃迪克州能源與環保局委員；他的著作繁多，主張透過創新來提升環境。

《更好的地球》一書共四十章，各章都探討一個環境專題，並提出激進的解決方案。其中一個例子就是崔西．梅漢（Tracy Mehan）提議重新思考「廢水」的觀念。[16] 在世界許多地方，水

都是稀有資源。然而，如果我們可以回收再利用水資源，而不是
浪費水資源，美國西部就有大量水源可以供應。如果能運用新科
技，流進排水孔的水可以經過處理，再流回我們的水龍頭。如此
一來，無論是乾旱還是積雪量縮減，都無法減損廢水回收自來水
（waste-to-tap water）的供應。

━━━━━━

　　本章借用綠色運動領袖的故事，講述一段綠色運動演進簡
史，為我們的旅程開場。這段歷史強調，能解決我們環境問題的
是激進的構想與科技，而不是斧頭與士兵。凱因斯提出他在經濟
學的激進新思想時就曾強調以下這點：[17]

　　經濟學家與政治哲學家的思想，無論是對是錯，都比一般人
所理解的更為有力。確實，統治世界的，除此之外，少有其他。

　　潘橋、謬爾、哈汀、卡森和埃斯提等領袖的洞見掀起了陣陣
漣漪，透進社會以及現代環境政策，並對於我們應該如何治理社
會和自然世界的觀點，產生了深切的影響力。我們現在就要來看
看，那些漣漪的傳遞有多遠。

第 3 章

綠色社會的原則

　　第一次接觸到綠色運動時，我還沒有領會到綠色運動對現代
思想的滲透有多深。報紙報導著疫情大流行與氣候變遷，至於綠
色倫理、綠色金融、綠色稅收與綠色企業規劃等其他領域的著
作，我的書架上一本也沒有。

　　從個人守則到全球汙染與疫情大流行的挑戰，這些主題全都
在綠色運動無所不包的範疇之內。但是，綠色運動的結構為何？
綠色運動的原則要如何融入「管理良善的社會」這個概念？綠色
思想的重要信條為何？我們就從這些問題開始討論，為我們在不
同領域的思考做準備。

管理良善的社會

在分析綠色精神的不同領域之前，為了有助分析，我們先勾勒一下理想社會的本質這個更為一般的哲學觀，並在這個架構下進行討論。

我心目中的理想社會，涉及一個由體制、態度與技巧組成的結構，而這一切的目的是為了推動一個公正而繁榮的國家。為了簡化，我稱之為「管理良善的社會」（well-managed society）。數個世紀以來，它一直是經濟與政治思想家深感興趣的主題。雖然這個綜論是我自己提出來的，但卻是援引自政治與經濟思想家淵遠流長的脈系，像是彌爾、皮古（Arthur Pigou）、羅伯·達爾（Robert Dahl）、保羅·薩謬爾遜和約翰·羅爾斯（John Rawls）。這些思想遠遠超越本書的範疇，而本書的目的是剪裁出管理良善的社會與綠色精神的共同元素。[1]

哈佛哲學家羅爾斯所稱的「秩序良善的社會」（well-ordered society）與這裡所描述的觀念相近。引用羅爾斯的話來說，一個秩序良善的社會源自於「社會某些普遍特質的匯聚，讓一個人在審慎省思之下，希望能住在裡面，並想要塑造我們的利益和性格。」[2]

我用了一個不同的名稱——管理良善的社會，和羅爾斯提出的概念做區分，因為它所強調的重點不同。羅爾斯的良好社會著

述偏重公平正義；至於這裡的焦點，一如許多經濟論述，在公平正義之外，又多加了效率這個目標。

四大支柱

在思考綠色目標時，管理良善的社會有四大支柱。第一，它需要一套法律體系界定人與人之間的關係。這套法律應該能執行公民行動與公民權利，界定財產權與合約，並促進平等和民主。好的法律能保障交易的可靠性以及糾紛得到公正而有效率的裁決，讓人民在這種環境裡互動。

第二根支柱是發展完善的私有財市場；私有財（private goods）就是公司與消費者為其供應與享受而支付全部成本的財貨。私有財的效率供應以市場的供給與需求做為關鍵機制。為追求自利而進行交易和交換的個人與公司，就是在私有財市場裡透過亞當・斯密所說的「看不見的手」促進效率。

第三，社會必須找到處理公共財（public goods）或外部性（externality）的技巧，也就是成本或利益外溢到市場之外而沒有為市場價格所涵蓋的活動。它們有的是諸如汙染和傳染等負面外溢效果，也有像是新知識等正面外溢效果。在一個管理良善的社會裡，政府會立法，透過規管和徵稅等權力，促成協商與損害賠償，以確保重大的負面外部性能得到修正。此外，在政府行動缺

席或不完整的領域，個人和民間機構就必須留意他們的外部影響。

最後，在一個管理良善的社會裡，政府必須以修正性的稅賦和支出確保經濟與政治的機會和成果得以公平而公正地分配，以追求體制裡的平等。過去半個世紀，經濟不均愈來愈嚴重，這個目標也隨之變得格外重要。茲舉一例：1963 年，財富排名前 1% 的家庭，財富規模是平均值的 15 倍，而這個數字到了 2016 年擴大到 50 倍。有害的外部性不應該讓現存的不均雪上加霜。

當然，陳述一個管理良善的社會所具備的條件，無法對如何實現這些目標提出明確的答案。縮減不均往往會引發爭議，因為富者不一定會束手就縛、捨棄他們所擁有的事物。此外，國家在規範外部性時無法、也不應該及於所有細微的外部性，像是髒亂的院子或在公共場合打飽嗝。但是，一般的原則都相當清楚，而且無論是對政治決策，還是公司或個人等民間參與者的倫理，都有重要的寓意。

綠色社會的支柱

綠色社會的目標要寄託於管理良善的社會的目標，而側重於特定的損害和救濟。第一根支柱（法律結構）要讓個人和其他主體為自身的行為負責。例如，法律明文規定，民眾要為開車時所

造成的損害負責，而魯莽行為也會得到適當的懲罰。第二根支柱
（市場）則是運用價格、工資和所得等訊號，做為民眾市場行為
的指引（供給者與消費者都有）。一個運作適當的市場能大幅
簡化生活，因為它能透過國內與國際交易，提供豐富的商品與
服務。

　　第三項原則（處理重要公共財，特別著重於有害的外部性）
是綠色精神的核心。這項原則涵蓋了各式各樣的外溢效果，小至
隨地亂丟垃圾、大到全球暖化都包括在內，以因應有形與無形、
短暫與長期、煩心與致命的議題。我們會在全書中看到從許多來
源而來的有害外部性。

　　最後一項原則提醒我們，人的機會和結果包羅萬象。我們很
容易變得執著，只想找到最有效率、最有效能的工具和結果，但
是我們必須留意它們對分配的影響，特別是對低所得的人和國
家。環境正義也屬於一般正義與公平目標的一部分。

綠色精神的主題

　　本書大部分讀者對於他們所關注領域的綠色思想都不陌生，
但是他們可能會很訝異地發現，這些思想是如何傳播到其他領域
的。綠色思想的流派或許看似沒有關連，但是有幾個核心觀念會
貫穿我們的討論。這些觀念涉及全球化的衝擊、衝撞與傳染的日

益普遍、聯邦制度的重要性、政策的基本對策，以及行動的機
制。

▌ 經濟成長與全球化的衝擊

綠色主義為什麼重要？綠色運動是對一個愈來愈擁擠的世界
的回應。我們身處在一個全球化、瞬息萬變、彼此連結、科技進
步的世界，而綠色運動反映的正是隨時都在我們彼此之間上演的
許多衝撞。在先前的時期，瘟疫藉由馬匹或船隻緩慢傳播，得花
上好幾個月才傳遍全世界，也往往在傳播的過程裡慢慢消停。到
了現代，一架來自中國、歐洲或美國的班機，一夜之間就能傳播
致命的病原體——確實，甚至早在科學家還來不及辨識出它們之
前就傳播出去了。

有時候，我們的互動無關痛癢，像是在街上彼此錯身而過。
後果比較嚴重的是馬路上經常發生的車輛衝撞事故，還有空中較
罕見但令人恐懼的空難事故。對一個社會損害最大的互動，是企
業排放的汙染物殘害人體或改變氣候；是企業把生產活動搬到海
外，換掉工人並傷害社區；是企業明知有害卻還是生產危險的產
品，讓世人生病、遭受殘害、甚至丟掉性命；還有疫疾傳偏全
球，造成數十萬人喪生，經濟陷入混亂。為了給這個趨勢一個有
顏色的名字，我把這些危害的力量標記為「棕色」。

▌衝撞、傳染與外部性

這些危害力量並非自動出現。它們是我們社會中主要行為者之間互動的結果。這些行為者是個人、企業和政府，他們透過各種機制和體制打交道，像是家庭、公司、市場、政府、政治、社團、大學和網路社群。我們在此主要以非個人關係為焦點，像是在市場透過買賣、藉由法律和規定而形成的政治、以及透過公司的社會和反社會活動等而形成的關係。

我們大部分的行動都是中性的，因為不會影響他人，像是吃蘋果。有些則是有益的，像是給學校的慈善捐款，或是伸出援手解救他人。然而，有許許多多的活動是有害的（或是棕色的），因為它們把未償付的成本加諸到別人身上，像是汙染或是過度捕撈。

這些外溢效果稱為外部經濟，或是外部性。它們來自市場之外經濟活動的影響。最明顯的外部性是汙染，像是大城市裡機動車輛排放造成的煙霧，或是被有毒廢水殺害而沖上岸的魚。最不明顯的外部性或許是冠狀病毒，這個比一粒沙還小一千倍的生物，殺傷力甚至比脫軌的列車還要猛烈。

所有外部性的共同主調都是「訂價錯誤」，意思是價格沒有反映社會成本。這個深奧的論點可以理解如下。在運作良好的市場，接受者為他們所享有的財貨支付價格，生產者則得到他們所生產財貨的成本。至於有重大外部性的活動，則是成本、利益和

價格彼此不吻合的結果。以城市的煙霧為例，那些吸入有害廢氣的人所損害的健康，開車的人沒有為其支付代價。綠色運動投入許多時間分析這些外溢效果或外部性活動的來源、機制和影響。

▌ 責任聯邦制度

就像在許多領域，處理外部性的核心原則是聯邦制度（federalism），意即責任應該由社會階層裡適當的層級來承擔，如個人、家庭、組織、政府和全球等。

換句話說，在考慮如何補救外部性時，我們必須問，各項外部性應該交由哪一個治理結構最好。聯邦制度體認到，法律、倫理、經濟和政治責任與流程會在不同的層次運作，解決方案也必然因層級不同而涉及不同的體制與決策流程。此外，聯邦制度階梯上某一階的規範，也會因為其他階的表現而有所不同。這就是所謂的綠色聯邦制度。

以空氣汙染為例（這個討論完全適用於二氧化硫，但是也可以套用在其他情況）。在一個不受規範的環境，排放成本為零，廠商在造成汙染時完全沒有支付任何代價。然而，電力公司每一噸的排放可能會造成一國居民價值三千美元的健康和財產損害。因此，汙染者的成本與對居民的影響並不相符。

我們可以思考在個人、城鎮、州、公司、國家或全球等不同

層級以規範處理這種空氣汙染的結果。歷史顯示，這六個層級中有五個都不具效果，只有國家層級的規範有效。個人的誘因薄弱，而且缺乏資訊。在另一端，聯合國沒有控制一國汙染的法定權限。所以，處理空氣汙染最有效的層級是國家，而那個層級也確實是大部分行動出現之所在。

一項特別棘手的議題涉及必須升級到聯邦階梯最高層的活動，也就是像氣候變遷、海洋汙染和疫情大流行等全球議題。以這些議題來說，全球機構和控管機制都顯得薄弱無力，或是根本不存在。於是，許多惡化力量控管的重大失靈都發生在全球規模上，也就不足為奇了。

▎政策的基本對策

如果創建綠色社會的重大挑戰是由各種外部性而來的威脅，那麼成本和效益的「內部化」就是最有效的政策。內部化意即要求產生外部性的人支付社會成本。司法也會要求對那些受到傷害的人做出補償。

最有害的外溢效果來自市場交易，尤其以能源、運輸和自然資源等部門的交易為最。綠色政策會涉及政府行動，讓民間部門與公共利益的立場趨於一致。這些行動包括規管、稅賦、責任法、改良財產權，以及國際間的政策協調。其他無效率源自行為

反常（behavioral anomalies），像是短視、資訊不良或怠惰。行為議題較為複雜，但是最起碼，它們都需要更優質的資訊。

由於政府未能採取必要行動，而未能創建管理良善的理想社會，這是各國或多或少都會有的現象，也因此這份責任會落在不同層級的主體肩上。聯邦制度階梯各級的行動要求，取決於未為內部化的外溢效果以及不同體制有效性的程度。

例如，企業以及其他民間機構可能需要在政府失靈的地方介入。企業社會責任就是一項重要新發展，也就是要求企業在像是產品與流程的安全等專門領域，行為要合於倫理道德。例如，藥廠必須知會醫師和病患關於藥物對健康的風險，而不是欺騙他們，造成數十萬人用藥過量致死，一如普渡製藥（Purdue Pharma）推廣鴉片類止痛藥的案例。個人也有責任防範自己的行為造成不必要的傷害。

▌ 行動機制

社會會建置各項不同的機制，以有效處理外溢效果。這些機制包括市場誘因、政府規管與財政懲罰、透過企業責任而為的組織活動，以及重要人際互動所遵循的個人倫理道德。

綠色機制的例子包括個人行動，像是盡可能減少能源的浪費，因而限制各種汙染物。此外，它們也必然涉及綠色政府法

規，像是電廠和機動車輛的減排。另一項重要綠色活動是提升公司管理，也就是將公司對其員工和顧客的有害影響納入公司經營的考量。其他行動還包括綠色設計，例如研發能快速分解、在使用壽命結束時無害的新產品。簡單說，綠色行動就是能讓社會運作場域遠離有害的互動、朝向有益的互動邁進的行動。

　　許多最重要的外溢效應都需要政府行動。事實上，處理外部性最早的政策都是著眼於保護公眾健康，防止傳染疾病。我們會在第 11 章看到，疫情大流行有更早的書面紀錄可循。「隔離」（quarantine）這個現在大家已經很熟悉的字彙，起源於十四世紀的威尼斯，衍生自「quarantena」這個字彙，意為「四十日」。威尼斯為了保護市民免於感染瘟疫，要求船隻停留四十天後才能登岸。今天，民眾必須隔離十四天，而不是四十天，而且現在有時候是留在遊輪上。

　　減少空氣汙染的政策則更為人所熟悉。美國立國的第一個世紀，空氣汙染被忽視。如果汙染到了造成實質損害的程度，則以訴訟方式處理，一般是歸為私人滋擾。這種處理方式被視為無效能，而最早在 1881 年，就有州與地方政府採取進一步的行動，宣布空氣汙染屬公共滋擾，要求工廠減少排煙。

　　空氣汙染的重大聯邦立法一直到 1970 年才實施。該法把規定延伸適用於所有有害的空氣汙染物，但是行動仍然以技術標準為主要依據，規定要對汙染採取技術面的防治方法。1990 年，二

氧化硫可交易排放許可的發展，開啟了市場工具時期，而有幾個國家在 2000 年代實施汙染稅（例如碳稅）。國際空汙的規範則有合約與其他協議因應，就像國家之間的契約。一部空氣汙染防治史，涵蓋了大部分可以用於控制外部性的主要工具。

　　空氣汙染和氣候變遷是極端外部性的例子，幾乎所有的損害都由生產外部性以外的各方承擔。氣候變遷更是極端裡的極端。如果我開車排放一噸二氧化碳，我自己（己方）所承擔的氣候損害是 0.00001%，而有 99.99999% 的成本都是由別人來承擔（「他方」）。所謂對他方的損害，指的是對其他人、其他土地和其他世代的損害。

　　有些情況之所以複雜，像是共有資源問題，原因是它們混雜了較為對等的己方與他方利益。以交通壅塞為例，大部分的人被困在車陣裡時都會生氣。但是他們可能會忽略自己對其他駕駛人造成的影響。結果就是民眾可能會抵抗高速公路和機場的壅塞稅等顯然可以減少無效率塞車的機制。

　　另一套特殊機制寓於綠色倫理領域，而一如我們後面會看到的，它不只應用於企業和個人，也及於金融，甚至化學。企業社會責任尤其重要，也就是公司必須就其產品與流程的安全性提供更完備的資訊。

結語

　　自一個多世紀之前展開的環境運動啟發了綠色的意象，形成阻隔有害外溢效果最力的顯學之一。然而，綠色運動的開展已經超越了環境的範疇，而這是本書要講述的故事。綠色思想有助於分析、甚至解決我們這個時代許多最棘手的問題——全球暖化、疫疾大流行、短視的決策、人口過剩，以及森林與漁場的過度開墾。它也是家戶、企業、大學和政府的優良管理工具。

　　我們現在要來檢視綠色主義在幾個領域的角色，並提出建議，讓我們在這個相互依存度愈來愈高的世界，能夠應用綠色思想家所提出的觀念，過得更健康、更幸福。

第 4 章

綠色效率

　　效率是經濟學家的主食——經濟學家把效率當早餐、午餐和晚餐吃。[1] 但是，我們這個社會的飯碗有時候會被汙染給打翻，而這也是經濟學的重要關注議題。

　　北美五大湖是大自然的一大奇觀。它們是最大的湖群，涵養全世界五分之一的淡水。它們在大約一萬五千年前經後退的冰河刻蝕而成。站在湖岸上，放眼望去，一望無際的湛藍湖面上白帆點點（抑或是冬日裡冰釣的點點人影）。

　　當人類進入工業化時期，五大湖變成巨大的廢棄場，世人把廢水、工廠汙物和殺蟲劑都往裡頭倒。由於藻類生長、缺氧、大量的魚群死去，湖群中面積最小的伊利湖（Lake Erie）被宣告「死亡」。1969 年，伊利湖因一宗特別嚴重的意外事件而遭受傷害：流經克里夫蘭（Cleveland）注入伊利湖的蓋雅荷加河

（Cuyahoga River）起火。在大眾的撻伐聲中，1972 年《淨水法案》（*Clean Water Act*）通過立法，《美加五大湖區水資源品質協議》（*U.S.-Canadian Great Lakes Water Quality Agreement*）也在同年通過。

這些都是前一章所描繪的綠色原則所面臨的問題的鮮活例子，顯示低落的經濟管理如何導致自然資源的浪費。這一點直指環境經濟學的核心，而這正是本章的主題。

還記得綠色精神蘊藏著管理良善的社會這個目標。於此，財貨與服務在市場與非市場、在人際與跨時間的有效運用和分配是其要件。我們所謂的「分配」，指的是財貨在不同的人口之間歸屬的公平性。

本章的焦點為綠色效率，從主流經濟學援引效率的觀念。確實，我們在追求綠色效率時，不必動用新的經濟原理。綠色效率著眼於一系列的失靈——主要與市場在環境服務和自然體系的功能不彰有關。

要促進綠色效率，涉及三個核心議題。最重要的是處理經濟活動負面外部效應，像是汙染。第二和資訊不足有關，可能是消費者對能源使用的無知，也可能是促進綠色行為的科技創新不足。最後一項議題與處理行為反常有關，也就是個人、公司或政府沒有為自身最佳利益而採取行動時所產生的無效率。

基本原理

我們從經濟學基本通則開始講起。社會排序的核心原則是個人主義。換句話說，社會狀態的判斷依據是社會的個別成員對它們的排序。如果所有個人都偏好 A 世界勝於 B 世界，那麼我們就聽從他們的偏好。

這種聽起來無關痛癢的原則，有一個根本意涵，就是所謂帕雷托法則（Pareto rule），此名取自二十世紀初的一位義大利經濟學家。如果至少有一個人偏好社會處於 A 狀態勝於 B 狀態，而和 B 狀態比較時，沒有人比較不喜歡 A 狀態，那麼狀態 A 就是較優的社會狀態，而帕雷托法則於此成立。經濟學家為什麼這麼常著墨於市場在經濟效率所扮演的角色，帕雷圖法就是關鍵原因。根據帕雷托法則，在某些狹窄的環境下，沒有任何結果可以超越市場運作的結果。

我們從個人偏好排序以及帕雷托法則這兩個基礎原則開始講起，讓社會資源的效率運用能有一些進展。

一般效率

什麼是效率？效率意指社會資源在滿足人的需求和需要上達到最有效的運用。更精準地說，經濟效率就是一個經濟體在它所

具備科技與稀有資源的條件下，財貨與服務的產出在數量與品質都達成最高水準的組合。有時候，我們會以前述的帕雷托條件來描述效率。按照帕雷托法則的語言來說，在一個經濟體裡，要增加任何單一個人的經濟福利，都必須以減少他人的經濟福利為代價，那麼這個經濟體就是達成效率生產狀態。

我們以圖 4-1 來說明。假設在一個偏遠的漁村，村民捕獲 1000 條會腐壞的魚。一個效率結果（稱之為均等 A）是 100 個家庭各得到 10 條魚。不過，另一種效率結果（稱之為不均等 B）是 1 家得到 901 條，其他 99 家各得 1 條。在大部分人眼中，均等 B 一點也不公平，但它具有效率。

當爭端出現，就會出現不幸的無效率結果。假設公民無法認同位於不均等 B 的漁獲分配，於是為公平程序起辯論，協商持續多日。他們最後決定平分漁獲。可是，到了那個時候，有一半的魚已經腐爛了，所以每一家只能得到 5 條魚。這個結果就是圖中的 C。沒錯，大部分家庭的處境都變好了。然而，由於有魚遭到廢棄，因此這是個無效率的結果。這個例子也點出公平與效率潛在的取捨。如果公平結果的達成要付出高昂的代價，可能就會導致無效率。圖 4-1 顯示前述三種情況。

這項討論完全沒有觸及任何體制結構。這是經濟學進場的時候。環境經濟學背後的核心經濟立論就是，所有市場在運作適當時，都能妥善配置資源，但是當市場失靈出現時，市場也會出現

資源錯置。

我要給這個現象一個鮮活的名字，稱它為「看不見的手」法則（the invisible-hand principle），意指運作良好的競爭市場所具備的效率。前幾章討論過，這是管理良善的社會的第二根支柱。亞當・斯密在《國富論》（*The Wealth of Nations*）裡對這一點有精采的論述：

每一個人都致力於部署其資本，好讓資本的產出實現最高的價值。個人通常既非刻意促進公共利益，也不知道自己有多少貢獻。所圖的只是他個人的安全，他自己的利得。他由一隻看不見的手所引導，促成一個他不曾意圖追求的結果。個人追求自己的利益，經常也因此促進社會的利益，而且效果勝過個人對促進公益的刻意追求。[2]

這段謎樣的文字是什麼意思？亞當・斯密看到了某個在他寫下這些文字之後將近兩個世紀仍不為世人完全理解的事物──他看到，在運作妥善的市場，私利可以促成公益。更精準地說，現代經濟學指出，在嚴格的條件下，一個完全競爭經濟是有效率的。

看一下圖 4-1，理想的競爭市場能確保社會處於魚量前沿，像是在 A 點或 B 點。這些結果可能相對均等或嚴重不均等，但是都不可能在不減少一人的經濟狀態之下增加他人的經濟狀態。

圖 4-1　兩個效率結果與一個非效率結果

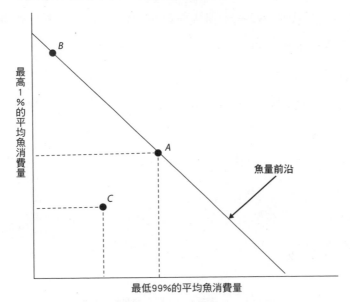

圖中顯示最低 99% 與最高 1% 的家庭平均魚消費量。位於外部的那條線就是那 1,000 條魚的效率分配所構成的「魚量前沿」。A 點是均等的效率結果，而 B 點是高度不均等的效率結果。C 點則是均等但無效率。

　　現在的經濟學家在累積兩個世紀的經驗與思想之後，體認到「看不見的手」這條法則的限制。我們發現，無效率可能會導致社會處於魚量前沿的內側，就像 C 點一樣。我們知道，當市場有缺陷，就會出現「市場失靈」。有一系列的市場失靈與不完全競爭或獨占有關。史上最有名的獨占事業包括標準石油（Standard Oil）、美國菸草公司（American Tobacco）和美國電話與電報公

司（AT&T）。這些事業全都曾涉及非法實務並被拆分。今日的巨頭科技企業則有反托辣斯主管機關對他們窮追不捨，對他們的反競爭惡行提出控訴。

還有兩種市場失靈是理解綠色效率的關鍵。其中一個和資訊不足有關，例如有人並不知道不同車輛或電器的能源使用狀況。然而，最重要的失靈來自發生在市場外的外溢效果或外部性——像是排入伊利湖的殺蟲劑或排入大氣的二氧化碳等負面外溢效果。

重點是，這些情況的任何一項發生時，亞當‧斯密所說的那隻「看不見的手」就會受傷，需要動手術。

皮古：環境經濟學之父

前文曾記述環境主義在潘橋、謬爾和卡森等重要人物的推動下的創始過程。綠色運動背後的分析思考源自亞瑟‧皮古（1877-1959）。他是英國劍橋大學的講師，劍橋國王學院出身，後來成為二十世紀初期劍橋學派的領袖。

皮古的一生都奉獻給發展經濟學，以其做為提升人類福利的工具，除此之外，他對其他事物都興趣缺缺——無論是政治、外國人還是女人，他都漠不關心。據說，皮古只願意接受劍橋或國王學院經濟學家的指正，對美國人的指教充耳不聞。然而，皮古

的傳記作者認為這是個錯誤的傳聞——傳記作者說，皮古其實根本不願意接受任何人的指正。

他的重要著作《福利經濟學》（*The Economics of Welfare*）跳脫了衝突體制辯論的早期傳統（社會主義與資本主義之爭），以建構改良現存經濟體制的方法。[3]雖然皮古追隨亞當·斯密的腳步，相信妥善運作的市場能達成人類滿足的極大化，但是他也清楚看到他所處時代英國經濟的缺陷。

他認為，外部性的出現是重大缺陷，而他是這個觀念的開拓者。他的敘述如下：[4]

在簡單競爭下，社會邊際淨產出與私人邊際淨產出在價值上出現歧異，而這種普遍分歧的來源顯示一個事實，那就是在有些行業，一單位資源的產出，有一部分並沒有歸給單位資源的投入者，而是以正面或負面產出歸於其他人。

他的分析採用了「社會邊際淨產出與私人邊際淨產出在價值上出現歧異」這種又臭又長的措詞。這就是現在所稱的外部性。

皮古舉了幾個例子。其中之一便是大家熟悉的燈塔，燈塔「為船隻提供指引，卻無法輕易對那些船隻課徵費用。」其他例子包括公園、森林、道路和電車道、汙染防治、酗酒以及道路損壞。還有一些是他嚴正看待、但在今日看似牽強的例子，包括跑到鄰居院子裡的兔子。

一如我們會在談創新的那章裡所強調的，根據皮古的觀點，最重要的外部性是新知識的投資：

〔最重要的外部性來自〕投注於基礎科學問題研究的資源，還有在工業發展過程中，為了讓發明與改良臻於完善而投注的資源，往往會以意想不到的方式增加具高度實務應用價值的發現。後者因為本質使然，通常既不能申請專利，也無法保密，因此一開始為投資者所享有的額外報酬，全都會迅速從投資者以較低價格轉移到一般大眾身上。

雖然環境經濟學通常是個苦悶的科目，側重汙染和壅塞的探討，但是皮古正確指出了知識、發明和改良科技的正面外部性。關於科技在追求綠色社會所扮的角色，本書通篇都會討論到，並在綠色創新那章特別著墨。

皮古革命性的提案，會運用財政工具修正這些外部性。以下引用他的話：

若是如此選擇，國家〔可以〕藉由對任何領域的投資實行「特殊鼓勵」或「特殊限制」，以消弭該領域〔邊際社會產出與邊際私人產出之間〕的分歧。當然，鼓勵與限制最明顯的形式或許就是獎金和稅賦。

皮古提出了幾個這類財政措施的例子，其中包括課徵汽油稅

以供開發道路之用、課徵酒稅以遏阻過度飲酒、在稠密地區課徵建物稅，還有在高致病率的地區對企業課稅。

皮古的思想逐漸在經濟學領域擴散，並被尊為運用市場方法以減少汙染的工具。皮古體認到這個過程，但是他從來不使用「外部性」一詞。多年後，1957 年，法蘭西絲・巴托（Francis Bator，1925-2018）率先著述解說這個觀念，後來廣為經濟學所使用，並且流傳到環境思想與法律領域。[5]

皮古的環境思想在當時格外激進。在大部分經濟學家承認外部性對經濟體所造成的損害之前，皮古不但已經體認到那些外部性，還把它們納入標準的經濟架構，並以環境稅和補助的形式設計新的解決方案。

這種不尋常的發明有其實用性，值得我們停下來推崇它的重要性。社會推崇新產品的發明，像是全錄的事務機或智慧型手機。但是，許多最重要的發明都屬於體制性質。我們在十八世紀發明的民主政體儘管不完美，卻是最耐久而有價值的體制創新。同理，市場也不是憑空出世的發明。最後再舉一個例子，環境稅和補助就是深遠而重要的體制觀念。

我們會在綠色稅賦那章回頭談論汙染稅這個主題，不過在繼續往下談之前，我們要向這個有力觀念的發明者致敬。

公共財與私有財

要理解綠色議題，公共財與私有財是必須區辨的重要經濟學觀念。公共財是危害或利益廣及於群體的活動，無論個人付不付錢、想不想要。相較之下，私有財可以分割或分別提供給不同個人的活動，對他人沒有外部利益或成本。[6]

公共財的一個經典例子就是國防。一個社會最攸關緊要的莫過於安全。然而，國防一旦部署，便會影響到每一個人。無論你是鷹派還是鴿派，無論你是老是少，完全沒有關係──你和你國家裡其他每一個人，都會在同樣的軍事政策下生活。然而，私有財（如麵包）就完全不同了。十條麵包可以用很多方法分給個人，但是我吃的，別人就吃不到。

請注意兩者的對比：決定提供某個水準的公共財，像是國防，會產生開銷和衝突，而這些會在不經過個人決策或同意的情況下影響到每一個人。對比之下，像麵包等私有財的消費決策是個人行為。你可以吃四片、兩片麵包，也可以完全不吃；這是純屬於個人的決定，而且別人也可以按自己的想法吃麵包。

燈塔這種公共財

除了無政府主義者，大家都同意，國防是公共財。一個更清

楚的例子是燈塔。這有一段有趣的故事。燈塔可以挽救人命和貨物，但燈塔的守望者無法向每一艘船收費，就算可以，對使用他們服務的船隻實施經濟懲罰，也不符合社會目標。燈塔的光最為有效的供給價格就是免費，因為燈塔無論是向一艘、十艘還是一千艘船隻發出警示，成本都是一樣的。

公共財的兩個關鍵屬性是：（1）額外多服務一個人的成本是零（此即「非敵對性」〔nonrivalry〕）；（2）不可能排除他人享用（此即非排他性〔nonexcludability〕）。

但是，「公共」財不見得是由公共機構提供。公共財可能沒有提供者。此外，就算由私人提供，也不代表它的提供有效率，也不表示所收取的費用足以支付燈塔的成本。

《漢彌爾頓》（*Hamilton*）是我們這個時代最輝煌的音樂劇，它以歌曲描述美國第一位公共經濟學家亞歷山‧漢彌爾頓（Alexander Hamilton）精采而悲劇的一生。鮮為人知的是，漢彌爾頓也是美國早期公共工程（基礎建設計劃）的推手，也就是《燈塔法案》（*Lighthouse Act*）。更完整地說，是《1789 年燈塔、標燈、浮標與公共碼頭建造與支援法案》（*An Act for the Establishment and Support of Lighthouses, Beacons, Buoys, and Public Piers of 1789*）。早在經濟理論學家發展外部性理論之前，漢彌爾頓就已經以歌頌讚美：「在法案通過之前，對美國任何海灣、內灣、港口或碼頭的入口或內部所豎立、安置或沉放的燈

塔、標燈、浮標和公共碼頭，為其導航而帶來的便利和安全，提供必要的支持、維護和修繕」。

燈塔已經不是今日公共政策的核心議題，而是觀光客和經濟學家感興趣的主題。燈塔大多被以衛星為基礎的全球定位系統（global positioning system，GPS）所取代，而 GPS 也是由政府免費提供的公共財。

但是，燈塔和國防提醒我們，自由市場無法提供效率解決方案的活動所扮演的關鍵角色。這些不是個案。想想疫苗、汙染減量、清潔的飲水、高速公路、公園、太空探索、消防局，或是類似的政府專案，你通常都可以在其中找到公共財的成分。綠色政策的關鍵要點如下：私有市場是私有財的提供達致效率的關鍵，但是公共財的提供需要政府的介入。

這是一條貫穿環境政策討論的基本經濟原則，從水資源權等古老問題到現代的綠色新政辯論，都包括在內。本書稍後會再討論。

網路外部性

網路問世後，出現了一種完全不同類型的外部性。它的基本概念如下。許多產品本身沒有什麼用處，只有在與其他產品或其他人一起使用時才能產生價值。網路就是這樣的產品：網路透過

一個系統連結不同的人。在早期,重要的網路包括實體連結,像是電訊系統、輸電網、管線和道路。今日,愈來愈多網路是虛擬的,像是民眾使用智慧型手機、社群媒體和電腦軟體,或是使用同一種語言(如英語)。

要理解網路的本質,你可以想想,如果沒有加油站網,你的車子可以開多遠,又或者,如果你是唯一的手機使用者,你的手機價值幾何。同理,信用卡和提款卡之所以有價值,正是因為我們可以在許多地點使用。臉書之所以能風靡大眾,也是因為用戶可以與他人形成網路,而使用臉書的人愈多,利益就愈大。

網路是特殊財,因為顧客不只從自己使用財貨受惠,也自採納該財貨的人數獲益。這就是所謂的網路外部性(network externality)。財貨或服務的使用者因為使用者增加而得利或受害,就會形成網路外部性(分別為正面外部性和負面外部性)。

我有一支電話,我可以和每一個有電話的人聯絡。因此,我加入這個網路會對其他人產生正面外部性效應。許多大專院校之所以對所有學生和教職員一律提供電子郵件信箱,原因就在此:電郵服務的價值會因為每個人都參與而增加。

網路有時候也會引起負面外部性。你可能曾經在高速公路遇到嚴重壅塞的交通,陷在車陣裡動彈不得。又或者,你曾在擁擠的飛機跑道上枯等,因為空中航道已經滿載。有時候,電腦網路也有過載問題,人員服務速度因此減緩。這些都與臉書和電話的

例子相反，因為道路這種網路，愈多人使用就愈沒有吸引力。

經濟學家已經發現網路市場的許多重要特質。第一，網路市場會「傾斜」，也就是均衡會倒向一個或少數幾個產品，形成贏家通吃或少數割據的局面。因為消費者喜歡與他人系統相容的產品，均衡往往會朝向勝過對手的單一產品靠近。一個重要例子就是微軟 Windows 系統：它之所以能成為主流系統，部分原因就是消費者想要確保他們的電腦能執行所有的現成軟體。今日，Windows 系統在桌上型電腦作業系統的市場占有率超過 80%。

第二個有趣的特質是，在網路市場，「歷史很重要」。一個著名的例子就是電腦所使用的 QWERTY 鍵盤。你可能會很疑惑，字母排列如此奇特的組合，怎麼會成為鍵盤的標準。QWERTY 鍵盤是十九世紀的產物，當時使用的是有實體按鍵的手動打字機。鍵盤在設計上刻意把常用鍵（像是 E 和 O）區隔開來，以防止卡鍵。

等到電子輸入科技問世之時，已經有數百萬人在 QWERTY鍵盤的打字機上學打字。以更有效率的設計替換 QWERTY 鍵盤，不但成本昂貴，而且難以協調。因此，在今日的英語鍵盤上，字母的排列仍然維持過時的 QWERTY 組合——我現在用來寫作本書的鍵盤也是。

QWERTY 鍵盤的例子顯示，網路效應強大的科技可說是極度穩定。這一點對於環境議題有重要的影響。美國的汽車文化（以

及現存的汽車、道路、加油站與住宅所構成的網路）根深柢固，難以破除而有利對環境更親善的選擇發展，像是密度更高的城市與改良的大眾運輸系統。其他歷史背景不同的國家，對於汽車和道路的依賴性就沒那麼高。確實，轉型到綠色能源結構的重大挑戰之一，就是要克服能源資本分配與基礎設施的現有網路。例如，或許電動車是綠色選項，而如此一來，我們就必須以快速充電的「加電站」和快速充電的電動車取代「加油站」。

就像汙染或是 COVID-19 之類的傳染病，網路外部性也會引發政策問題，只是問題的類型不同。壅塞已經是現代人日常生活愈來愈常見的特質，特別是對城市居民或經常差旅的人而言。

我們的解決辦法是透過私人所有權和網路的運作，把外部性「內部化」。如果一家公司擁有整個網路，它就有動機建立並執行一套制度，把網路外溢效果降到最低。手機通訊網路在尖峰時段可能會受壅塞之累。但是，獲利能力高的通訊業者有誘因投資擴張產能，或是採用吸引人的費率，以減少繁忙時段的壅塞。

道路、空中航道等公共網路的管理比較具有挑戰性，因為它們的經營靠的是政治共識，而不是利潤最大化。我們會再回頭討論壅塞訂價和壅塞稅的概念，這些是讓公共網路的使用達成最高效能的創新。

金融外部性

　　環境問題主要源自科技外部性。就像汙染，這些外溢效應來自發生在市場之外的互動。另一個重要但是在環境理論裡少有討論的變體是金融外部性（pecuniary externalty），這些是透過市場間接發生的外部性。它們的發生原因是經濟行為影響價格和其他人的所得。

　　金融外部性的詳細研究很少。或許最重要的例子是工廠關門，生產活動外移到工資較低的地區。這通常發生在美國，公司從高成本的州搬到低成本的州。不過，其他例子（較不具爭議性，但數量更多）的成因則是創新的創造性破壞，以及新產品取代舊產品所造成的市場流失（如電腦取代打字機）。

　　以紡織廠的關閉為例。這種變動所造成的工作流失通常會導致失業期間變長，勞工最後換到工資更低的工作。經濟學家史蒂芬・戴維斯（Steven Davis）與提爾・馮・瓦契（Till von Wachter）有一項重要研究提出關廠影響的估計值。[7] 他們發現，在工廠關門之後，勞工接下來十年的所得通常會減少 15%。假設工作的年薪是 5 萬美元，那麼被取代的勞工在未來十年的所得會減少 7 萬 5 千美元。失去高薪製造業工作的勞工承受高度的金融外部性，這是一個例子。

　　從總合觀點來看，像是工作流失這種金融外部性是複雜的議

題，因為有些勞工得到工作，是以其他勞工失去工作為代價。確實，來自創新的創造性破壞和國際貿易的總經濟效應，一般而言，在個別國家和全球經濟屬正面效益。有人仔細研究過沃爾瑪（Walmart）的案例，而證據顯示，大型超級商店的興起壓低了消費者物價，因而大幅提升美國人的實質所得。

但是，對於被裁員的勞工來說，他們的損失和摔落懸崖一樣真實。工廠關閉，生產活動移往墨西哥或越南時，消費者和遠方不知名勞工的利得，難以聊慰失業者的失落。川普和其他人的反全球化運動部分反映出，金融外部性導致民眾認為外國人「偷走」了他們的工作。

我們不應該低估金融外部性的重要性，也就是市場從變動的經濟結構所產生的利得和損失。但是，重要的是體認到這些外部性的結構不同於科技外部性，因為它們發生在市場內部。經濟學家往往相信，像是由國際貿易引發工作流失的金融外部性，解決辦法不是設立高關稅壁壘，而是有適當的失業保險與再訓練計劃。同理，抑制電訊、新零售策略（如大賣場）和網際網路商務的創新所帶來的創造性破壞，長期而言，會降低幾乎所有人的生活水準。

第 5 章

外部性的規管

　　現代環境主義是一種思想與法律架構，用以分析人類活動的重大外部性。它的範疇涵蓋全世界，從最小的村莊到最大的國家。所有重要大學都有環境科學與政策的課程，學生也認為這是收穫豐富、深具啟發的研究領域。這個領域涵蓋地球科學、生物學、生態學、公共衛生、經濟學、政治科學、法律和其他許多基礎學科。

　　外部性代表市場失靈（market failure），也就是市場功能失調的產物。以外部性來說，市場失靈的發生是因為外溢效果（比方說汙染）的生產者，沒有為（對人類和魚群的）損害支付代價。以重大外部性來說，有效率的運作需要政府介入，以規管或財政手段修正市場的功能失調。

　　政府是重要主體。一方面，政府是科學的主要資助者，包括

衛星遙感技術、公共衛生和電腦化建模。政府也是法律與規範網路的執行者。經濟體幾乎所有層面，都受到某種政府規管，特別是涉及空氣、水、土地或能源運用的互動。

一張圖說明外部性的規管

我們可以用一個簡化的方法說明外部性的產生與規管之間的邏輯結構，如圖 5-1 所示。問題從方塊 A 的發電開始，或許是燃煤發電。燃煤產生大家不樂見的副作用，那就是排放汙染物質（二氧化硫）到大氣層，如方塊 B 所示。下一步，如方塊 C，就是外部性的影響，在這裡是空氣汙染對人類健康造成的損害。

如果沒有因應的規管措施，事情就在這裡結束。然而，今日政府對於大部分重大的外部性，都有規管措施，如方塊 D 所示。這些規管涉及減排或把外部性內部化的步驟。政府有幾種回應方式，有些是以簡單的命令要求減少汙染，或是採用某些減排科技。有些則是課稅，或是為汙染訂價。無論是什麼機制，政策通常會修正外部性。

因此，汙染規管藉由影響發電者的誘因而結束這個循環。如果硫化汙染物的價格很高，公用事業就會採用低硫煤，又或許會添加設備，以移除硫成分，甚或是關閉燃煤發電廠，興建天然氣發電廠。消費者也會感受到政策的效應，因為電價上漲，而減少

圖 5-1 發電所產生空氣汙染的外部性以及規範因應的循環圖

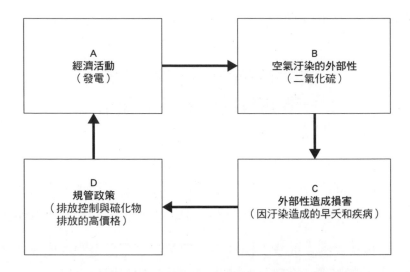

電力需求,進一步減少排放。

　　圖 5-1 看起來簡單,但是圖中每一個方塊都代表一個複雜而未為完全理解的系統。例如,硫化物排放的地點或許位於中西部,但是風會把汙染物傳播到其他地區,東部的空氣因而也受到汙染。至於東部是誰曝露於來自中西部的硫化物,則需要複雜的氣象學才能確定。另一個不確定性在於人對不同濃度的汙染,健康面的反應不一。統計學研究能提供證據,但是這些資料並非根據控制/對照實驗而來,因此汙染濃度與健康之間究竟有何關連,關係並不明確。此外,經濟學家還沒有充分理解規管的成本,而這是成本效益分析的重要因子。

圖 5-1 顯示，綠色政府政策如何因應重大外部效應，這是理解綠色運動所提出議題的關鍵。

從所有權看外部性問題

　　許多外部性之所以會出現，原因就是公共資源或「共有財」（common-property）資源的所有權模糊不清。

　　以地球的大氣層為例。一國或許可以主張領空權，但是外太空卻是無主物，而化學物質在大氣裡的流動也沒有法律限制。大氣是生物的共有財。在大部分國家，排放物質進入大氣的價格是零，結果造成溫室氣體濃度升高、二氧化硫等毒氣汙染，還有繞行地球的太空垃圾。

　　一個更隱微的外部性是海洋漁產的過度捕撈。這又是共有財資源濫用的例子。你或許會想，既然漁夫擁有船隻、雇用工人、修補他們的漁網，並自己承擔暴風雨的風險，哪裡來的外部效應。但是，如果仔細檢視，你就會發現，漁夫雖然為捕魚支付成本，但是卻沒有為繁殖種源耗竭的效應而支付任何代價。漁夫捕一條藍鰭鮪魚，能再供應鮪魚群的藍鰭鮪魚數量就會就減少。如果魚群耗竭到某個程度，這個魚種就會滅絕，因為它們無法找到彼此，或是無法產生足夠的魚苗，在長成後交配，維持魚種的存續。過度捕撈是一種外部性，因為繁殖種源的價值沒有納入漁夫

的成本效益計算，因此價格過低。

解決方案

法律學者告訴我們，前述每個問題都是不完全財產權所造成的。也就是說，氣候、乾淨的空氣和繁殖種源都是管理失當的共有財資源。對於共有財資源來說，眾人之事就是沒人管的事。私人決策忽略了對系統有價值的部分層面，因此決策會偏向厭惡財（bads）生產過多、正面財（goods）生產過少。

外部性有「自由市場解決方案」嗎？有些情況下，外部性可以藉由財產權的變動來修正。假設你擁有一座滿是鱒魚的大池塘，而且准許大家付費撈捕。既然池塘是你的，繁殖種源自然也是你的。你有適切的誘因要管理池塘，讓魚群不會耗竭。你或許會訂定一個價格，高到足以反映每一條魚生產下一代魚的價值，這樣你才能擁有一份能在未來持續經營的事業。共有財轉為私有財，是許多國家土地管理情況改善的重要因素。

在有些情況下，社會或許會認定某項資產或資源具有公共財性質，因此不適合私有化。例如，有些獨特而無法替換的資產，例如黃石國家公園，就不應該賣給最高出價者做為遊樂園或礦場來使用。反之，它應該得到保存和管理，做為公共資源，給現在和未來的世代享有，並做為獨特的天然奇景。

有些情況，私有財產權的創造難以看到解決問題的成效。氣候、乾淨的空氣或海洋的魚，不是任何人的所有物，因此沒有私人所有權人會把氣候、乾淨空氣或藍鰭鮪魚群的價值納入計算。以法律和科學的現況而言（海洋裡的魚屬逸散資產），這些對社會有價值的公共資產，它們的法律地位在不久的未來也難以有改變的可能。

　　濫用共有財資源的補救方法為何？在不可能為管理失當的共有財資源創造財產權的情況，政府可能需要以規範或課稅介入。政府或許可以限制二氧化碳排放，以減緩氣候的變遷。政府也能藉由可移轉的捕撈配額，以限制捕撈。政府必須檢查工廠，確保工廠沒有傾倒有毒的廢水，汙染溪流和湖泊。可行的做法多到列不完。重點在於，在有適當的價格誘因時，市場就能創造奇蹟，但是當有重大外部性而價格出錯時，不受規範的私人市場會讓廢物進入土地、空氣和海洋。

正外部性與改良科技

　　綠色精神通常有一張悲觀的面容，為汙染之害、氣候變遷和不負責任的公司而憂愁。然而，我們必須退一步，體認正面外部性強大的力量。正面外部性主要和新知識、技術變動有關，不過也包括能改善人類處境的體制發展。

要化解前景的黯淡，一個務實的辦法就是檢視健康、壽命和生活水準的進展。如果我們檢視生活條件的指標，幾乎每一項在過去兩個世紀以來都在穩定改善。全球人均所得自 1900 年起每年成長將近 2%。伴隨著經濟進步而來的，是預期壽命的穩定增長，以及許多可怕疾病的衰微。史帝芬‧平克（Steven Pinker）令人讚嘆的著作《人性中的善良天使》（*The Better Angels of Our Nature: Why Violence Has Declined*）就描述了過去多年來的社會進步。

　　這些進步的根本原因在於科學和科技的新知。你能想得到的產品，例如疫苗、智慧型手機、電視、汽車、影印機、冬天的草莓（注：草莓在歐洲是夏天才有的水果）、網際網路以及許許多多其他事物，幾乎全都是多年科技發展的成果。

　　此外，重要科技的經濟研究顯示，它們也有重要的外部性，而且在這些例子裡，是正面外溢效應。在前一段所列出的每項產品，重要發明者只得到他們的發明所帶來社會利益的微小部分。例如，切斯特‧卡爾森（Chester Carlson）發明了靜電複印術，為抄寫員和秘書省下數以十億小時計的辛苦工作，但是在專利期間，全錄複印機所影印的每一張文件，他只賺取 16 分之 1 美分，而在過去的半個世紀裡，則是一毛錢也沒有拿到。無法從自己的發明徵收利益的發明家，他是一個典型的例子。即使是像蘋果公司的史蒂夫‧賈伯斯（Steve Jobs）這樣的商業鉅子，雖然他離

世時絕對不是一貧如洗，但他所收穫的利益，也只是資訊革命所蘊藏價值的一小部分。

經濟學家投入許多時間研究推動科技變革的突飛猛進和豐碩成果。確實，保羅‧羅默（Paul Romer）就是因為他在知識公共財的開創性研究而獲得 2008 年的諾貝爾經濟學獎。新的流程和產品通常是達成綠色目標的關鍵。綠色設計的改良，需要對各項機制的關注，例如汙染等事物的適當訂價、智慧財產權的強化和政府對基礎綠色科學的支持。許多科學家認為，由 COVID-19 引起的經濟、社會、政治和健康危機，只有在人口完全接種疫苗、大家能安心回歸日常生活正軌時才能解決。我們要記住的重點是，如果國家能做明智的投資和選擇，由科技和體制進步而來的正外部性，可以抵銷負外部性。

最適汙染的基本條件

一旦我們診斷出外部性的症狀，例如汙染，自然會考慮要如何達成「最適汙染」。這個名詞乍看之下可能很奇怪——任何汙染的最適水準，除了零，還有其他選擇嗎？然而，這個名詞反映出一個現實：減少汙染的成本高昂，而效益有限，因此成本與效益通常有必要找到平衡。把汽車排放物消除到連最後一公克都不剩，最後那一公克的消除成本會非常高昂，然而那最後一公克的

消除，對於公共健康的影響卻是微乎其微。

因此，最適汙染理論的目標就是在太多汙染和太少汙染之間，決定多少公克的汙染是適當的均衡。這對經濟和人類攸關重大。環境規管每年要耗費的成本多達數十億美元，但是它也會產生重大利益（本章稍後會有更多討論）。

用來決定規管嚴格程度的經濟分析架構是成本效益分析，也就是說規管的制定要以規管成本與規管利益相互平衡為依據。更精確來說，在最適架構下，規管的制定要以規管趨於嚴格所增加的成本（用經濟學的術語來說，就是邊際成本），剛好被因此增加的利益或避免的損害（邊際利益）所抵銷。[2]

以規管制定者研究汽車尾氣一氧化碳排放量的最適標準為例。假設他們找出不同限制排放水準（每英哩 2 公克、每英哩 3 公克，依此類推）的成本和效益，並決定每英哩 3.4 公克是最適標準。科學家或許會估計出，在這個標準下，最後一公噸的一氧化碳排放，會造成 100 美元的損害。如果這是最適水準或效率水準的規管，那麼最後一公噸的一氧化碳排放的消除成本也會是 100 美元。

效率環境規管的基本條件就是減少排放的邊際成本等於邊際效益。

表 5-1 是一個最適規管的假設例子。如果汙染的可容允水準

表 5-1 最適汙染

汙染量 （公噸）	減排量 （公噸）	總減排 成本	減排的 邊際成本	減排的 效益	減排的 邊際效益	總效益減 總成本
900	0	0	0	0		0
800	100	8	0.17	483	3.42	475
700	200	33	0.33	685	1.79	652
600	300	75	0.50	840	1.43	765
500	400	133	0.67	971	1.23	838
400	500	209	0.83	1,087	1.10	878
301	599	299	1.00	1,190	1.05	890.9819
300	600	300	1.00	1,191	1.00	890.9823
299	601	301	1.00	1,192	0.96	891.1000
200	700	409	1.17	1,287	0.93	879
100	800	534	1.33	1,377	0.87	843
0	900	676	1.50	1,461	0.82	786

〔說明〕在減排 600 公噸時，減排的邊際成本剛好等於邊際效益。最後一欄顯示，在這個減排水準，淨效益（總效益減總成本）最高。

從 900 改為 800、700 等等，會發生什麼事。在汙染水準 300，增加減排的成本剛好與增加的效益平衡。總成本與損害達到最小。社會最適汙染水準就是由此決定。[2]

　　這個基本條件讓我們回到亞當・斯密的那隻看不見的手，還有皮古的「特殊嚇阻」理論，並透過這接觀念理解最適環境政策。在效率市場的理想情況下，生產麵包的邊際成本（由農夫、磨麥工人和麵包師傅所負擔）剛好等於消費麵包的邊際效益（由

消費者付錢取得）。由於這裡沒有外部效應，所以對社會造成的邊際成本和邊際效益之間沒有落差。

同理，以汽車來說，如果汽車行駛的全部成本都是車主的內在成本，那麼就沒有必要對汽車實施環境規管（姑且不論其他可能的扭曲）。然而，如果外部性存在，生產的社會成本（包括汙染）就會高於消費的社會效益。邊際社會成本與社會效益的差額，正是外部性的影響。沒有規管，前 100 個單位減排的淨效益是 475，如表 5-1 所示。隨著汙染的減少，邊際淨效益也會遞減，一直到 300 單位的最適汙染水準時，包含汙染的邊際成本（幾乎完全）等於產品的邊際效益。

效率均衡的基本條件可以廣泛應用於許多領域。在這裡是以汙染說明。另一個極為重要的應用是氣候變遷。建模者已經估計出排放的邊際損害值，為全球綠色主義討論鋪路。根據美國政府最周延的估計，每公噸二氧化碳所造成的邊際損害大約是 40 美元。把二氧化碳排放的價格定在每公噸 40 美元，各國就能確保全球減排成本和全球損害控制達到適當的平衡。

在後面的章節裡，我們會在好幾個地方再次用到這個基本條件。我要在此強調，這是理想化的條件，而就像棒球的完全比賽可遇不可求，這個理想化的條件也很少會實現。政府不一定會採用這個基本條件來制定政策，但是在管理良善的社會，它通常是參照的標竿，確保實際政策接近效率水準。

第 6 章

綠色聯邦制度

許多政治體系在全國與全國以下等各級政府之間的分權都有聯邦結構。在聯邦結構下，中央政府與從屬機構都有定義明確的責任和權利，以管理其影響界域。例如，中央政府通常負責關稅和國防，而地方政府通常負責兒童教育和垃圾收集。這種分工有其作用，因為政治的領域通常就是公共財的領域，而不同層級的政治機構通常具備專精知識和政治誘因，以理解和解決集體問題。

綠色聯邦制度

外部性的政策也有聯邦結構。綠色聯邦制度區分不同層級的法律、道德、經濟和政治責任和流程，而解決方案必然因層級而

異，涉及不同的機構和決策流程。圖 6-1 顯示不同的外部性以及它們在聯邦梯級中最能有效規管的對應位置。氣候變遷需要全球的協調，而噪音管制在城市和鄉鎮層級處理最好，至於捕鼠器，就留給家戶單位去放置。

美國的環境聯邦制度

我們來思考一下美國的環境政策問題。大部分空氣和水汙染政策都納入聯邦法規的管轄，例如 1970 年的《潔淨空氣法》（*Clean Air Act of 1970*）和許多修正案。像是限制汽車尾氣排放等條款，是由美國聯邦環境保護署所制定的。州和部落機構經環保署同意制定計劃，而層級更低的機構則追蹤遵法狀況。

雖然美國有許多法規都屬於聯邦層級，各州通常還是會在聯邦法律規定之外實施更進一步的限制。例如，加州就有最嚴格的環境保護政策。一項 2015 年的法律規定，在 2030 年前，加州要有一半的電子為再生能源。有些州則比較不積極。例如，密西西比州就是提起訴訟反對聯邦環境法規標準的前鋒。

城市和鄉鎮主要涉及土地使用，包括垃圾處理。建築法規對於預防火災和淹水很重要，但也能確保居住的最低水準。城市通常會限制滋擾活動。例如，紐哈芬市就規定，一戶人家所擁有的雞隻以六隻為限，而且不准養公雞。

圖 6-1　外部性應該在聯邦梯級裡最有效的位階處理

全球 ——— 氣候變遷

國家 ——— 二氧化硫

地區 ——— 水

城鎮 ——— 噪音

家戶 ——— 老鼠

　　其他國家在綠色聯邦制度的區劃不同。但是，關於哪些事項
該由哪個層級來負責，管理才能最有效，這些決策背後都有共同
的一般分工原則。

由委託—代理問題而生的外部性

經濟體裡有許多決策都仰賴團隊共同訂定，無論是出於合作

還是自利。我們就醫時，醫療團隊的成員有醫師、照護團隊、保險公司、政府，還有病患和家人。醫生是建議治療方法的專家，但是負責付錢、接受治療或安慰患者的，則分別另有其人。

團隊可能是以合作的方式互動，就像棒球隊要贏得世界盃一樣。團隊共事時也可能各懷目標，而具破壞力。互動有害時，稱為委託—代理問題（principal-agent problem）。一個更合乎直覺的名稱是「房東—房客」問題。

在一個錯綜複雜、相互依存的社會裡，委託—代理關係無所不在，而它也是理解外部性和綠色議題的有用方法。由於委託—代理關係在不同的層級運作，因此也能說明綠色聯邦制度議題。

把一般交易和外部性放入委託—代理架構，是個有用的做法。在一筆標準的市場交易裡，財貨的享受方（消費者）和提供方（公司）之間有緊密的關聯，因為消費者會支付生產者一個雙方同意的價格。當你買一雙鞋，你會支付鞋子的生產成本，而鞋子的製造者和零售者也會為他們付出的心力得到補償。因此，各方的誘因一致。如果雙方都掌握充分的資訊，也沒有外溢效應，那麼市場交易就不太可能出現委託—代理問題。

相形之下，外部性就是一個惡性的委託—代理問題，因為委託人與代理人完全不同，誘因不同，而且通常互不相識。鞋子的生產活動需要燃燒化石燃料（製鞋工廠的供暖，或是貨運卡車的燃料），因此遺漏了一項重要成本：二氧化碳排放所造成的損

害。身為製造汙染者的代理人與身為汙染承受者的委託人之間並沒有關聯。

委託代理問題（或房東房客問題）的根本原因是什麼？決策者（代理人或房客）的知識或誘因不同於決策後果的承擔者（委託人或房東）時，問題就由此產生。如果委託人與代理人是不同的人，而且各自抱持分歧的價值和誘因，委託—代理問題造成的扭曲也會變得愈來愈嚴重。

房東和房客通常會生爭端，這是因為房東有興趣的是財產的長期價值，而房客在意的只是有一個舒服的地方可以住上幾年。房客不太可能從事長期的維修保養工作，確保這間房子有好賣相。另一個類似的例子是租車的人怎麼對待出租車——非常惡劣。俗話說得好：全世界沒有一個人會洗租來的車。

上市公司也會出現這種狀況。在這裡，經理人是代理人，他們的動機是讓自己得到優渥的薪酬，但是那些錢是犧牲股利、也就是挖股東（委託人）的口袋而來的。無庸置疑，這種委託—代理症候群是近年經理人薪酬飆到天價的原因之一。

聯邦制度和委託—代理問題

委託—代理問題的實用在於，它點出了外部性在社會不同層級的運作。有些涉及家戶單位，有些則在地方層次，存在於機構

（例如公司或大學）或是合約關係（如租賃）裡；有些屬國家層次；而有些則是跨國或全球性質。

有些委託—代理的互動涉及個人決策。身為學生，我應該怎麼分配我的時間？我應該用功讀書，還是參加派對？我的誘因一致，因為我同時既是代理人也是委託人。如果身為代理人的我去參加派對，身為委託人的我就會得到低分，找工作時也得不到像樣的推薦。身為代理人的我有誘因去做身為委託人的我想要的事情。

又或者並非如此。有時候，我們也會做出糟糕的決策。或許我們在派對待太久，結果考試那天睡過頭。又或許我們嗑了藥，神志恍惚前去應試。我們或許可以說，那個參加派對的我是代理人，而那個當學生的我是委託人，而代理人的誘因毀了委託人的前途。稍後在討論行為觀點時，我們會說現在的我低估了未來的我的重要性。這是一種個人的委託—代理問題。

聯邦制度階梯再往上一級是家戶決策，像是家庭的決策。雖說家庭通常有共同的目標，有時候衝突還是會發生。通常，家庭的委託—代理問題牽涉的是一人做決策（代理人），而由其他人付代價（委託人）。一個常見的情況就是，小孩（代理人）忘記關燈，父母（委託人）掏錢付帳單。

在這些問題出現時，每個家庭各有其解決辦法。解決用燈問題的一個辦法就是當代理人（孩子）記得關燈，就記他們一個優

點，並讓他們可以用優點數換取獎賞。然而，在家庭層級的扭曲可能較小，因為代理人和委託人還是有許多共同的利益。

大部分的外部性，像是那些發生在更高層級的，其中完全沒有共同的利益。這表示誘因不一致。一個普遍的委託—代理扭曲之所以會發生，是因為不完美的合約安排，這是房東房客衝突的另一個例子：許多公寓租約規定由房東付公共事業費用，而能源使用卻取決於房客（溫度、電器數等等）。在那些情況下，代理人是公寓是租客，而委託人是付水電費的屋主。實證研究顯示，決策與財政責任的分離會造成能源使用大幅增加。學生宿舍是一個特例，因為學生使用能源的價格是零，大學面對的卻是市場價格，因此結果就是過度使用（相較於運作良好的市場）。

另一類決策涉及地方、州或國家層級的治理問題。區劃問題（與壅塞、噪音、照明和綠色空間有關）是地方環境的重要決定因素。住宅法規制定住宅設計的最低門檻。下一個層級是全國公共財，像是乾淨的空氣、國防、汙染防治和其他衛生與安全措施。更複雜的委託—代理問題出現在國家層級，因為做決策的代理人（立法者）與委託人（呼吸髒空氣的人）距離遙遠，他們關心政黨的利益更勝於關心選民的健康。

委託—代理問題最明顯的領域，莫過於限制國家領導人宣戰的必要。喬治・唐恩（George W. Downs）和大衛・洛克（David M. Rocke）清楚地點出了這個委託—代理問題：[1]

在干預與國際爭端領域，〔委託代理〕問題特別困難，因為主要執事者……可能贊成或反對參戰，而他的立場可能與中間選民的立場不同。在民主體制，有助於處理委託代理問題的機制包括自由的媒體、宣戰要通過立法，還有選舉失敗、以及彈劾。在獨裁政體，這些機制少得多，而在最極端的情況下，可能除了軍事叛變這個代價高昂的行動之外，別無其他選擇。

我們可以把戰爭的委託—代理衝突想成代理人（領導者）指揮大軍、做軍事推演，戴上光榮的勝利者冠冕，而委託人（士兵）深陷叢林或沙漠、被射殺身亡。

決策者和決策承擔者之間的距離愈遠，誘因不一致和決策不具代表性的問題就愈嚴重，這點已廣為人知。但是，一如唐恩和洛克指出的，有些機制可以對不具代表性的決策發揮把關作用，特別是在民主政體下。此外，民主政體的環境立法歷史顯示，長期而言，公共利益還是有影響力（綠色政治的章節會再描述）。

聯邦制度層級的最上層涉及全球的外部性，疫情大流行、全球暖化和臭氧層損耗等問題都在此列。在氣候變遷的委託—代理架構裡，代理方是某個國家裡今日開車、家裡開暖氣而排放二氧化碳的人，委託方則是氣候變遷的受害者，他們另有其人，他們在遙遠的時代、遙遠的地方，大部分人尚未出生，代理人也不認識他們。

我們會看到，全球外部性裡的委託人與代理人之間的關聯極為薄弱，而修復不利誘因的機制也很微弱，因此在這個層級的問題最難解決。

第 7 章

綠色公平

兩位知名作家在討論公平。據說，費滋傑羅（Scotty Fitzgerald）說道：「富人和其他人不一樣。」對此，海明威（Ernest Hemingway）答道：「對，我知道，他們的錢比較多。」

身為釣魚愛好者的海明威或許大可以說：「對，他們的魚比較多。」先前的篇章有討論到魚獲在家戶間的分配不均。在那個例子裡，有一個漁村在考慮要怎麼分配捕到的 1,000 條魚。大部分人都同意，魚應該達成效率分配，也就是在腐爛之前可以送到各家。但是，公平是管理良善社會的另一根支柱。魚和其他財貨與服務應該在人口之間公平分配。

應用於魚獲和其他財貨的原則也適用於環境財貨和服務。一個公平的社會應該確保人不分所得高低都能享有乾淨的水、健康的空氣、綠意空間、公園，以及生活環境水準的類似層面。

我們所說的公平，意義是什麼？政治和道德哲學家對於這個問題有很深的歧見，而政黨的立場更是兩極化。經濟學家通常會用「不均」（inequality）這個字眼，而不是公平，因為不均可以用所得和財富的差異來衡量，而公平是主觀用語，不容易量化。

接下來的綠色公平討論會從不均的來源和衡量指標的整體思考開始。然後，討論會聚焦於環境正義、世代公平和對動物的公平等文獻所強調的問題。

貧富不均的衡量指標

我們先從經濟貧富不均的概觀開始。在美國和其他國家，都有各式各樣的統計量來衡量不均。表 7-1 顯示美國在過去半個世紀以來的所得水準和趨勢。表中列出人口底層 20%（窮人）、中間 50%（中產階級）以及頂層 5%（富人）的平均所得。圖中清楚浮現兩個事實。第一，富人的所得遠遠高於窮人。2018 年時，頂層 5% 的平均所得是窮人的 30 倍。

第二個事實顯現在最後兩列資料。頂層 5% 的所得增加速度比另外兩個所得較低的群組快得多。雖然情況在不同期間有些微差異，但是在 1967 至 2018 年間，富人的所得增加 120%，而另外兩個群組只有增加 30%。在第二段期間（1990 至 2018 年），

窮人的所得幾乎沒有成長。

不均的來源

我們來看一下表 7-1 的數字背後造成不均的原因。關於現有的不均水準是否公平，觀點可能會因為高所得是否是努力、運氣或繼承的結果而有差異。為了簡化起見，我們假設幸運和努力都能帶來有生產力、長壽、健康和快樂的生活。惡運、壞鄰居或不努力則可能導致相反的結果。[1]

一個人立定方向並採取行動，以實現他們個人的目標——努力是簡化的說法；努力顯然是優質生活的重要條件。對有些人來說，努力的意思是多年夜以繼日的訓練和工作，以達成財務成就或贏得奧運獎牌。有些人可能想要和家人共處，或是研讀宗教經文。有些人可能想要盡情滑雪，或是享受旅行生活。如果努力能達成人生目標，努力就值得。

暫時放下努力，我們也必須強調運氣，因為人生是一場豪華的樂透。人生的成功也取決於機遇：你的 DNA、你的國家、你的家庭、你的教師和你在找工作時的就業市場狀況等等。

一個明顯違反公平的現象就是地點樂透。出生在富裕地區的人就讀好學校，住在安全的鄰里裡，他們往往會覺得自己的收入和健康受到幸運之神的眷顧。不均的第二個重大來源是種族和膚

表 7-1　美國的所得分配狀況，1967-2018 年

年度	最低 20%	中間 20%	最高 50%
	平準值（以 2018 年幣值計算）		
1967	10,545	46,653	185,294
1990	13,390	55,649	259,281
2018	13,775	63,572	416,520
	年成長率		
1967-1990	1.0%	0.8%	1.5%
1990-2018	0.1%	0.5%	1.7%

色。勞動經濟學家詹姆士‧黑克曼（James Heckman）如此描述分配的樂透：[2]

　　出生的機遇是今日美國不均最重要的成因。出生弱勢的孩童，在開始上幼兒園時，就已經面臨輟學、未成年懷孕、犯罪和一生從事低薪工作的風險。

　　由於機遇的各項特質取決於地點，學者發現一種「郵遞區號效應」。如果你出生在郵遞區號 10104 的曼哈頓中心，你的平均年收入將是 290 萬美元。不過，如果你住在南布朗克斯區（South Bronx），雖然離曼哈頓只有區區幾英哩的距離，你的平均年所得是 9,000 美元。

　　其他國家的不均是美國的好幾倍。如果你剛好活在內戰時期，或是住在一個缺乏健全醫療體系的國家，你大概會過得很悲

慘，壽命可能也不長。如果我們把公平定義為平等的樂透，那麼人生絕對是不公平的。此外，現實世界裡還有真正的高牆，防堵戰區或最貧窮的地區，讓那裡的人無法享有富裕國家的安全和高生活水準。

在更早的時代，世人往往認為，星星主宰著他們的運氣。今日，社會科學家主張，公平取決於人生的樂透效應是否會因為公私機構和政策而減緩或擴大。歷史上，社會和經濟政策通常會讓樂透的結果惡化。起步於不利之境的人，如女性、原住民和美國大部分地區的有色人種，都會受制於歧視措施、遭到排擠、驅逐和奴役。

今日，在自由民主政體，大部分的政策都強調機會均等，基本上就意味著政策對人生樂透保持中性。人無論貧富，一人都有一票。你的稅率取決於你的所得，而不是你的口音或膚色。有些政策通常能減緩樂透開壞的效應，例如失業保險，而這些計劃適用於所有歷經惡劣結果的人。

但是，進步的軌跡參差不齊。奴隸制度廢除很久之後，黑人的生命仍然籠罩在危險裡。當全球大流行的疫情大開殺戒，奪走無數人的生命，數千萬人因此失業，但無能或冷漠的領導者眼中只有自己的經濟和政治財富，而沒有公眾利益，這時我們也看到，一個世代之利得在下一個世代抵銷。

市場的公平？

一個老問題就是，市場經濟裡的所得分配是否可以稱為公平。請再看一下表 7-1。學者往往認為，市場的力量是過去半個世紀造成貧富差距的重要因素。這些力量包括取代低度技術勞工的科技，還有全球化、移民和法規鬆綁等趨勢。

那樣公平嗎？在美國，1% 的家戶單位擁有全國 40% 的財富，那樣公平嗎？這是努力還是運氣的結果？美國人賺的錢是非洲人的十倍，難道是因為美國人更努力工作嗎？如果人生的樂透給某個人百萬美元的所得，而另一人只賺取最低工資，這是公平的結果嗎？

市場力量的公平性是一個價值判斷，而不是純科學判斷。這裡有一個類比可以說明市場的倫理道德。試想叢林裡的食物分配。獅子幾乎可以吃掉任何牠們抓得到的東西，然而羚羊只要能躲過獅子的獵捕，就能享有豐盛的食物。我們會說叢林法則在道德上合乎正義嗎？或許不會。人類社會比叢林更文明，但是完全自由放任下的食物分配，與叢林裡掠奪品的分配，兩者的道德處境類似。

綠色公平有何不同？

在更為一般的考量之外，綠色公平有任何獨特的面向嗎？我們可以指出三項更深層的關注。第一項與世代公平有關，或是說我們如何對待未來。第二項是環境正義，包括環境政策對所得分配的影響。最後，環境倫理為綠色公平新增一個全新面向，那就是探究對動物的公平。本章接下來就要討論這些主題。

世代公平

第一項關注和未來世代有關。留給未來一個瀕危的地球，海平面上升、面臨滅絕的威脅、更極端的氣候以及破壞的生態，這樣公平嗎？但是，這裡究竟誰是加害者、誰是受害者，是否能夠真的釐清？這裡的不公義之所以含渾模糊，是因為有數十億人遭受數十億人引起的損害，沒有人可以被指為單一的罪人。

一個思考世代公平的方法是，如果你可以為你的人生按下「重新啟動」鍵，你會選擇出生在哪個年代？你偏好在哪個年代過你的人生？你喜歡活在蓄長髮的 1960 年代？又或是在未來？

我們或許會偏好未來，因為醫藥在未來會迅速進步，到時會有機器人幫忙洗碗，任由我們發號施令，使命必達。又或許我們比較喜歡今天的世界，認為現在是人類的黃金時期，因為我們擔

心未來會充斥著獨裁機器人、網路戰爭，也要面臨一個惡化的自然世界。如果世人比較想出生在未來，勝於現在（想要出生在 2025 年，而不是 1990 年），那麼我們就很難主張我們對未來的世代不公平。不過，還是一樣，世代的財富是努力和運氣的組合，所以如果我們偏好現在，這或許是因為幸運，而不是世代歧視。

世代公平是個深遠的議題，占據綠色運動思想的許多篇幅。我們會在下一章討論永續性時深入探究。

環境對所得分配的影響

第二項議題是環境惡化以及修正政策對所得分配的影響，或者更一般地說，是對經濟福利分配的影響。我們先探討環境正義問題，再檢視更廣泛的分配問題。

▋ 環境正義

狹義的環境正義指的是所有人都能參與環境法規的制定，不分種族、膚色、國籍或所得。用樂透來比喻，就是所有人在環境樂透裡的機會均等。以綠色精神來說，更廣泛的定義是環境利益和負擔的均等分配，意即樂透的結果應該是人人同獎。

在此舉個例子：紐約市中央公園是全世界最大的城市公園之一，是這座城市裡得到補助最多的公園。誰受益最多？最主要的受益者是住在公園附近的人，他們是全世界榜上有名的富豪。那怎麼會公平？紐約市是不是應該把更多經費分配到布朗克斯區較貧窮的鄰里？

這件事如果細看，有幾個驚人之處。住在公園附近的人確實比較富有，但他們也為這項福利付出相當高的溢價。一項研究發現，中央公園旁的公寓價格比遠一點地區的公寓貴了 150 萬美元。有意思的是，這正是中央公園的設計師費德里克・洛・奧姆斯德（Frederick Law Olmsted）擁護中央公園的一個原因，他主張對公園周邊的房產課徵較高的財產稅，用以支付公園的經費，綽綽有餘。

還有其他更迫切的不公義現象。城市規劃人員往往把停車大樓和垃圾場放在低所得地區。這麼做是因為那裡的地價最便宜。但是，這是錯誤的計算。他們排除了非貨幣影響（例如健康）和貨幣移轉支付（像是房地產跌價對當地居民造成的損失，而這些人可能是最禁不起資產跌價損失的一群人）。低所得地區增加的空氣汙染，會對一群已經相對不健康、醫療保健條件較差的人口造成負擔。可能會造成傷害的計劃必須考量所有成本（非市場與市場成本），才符合兼顧公平和效率的健全原則。

▌ 環境政策的分配效應

當前的環境政策本身公平嗎？更精確地說，規管成本和環境利益的結構，對貧窮人家有利還是不利？政策性質是累退（regressive）或累進（progressive）？（累退意指在政策效應下，窮人經濟福利的下降多於富人經濟福利的下降，累進則與之相反。）

這個問題的答案之所以錯綜複雜，是因為它牽涉到成本與效益的間接衡量，以及所得級等的設算。然而，持平的證據顯示，減少汙染的成本具累退性，而環境改善的利益具累進性。

舉個環境改良成本的累退性例子，就是已有廣泛現成資料的汽油燃料稅。安東尼奧・本托（Antonio Bento）和其他人的一項研究蒐集了所得與燃料使用的資料。這項研究檢視燃料稅對四個所得群組終身所得的影響（四個群組分別為低所得、中低所得、中上所得和高所得）。排除稅收用途因素之後（稍後會回頭談論這點），燃料稅的淨效應明顯屬累退性質。最大的負面效應落在兩個所得較低的群組。[3]

環境政策具累退性這個結論，也在許多其他地區得到驗證。也就是說，低所得群體在環境法規所規範財貨（汽油、電力和暖氣）的相對支出比例，高於高所得群體。他們在這些財貨上的開銷，絕對金額低於富人，但相對比例高於富人。因此，低所得群

體的實質所得受到擠壓的程度，整體而言高於高所得群體。

然而，累退效應並不是無可避免，特別是屬於財政性（汽油燃料稅就是一種）、而非規範性（如排放限制）的環境政策。如果燃料稅可以採累進方式回饋（給低所得家戶較高額的退稅），就能把這項稅賦變成中性，或是更偏向累進性質。同理，如果氣候政策是透過課徵碳稅來實踐，而不是排放限制，那麼稅收也可以回饋給受影響最嚴重的群體。

大部分環境政策分配效應研究都以防治成本為焦點，像是減少空汙的成本。但是，完整的圖像也必須納入環境利益。繼續以空汙為例說明：美國環保署（U.S. Environmental Protection Agency，EPA）估計，自 1970 至 1990 年，每年有 5% 的國內生產毛額（gross domestic product，GDP）用於減少機動車輛、電廠和其他來源所產生的空汙。

EPA 也估計，在同一期間，乾淨空氣法規的總合利益是成本的 40 倍。[4] 關於環境政策利益的分配，證據雖然分散，但有說服力。汙染曝露程度與人均所得之間有強烈的負相關。首先，證據顯示，空氣汙染以及排放有毒氣汙染者的地點，有超常的比例位於低所得、黑人與西裔居民比例高的地區。例如，有一項研究把城市分為高汙染與低汙染兩個群組，結果發現，人種、族裔和所得與城市所在組別高度相關。[5]

汙染曝露程度與所得的關聯隱示環境政策的利益屬累進性

質。既然貧窮地區的汙染較嚴重，減少曝露對於貧窮家戶的影響也較大。而由於貧窮人家比較可能缺乏適足的醫療保健，因而強化了這項影響。

總之，單獨考量時，汙染防治計劃的成本往往具累退性，對所得分配低端的人口造成較大的負擔。採用排放費或排放稅而不是量化規範，能產生稅收，用於抵銷環境政策的累退性質。然而，環境改善對健康和福利的影響看起來屬累進性質，對低所得家戶的幫助較大。兩者的淨效應如何，尚不明朗，但是既然利益大於成本，我們可以推測，環境政策的整體影響應該是累進性的。

對動物的公平性

對綠色公平特別重要的第三個領域是對非人類物種的適當考量，或是對動物的公平待遇。經濟學、法律和道德哲理通常只考量人類的偏好或福祉。不過，例外還是存在，而對於動物權利和福利的觀點也在演進。

動物有法定權利嗎？大多時候，這個問題的答案是否定的。動物或許有「利益」（interests），但是他們沒有「權利」（rights）。權利和利益的差異何在？動物如果有權利，那就表示牠們像人類一樣，有不能因為或許能讓他人受益而被犧牲或捨棄

的活動和地位。相較之下，利益是一種保護，但是利益可以平衡或妥協，以換取其他利益，即便這種取捨的確切本質是熱烈辯論的主題。

動物有利益，因此受到保護，免於不必要的殘虐對待，並在有些情況下可以對其提供特別保護，例如瀕危物種。此外，大部分法律（像是《美國動物福利法案》〔*U.S. Animal Welfare Act*〕）都會區分「高等」動物（靈長類和狗）與「低等」動物（蟲和蚊），並排除對後者的保護。但是，在美國，即使是「高等」動物也沒有提起訴訟或擁有財產的權利。

動物的法律地位問題，在一宗著作權案件裡可以見得。一隻名叫納魯托（Naruto）的黑猴用大衛‧史雷特（David Slater）的相機照了幾張「自拍照」。[6] 史雷特主張照片的所有權，並主張可以徵收由發布那些可愛照片而來的獲利。有個動物權利團體回應，主張納魯托才是著作權的權利者，而史雷特是自納魯托的財產取得非法利得。

這個問題鬧上了聯邦法院。《1976 年美國著作權法》（*The U.S. Copyright Act of 1976*）保護「作者原創作品的創作」。此外，對於攝影作品，法律規定拍攝者享有著作權。但是，什麼是作者？所謂的納魯托之友主張，任何主體都可以享有著作權法下的作者權，包括創造作者原創作品的動物。

法院不同意這個觀點。法院的裁決是「如果國會和總統想要

特別賦予動物訴訟的權利，一如人類和其他法律主體一樣，他們可以、也應該如此明示。」法官指出：「法案裡沒有一處提到動物」。最後，法院裁定這些照片沒有著作權人，史雷特也喪失了納魯托照片的收入。

或許動物不能興訟或投票，但是他們享有某種保護。哲學上，這個運動名叫「動物效益主義」（animal utilitarianism），強調行動應該考量動物的幸福和悲傷。每年夏天的龍蝦季，我都要面臨一個兩難。我奉命要用一鍋滾燙的水煮龍蝦。我的孫女們喜歡看著龍蝦在地板上到處跑。但是，等到龍蝦下鍋赴死的時間一到，我想問，他們會受苦嗎？他們一點聲音也沒有，我怎麼知道？如果龍蝦會痛，有沒有比較不痛苦的方式發落他們？

原來，像是螃蟹和龍蝦等甲殼動物確實有從學習而來的逃避行為。[7] 如果他們受過一次驚嚇，以後通常會避免同樣的驚嚇事件，就像老鼠和人類一樣。儘管我們無法與龍蝦感同身身受，這項實驗顯示，像是滾水這樣的驚嚇不能為龍蝦帶來快樂。

我必須尋求其他方法。瑞士禁止烹煮活龍蝦，規定龍蝦進滾水之前必須先被嚇呆。或許我應該乾脆不要煮龍蝦。另一方面，如果我改成烹煮牛肉或旗魚，或許我只是把痛苦的差事外包給別人而已。

動物效益主義帶來深奧的難題。首先，我們不可能以對待人類的方式，同樣尊重動物的偏好，因為動物不會講話或投票。第

二，我們可能會賦予不同的生物不同的優先順序，對狗和猩猩的尊重高於對水母和蚊子。

哪些生物有利益，哪些沒有？哲學家彼得・辛格（Peter Singer）主張，具有感知能力（sentient）的生物受到保護，沒有感知能力的則否。感知能力意指體驗到疼痛或痛苦的能力，無論是什麼物種。因此，具有感知能力的狗和龍蝦要受到保護，至於沒有神經系統、因而沒有感覺的樹木和海綿動物，則因為不具感知能力，不受個別的保護。

保育生物學家則主張不同的定義，因為他們注重物種以及生命樹系譜。他們會保護不同的樹種或是苔類，因為它們是生命奇蹟的結晶。這個概念能延伸應用到所有生命形式嗎？我自己是贊成消滅蝨子和蚊子，但是有人會振振有詞反駁。

人類需求與動物利益之間的正確平衡何在，是綠色公平領域最受爭議的主題之一。

結論

一個貫穿本書的要旨就是：綠色議題不能與經濟、社會和政治生活一刀切。綠色社會是寓於一個更廣大的社會。前美國總統艾森豪將軍就曾清楚指出這一點：

每一把製造出來的槍枝、每一艘啟用的戰艦、每一顆發射的火箭，說到底都是飢餓而未為飽食、寒冷而未得暖衣之人的竊賊。軍備花的不只是錢。[8]

　　艾森豪所言精闢地點出了資源可置換性的問題。當我們把資源分配給某個用途（槍枝），勢必會剝奪其他用途的資源（奶油）。我們無法以其他部門的利益補償在環境裡受害的人。此外，與其消除最後一微克的有害物質，為民眾提供適當的醫療保健可能效益更高。

　　這個可置換性原則也適用於全球暖化。全球綠色主義的章節會討論到，各國為減緩氣候變遷只付出了微薄的努力。然而，即使各國費盡洪荒之力，地球在未來百年的溫度可能還是會提高2℃或3℃。一個補償受害者的方法就是大量投資於其他領域，讓未來世代在非綠色領域的福利能夠提升，以抵銷綠色領域的惡化。這些投資無法抵銷對所有人造成的損害，像是那些住在低窪島嶼的人，但是整體而言可以抵銷未來99%的人的損害。

　　同理，綠色公平原則在動物源食物的應用也是個複雜的議題，因為有太多可能的違背事項。前文提到引發痛苦行為的外包問題，也就是我購買現成食物，而不是親自把龍蝦丟進鍋裡。我們或許可以不吃肉或魚，但是我們怎麼知道麵包裡的小麥是不是用毒害伊利湖魚的肥料種出來的？又或許，我們的食物是從對人

類不安全的工廠裡生產出來的。我們的雙手鮮少是又綠又乾淨。

　　簡短探討了公平議題，我的結論是，除了少數例外，綠色企業應該被置於社會公平這個更廣大議題的脈絡下檢視。美國今日的不公平主要是營養不良、所得分配失當、教育低落和醫療保健的缺乏。這些之所以會發生，部分原因在於財政制度的設計對富人有利。同時，綠色公平有些層面本身就值得密切關注。動物效益主義是一個與時俱進的領域。把政府計劃全部的非市場效應都納入會計處理，有助於防範對環境正義最嚴重的傷害。

PART 2

危險世界裡談永續

第 8 章

綠色經濟學與永續觀念

綠色經濟學的流派

　　什麼是綠色經濟學？從某個意義來說，它是本書的主題。它
是一個正在蓬勃發展的經濟學支系，範疇涵蓋環境、汙染和氣候
變遷，還有外部性的分析和處理。前文談到的皮古是綠色經濟學
的開派宗師。皮古分析了決策的效應在社會與個人層面上的落
差，也分析了像是環境稅（綠稅）等工具，以弭平差距，或把活
動內部化。

　　此外，還有一個自稱「綠色經濟學」的專門領域。其倡議者
往往強調市場失靈和政策失靈，並對市場機制能否產生效率與平
等的結果抱持懷疑。我們會先介紹綠色經濟學的一些重要觀念，
接著詳細審視永續性這個關鍵議題。

綠色經濟觀點

　　主流經濟學主要處理市場經濟的活動，醫療保健、勞動市場和金融都是其重要領域。一如前面各章的分析，主流的環境經濟學包括外溢效果，也就是市場交易的影響及於市場之外的場域，如人類和其他生物的健康、生態系，以及未來的氣候條件。

　　綠色經濟是經濟學的一支，強調受人類影響的非市場體系裡的行為。[1]關於這個領域的代表性研究，讀者可以參閱麥可‧傑科布斯（Michael Jacobs）的專著《綠色經濟》（*Green Economy*）。[2]這項研究與當前的研究工作有很多共同點。不過，它對於環境議題能否融入主流經濟學（即「新古典」經濟學）抱持高度懷疑。

　　本書大量採用的主流觀點認為，環境財和服務就像正常財一樣，只不過遭受到市場失靈之害。從主流經濟學的觀點來看，這個問題的解決辦法就是修正市場失靈，然後一切照常進行。例如，如果城市霧霾是二氧化硫排放訂價過低的結果，那麼我們就得為二氧化硫排放物訂定適當的價格，經濟就會跟著適當運作。

　　雖然這種新古典經濟學的觀點過於簡化，但它確實抓到主流經濟學對重大環境議題的立場。那麼，在傑科布斯與其綠色經濟學的同僚眼中，這個觀點錯在哪裡？從真正的綠色經濟觀點來看，有四項重大缺陷必須修正。雖然我對此並非全面贊成，但它們是綠色精神的內涵，必須謹慎思考。

第一項批評是偏好（也就是供需裡的需求）沒有反映未來世代的利益。目前的決策是由當今的消費者和當今的選民所決定，未來的世代對此毫無話語權。因此，如果今日的政治人物拒絕採取行動而破壞未來的海洋，未來的選民也無從罷免他們。

第二個相關的缺陷是金融市場和公共決策沒有適當權衡現在和未來。這種對現時的偏好反映在過高的折現率（包括市場利率）上，一如稍後會討論到的行為偏誤，折現率過高會高估現在的成本、低估未來的利益。世代傾斜意味著確保地球體系未來健康、防範氣候變遷和保存珍貴環境資產的投資利益被低估。我們之所以太小看未來，是因為我們用一副有問題的望遠鏡眺探未來。

第三個重大缺陷是認為主流經濟學低估了公共財的價值，如環境品質、環境財和服務。這些價值之所以被低估，是因為它們在自由放任的市場經濟下定價過低。例如，某些物種的滅絕可能是因為繁殖種源的價格過低、因而在魚市場裡的價值被低估。這一點套用於全球公共財甚至更有說服力，像是氣候變遷或臭氧層的保護，其市場價格不只是過低，根本為零。這一點雖然必須強調，不過這也是主流經濟學的重要理念。許多公共財有訂價錯誤的問題，而且價格實在過低。在大部分部門和大部分國家，二氧化碳排放的價格都是零，遠遠低於社會成本，這個事實正好印證了這個缺陷。

最後一個質疑是主流經濟學輕忽的一個核心面向（多少已為前三項批評所涵蓋），也就是確保永續性或永續成長的需要。永續性在環境主義歷史裡淵遠流長，也擴散到經濟發展領域。就連許多組織都設有所謂「永續辦公室」。「永續性」究竟是什麼？我們要如何衡量永續？我們走在永續的道路上嗎？

傑科布斯在《綠色經濟》一書裡，把永續性放在綠色經濟原則的前沿。他認為永續關乎保護未來世代，因為未來世代的利益在今日沒有發言權。他提出兩項永續性測試，為未來利益發聲。以下是他的推論：[3]

> 想像我們現在生活在一千年後。我們會希望過去的世代在環境方面採取哪些作為？直覺上，有兩個答案浮現腦海……一個是「微弱版」的永續作為，環境的永續只做到保證未來世代能避免環境浩劫。另一個是「強大版」或「終極版」的永續作為，要求的標準就高得多：要讓未來世代有機會可以享有至少和當今世代一樣的環境消費水準。

傑科布斯的綠色經濟學論述最明顯的一個特點就是，永續性所表達的是狹隘的人類觀點，因為環境是關注的重點。就微弱版而言，社會想要避免環境浩劫，這點沒有什麼爭議，雖然我們會想要避免所有的浩劫，包括戰爭和疫疾全球大流行。而終極版中，社會應該保證環境消費水準，這個主張看起來就是把環境消

費的重要性放在其他消費之上。

後文會再提到，永續性的主流觀點則採取一個完全不同的切入角度——我們應該確保未來世代的整體生活水準至少和當前世代的一樣好。本章後文會繼續探討這第三個觀點以及其中的寓意。

永續成長：起源

大約一個世紀之前，對永續的關注因林業的論述而興。觀念之一是森林的管理應該以達成最大可持續產收（maximum sustainable yield, MSY）為目標，也就是可以永遠維持的最大伐木量。

永續觀點從林業發端，但亦延伸到其他天然資源。其他部門包括非再生天然資源，像是能源、非燃料礦物和土壤；還有再生資源，如漁產和含水層；以及維生環境資源，如清潔的空氣和水、基因遺傳物質庫，以及我們現在的氣候。

1987 年，在世界環境與發展委員會（World Commission on Environment and Development，即布倫特蘭委員會〔Brundtland Commission〕）的推動下，永續成長的觀念也開始廣為人知：[4]

大自然是豐沛的，但也是脆弱的，且處於微妙的均衡。有一

些門檻一旦跨越，就不可能不危及體系基本的完整。今日，我們已經接近許多不能跨越的門檻；我們必須留意那些會陷地球上的生命於存亡威脅的風險。

根據布倫特蘭委員會的定義，永續發展「能夠滿足當今的需求，但不折損未來世代滿自身需求的能力」。委員會結論：「環境趨勢有劇烈改變地球之虞，也對地球上許多物種的生命構成威脅，包括人類。」

永續性：經濟學的解讀

我們要怎麼把永續的觀念放進經濟學的架構裡？麻省理工學院出身的經濟成長理論先驅羅伯・索羅（Robert Solow）提出了一項透澈的永續性分析。索羅的方法是把永續性當成一種代間平等的形式，他陳述如下：[5]

我假設國家經濟的永續路徑能留給未來所有世代享有與前人同等福利水準的餘地。在永續性所加諸的義務下，我們要留給後人的並不是特定事物……而是所有必要的稟賦條件，讓他們可以達成至少和我們一樣的生活水準，並以類似的方式照顧他們的下一代。

換句話說，永續性就是這個世代可以消費的天然資源和產出，必須以未來世代可以享有至少和當今世代一樣好的生活水準為前提。[6]

　　索羅提出的永續性標準引發了三個問題：第一，何謂生活水準？第二，未來世代的福祉優於當今世代的可能性如何？第三，未來福祉的主要威脅是什麼？尤其，這些重大威脅主要來自環境和自然資源的惡化，還是其他領域？

　　第一個問題涉及我們究竟要維持的是什麼。主流經濟學主張的是個人想要並享有的消費水準，也就是哲學家所說的個人觀點。我們不應該以我們自己的偏好取代他人的偏好。社會條件的判斷應該根據社會成員對條件的排序而來。

　　此外，消費應該從廣義解讀——它不應只涵蓋如食物和住所等標準項目，也應該包括服務和無形財貨，像是文化、休閒和在大自然健行的快樂。有些廣義消費的項目，像是自然健行，因為發生在市場之外，而被排除在國民產出的傳統衡量指標之外。此外，標準衡量指標也有一些重大缺陷，像是未納入衛生情況和許多無形投資。但是，國民產出標準衡量指標納入的項目不但重要，而且有妥善的衡量資料，因此標準衡量指標可以做為衡量生活水準的重要客觀參考。

　　第二個問題，未來數十年的經濟成長前景如何？我們可以從檢視經濟史開始。經濟歷史學家估計，1900 年以來，全球人均實

質產出每年大約成長 2.2%。一直到 2020 年因為全球疫情大流行
而直轉急下之前，過去二十年的全球成長高於歷史平均水準。

成長必須出現重大斷層，全球才會在相當長的一段期間內出
現負成長。沒錯，世界經濟在 COVID-19 大流行期間確實遭到打
擊。但是，專家預測顯示，在可能出現的一段長期衰退之後，經
濟最終還是會恢復它正常的成長率（雖然最終可能要歷經很多
年）。[7]

未來的展望如何？彼得・克里斯汀森（Peter Christensen）領
導的一個經濟學家團隊採用了兩項技巧，以國內生產毛額（gross
domestic product，GDP）這個用來評量經濟成長的傳統指標，估
計到 2100 年之前預期的經濟成長率。這兩項技巧，一是統計程
序，二是專家調查。根據這兩個方法計算的預估結果指出，21 世
紀期間全球人均產出的年成長率大約略高於 2%。這項研究的一
個特點是，雖然這兩個方法完全不同，對未來的成長率卻得出類
似的預測。[8] 因此，第二個問題的答案可以總結如下：如果採用
生活水準的標準衡量指標，未來世代看起來應該會過得比當今世
代還要好。[9]

第三個問題，未來生活水準下降的可能性有多高？這個問題
呼應傑科布斯所說的永續性「最低」測試，也就是可能的災難式
衰退。參與克里斯汀森所做調查的專家評估，世界經濟到 2100
年為負成長（也就是生活在 2100 年的人會過得比生活在 2010 年

的人還差）的機率大約是 5%。至於統計方法得出的預測，經濟衰退的可能性甚至更低。

那項調查也請專家指出對未來經濟成長的威脅。有四位回覆者相信，戰爭是最大的威脅，不過沒有人認為氣候變遷災難會是原因。令人訝異的是，沒有任何一位專家提到疫疾大流行會對未來經濟構成重大威脅。

所以，第三個問題的回答是：統計方法和專家意見都指出，這個世紀出現經濟衰退的機率微乎其微。但是，專家無法準確預測已知的未知數，我們也幾乎無法寄望他們預見未知的未知數，因此我們必須審慎看待這些預測。

永續性的內涵

綠色經濟學與主流經濟學所關注焦點的主要差異，和永續觀念的應用有關。綠色經濟學聚焦於環境消費的核心重要性，而主流經濟學假設，各種財貨和服務組合（非環境的與環境的）才是經濟活動的目標。

首先，主流經濟學家評量的是範疇廣泛的資產、品項豐富的財貨和服務的消費永續性。在這個方法下，較為豐富的資產和財貨可以替代那些變得稀少的資產和財貨。索羅的說明如下：[10]

堅持某些獨特而無法替換的資產本身就應該保存，例如優勝美地（Yosemite），完全站得住腳。但是，那種情況無法普遍適用：「當我們告別世界」，讓它的點點滴滴「一如初見」，既不可能，也不可取。大部分常態的自然資源，我們之所以欲取之，是因為它們有用，而不是為取而取。我們重視的是它們提供可用財貨等服務的能力。

消費者傾向尋找成本較低廉的方法滿足自身的需要，這是替代的基本原則。用價格變低、品質更高的財貨取代價格變高而品質停滯的財貨，以滿足需要，這就是替代。經濟史裡的許多篇章，講述的就是新科技如何創造高品質、低價格的新財貨和服務，以替代原有的財貨和服務。有的篇章描述航空旅行取代火車（火車之前超越的是驛馬車），馬桶取代茅坑，手機取代固網電話，還有電子郵件則是超越了實體郵件。一個合理的問題是：消費替代原則是否處處適用，消費是否有神聖而不可侵犯的元素？

這裡，我們看不到清楚的答案，而答案確實會隨著時間演變。大部分人都會同意，社會應該保護某些獨特而無可替代的資產（如優勝美地），以及宗教或文化物件（像是聖殿）。在美國，言論自由、審判權以及投票權是不可侵犯的準則，至少原則上是如此。我們即使身陷絕境、走投無路，也不能賣身為奴。除了最極端的市場基本教義派，沒有人會想為了開採礦產而標售優

勝美地，或是為了興建高樓大廈而賣掉紐約中央公園。

但是有些物品並不是不可侵犯的。為了清楚表達觀念，我們把不具神聖而不可侵犯條件的財貨稱為「純經濟財」。索羅解釋道，如此區分的主要原因，在於為未來世代保存純經濟財並不是永續性的要件。過去世代沒有義務為這個世代維持茅坑、驛馬車或煤油燈的最低供給水準，因為我們有更便宜、更理想的替代品可用。

同理，我們也沒有義務對未來世代提供最低數量的馬桶、汽車或笨重的筆記型電腦。永續性的條件是適足的食物、居所和醫療保健。要滿足永續性，我們不是非木材建造的房屋不住——用合成材料建的房屋也可以。我們不是非野生魚不吃——我們也可以接受養殖魚。我們更不是非小房子不住、非大車不開——住大房子、開小車也行。

然而，根據傑科布斯所代表的綠色經濟學立場，某些環境活動和資產屬不可侵犯性質，而不是純經濟財。從他們的觀點來看，提供較低品質的環境服務，讓人得以享受更大量的環境財貨和服務，是不可接受的。例如，生物中心主義觀點或許會主張，主要物種的存在高於經濟利益的取捨，或是主張原林的存在以及未來的原林享趣，不應該為了正常財而被犧牲。

在這裡，不可違反的標準有紅線存在嗎？如果有，那條線應該畫在哪裡？我的回答是，對於社會決策、把某些活動的地位升

高到絕對必要，這是一條必須嚴謹界定的紅線。我們應該要問，環境目標之所以有價值，是因為它們的功用，還是僅僅因為它們本身。

至於紅線應該畫在哪裡，一些引發熱烈辯論的領域如下。兩個重要領域是物種生存以及防止氣候變遷。我認為，即使我們想要畫一條紅線來簡化決策，社會終究無法逃避成本與利益的權衡。同理，要容許多少汙染，或是保護區的區畫，都沒有明顯的分界線。我們在疫情大流行裡面臨的兩難就是一個無法迴避的選擇：社會為了減少感染而要封鎖到什麼程度，或是為了就業而要開放到什麼程度。在那些情況裡，我們面臨的道德兩難會引發派系之間強烈而真實的歧異，且最終無法以宗教、環境主義、科學和經濟學來化解。

尾聲

在關於永續性的討論結束之前，絕對不能不問的問題就是：永續的標的是什麼？又是為了誰？為了回答這些問題，我們要談到哥倫比亞大學的傑佛瑞・薩克斯（Jeffrey Sachs）。薩克斯是一位聰明、不懈的學者社會運動家，秉持頂尖的經濟與發展思想為永續發展而努力，當今世上無人能出其右。他總結自身的觀點如下：[11]

事實就是，人類仍然處於一個極度分裂而不公平的社會，不斷與大自然衝撞、與彼此衝撞。然而，我們有成功的工具：那就是終結貧窮，並結合社會包容性和環境安全。我們生存最根本的特質，是我們對於做對的事有一份共同的道德衝動：保護彼此、保護自然，免於人類的貪婪、科學知識的缺乏，以及道德的淪喪和怠忽。

薩克斯對於永續發展的總結，以及他對於與大自然衝撞的警示，與本書的結論一呼一應。

第9章

國民綠色會計

我還記得綠色會計挑起我興趣的那個瞬間。當時,我搭乘現已停業的環球航空(TWA)飛往阿布圭克(Albuquerque)的班機,並在機上讀著一本亮光紙印刷的雜誌。我讀到一篇批評國民生產毛額(gross national product,GNP)的文章,看到這樣一段文字:「用一個年輕激進派的話來說,不要和我談你的國民生產毛額。在我看來,那不過是國民汙染毛額(gross national pollution)。」[1]

我心想,哇,這話說得可真妙。不過,這是真的嗎?

其實,這句話完全錯誤。我們的產出衡量資料並沒有計入汙染,只納入了財貨(如汽車)和服務(如音樂會),但不包括排入空氣裡的一氧化碳。

然而,那篇文章裡的抱怨確實點出一個值得深思的細膩觀

點──國民產出的衡量沒有就汙染或其他對經濟的外溢效應做出適當的修正。有一套名為「綠色產出」（Green output）的會計帳，可以適當地處理汙染。我們會看到，這套會計帳是有心人士努力的成果，但這是一個極度困難的領域。

我們如何衡量國民產出？

我們先停下來談產出衡量方法的背景。關於國民產出，大部分討論都會提到國內生產毛額 GDP。GDP 是一國經濟體所生產財貨和服務的價值減去生產過程所消耗財貨和服務的價值之後所得到的數值。因此，它包括消費財（如食物）和投資財（如新房屋），還有為政府所從事的生產，以及對外貿易的調整。

2018 年美國人均 GDP 為 6 萬 2,600 美元，在大國之中排名最高。人口最多的中國，GDP 是 1 萬 8,200 美元。大國當中最貧窮的是剛果民主共和國，GDP 是 930 美元。這些數字的計算隱藏著許多難以言喻的困難，不過這是目前可得的資料當中最完備的。一本知名經濟學教科書如此解釋衡量 GDP 的重要性：[2]

在所有總體經濟學概念裡，最重要的就是國民所得和產出，也就是 GDP。雖然 GDP 以及其他國民帳科目的觀念看起來晦澀難懂，它們卻是二十世紀真正偉大的發明。一如太空裡的衛星可

以測量整個洲的天氣，GDP 也能反映經濟狀況的整體樣貌。

　　雖然世界各國都在衡量並使用 GDP，批評這個指標的聲音也不少。根本問題在於 GDP 納入投資毛額，但卻沒有減去折舊。因此，GDP 納入一年之內落成的所有新房屋，但是沒有減去遭野火燒毀的房屋。因為沒有減去折舊，所以投資毛額是一個過高的數字──虛胖得很嚴重。

　　一個比較好的衡量方法是總產出只計入投資淨額。投資淨額等於投資毛額減去折舊。只看居民所得也是個實用的衡量辦法，它代表的是國民產出，而不是國內產出。GDP 減去折舊，並著眼居民所得，就能得出國民生產淨值（net national product，NNP）。如果 NNP 用於衡量一國產出是一個比 GDP 更健全的指標，為什麼國民會計人員還是把目光放在 GDP 上？部分原因是折舊難以估計，而投資毛額可以得到相當準確的估計值。此外，GDP 已經廣為知悉，統計學家也不願意去改變一個已經廣為使用的概念。

　　但是，即使是 NNP 也有其侷限之處。雖然它納入了由一國居民所生產的所有財貨和服務，卻排除掉不在市場裡生產並出售的財貨和服務。因此，它包含自森林砍伐的木材，但不包括自然健行或水土保持等森林所提供的價值。它包含電力事業的發電和供電活動，但是沒有考量電廠排放的汙染所造成的健康損害。因

此，那位年輕激進派所云、GDP 是汙染毛額是錯的，因為 GPD 根本沒有將汙染計入；正確的說法是，GDP 和 NNP 沒有減去汙染值。

因此，第一個定義如下：綠色產出是國民產出的衡量指標，包含重要的非市場財貨、服務和投資，並修正外部性（如汙染）對經濟的影響。

威茨曼精妙的環境會計理論

大多數專家都會同意，經濟帳針對汙染、氣候變遷以及其他非市場活動與外部性做修正的重要性。但是在實務上要怎麼做？我們如何從食物和居所的價值減去水汙染或二氧化碳排放所造成的經濟損害？

這似乎是一個不可能解答的問題。不過，哈佛大學的馬丁・威茨曼（Martin Weitzman，1942-2019）所做的出色分析為我們指點出方向。[3] 威茨曼的方法（已經融入全所得會計，也就是綠色會計）其實相當符合直覺。它的觀念是擴大標準國民經濟會計科目的範疇，除了原來的市場交易，再納入非市場活動和流程。標準會計的做法是蒐集（蘋果、木材、汽油、汽車等等的）產量與價格的資料，以價量資料計算產品的價值，然後計算國民總產

出，也就是銷售給消費者和其他部門的最終產出價值的加總。

標準會計科目確實有缺陷，但並不像那位年輕激進派所言。問題不在於汙染納入標準科目（當然沒有），而是汙染實際應該納入產出時而沒有納入。威茨曼的方法假設有害的外部性也要計價，然後再把外部性的價值計入總數。因此綠色 NNP= 正常 NNP+ 汙染價格 × 汙染量。

就這麼簡單嗎？弔詭之處在於，有害活動的價格為負數，因為它們是「厭惡財」，而不是「正面財」。因此，汙染價格乘以汙染量會是國民產出的減項，不是增項。例如，假設一年有 500 萬噸汙染，而空氣汙染每一噸造成的損害是 100 美元，那麼國民產出就必須減 5 億美元。

所有這些都很直觀，除了「汙染價格」這個概念可能會讓人困惑。馬鈴薯的價格可以在雜貨店裡觀察得到。那是雜貨店索取的價格，也是消費者付出的成本。但是汙染（比方說卡車排放的一氧化碳）的價格是多少？從公司和商業帳目的觀點，它的價格是零。那就是為什麼在國民經濟帳目裡沒有「一氧化碳空氣汙染銷售」這樣的科目。但是，世人承擔的成本卻不是零，因為汙染確實會損害人體健康。回到前一段的例子，也許每公噸一氧化碳排放會造成 100 美元的損害。根據威茨曼的方法，這個損害價格適用計算汙染和其他外部性的成本，並在計算國民全所得或綠色產出時列為減項。

這麼一來，問題就解決了嗎？原則上來說，是的。但是在實務上，計算汙染和其他外部性的成本是件極為困難的事——資料若說稀少，那還算好，有的資料根本找不到。美國國家科學院（National Academy of Sciences）的某個委員會說得好：[4]

假設〔威茨曼的〕會計方法要處理的是一條麵包。我們需要衡量、計算水流、肥料、殺蟲劑、氣候和資本投入等各種用於生產小麥的項目……還有把小麥磨成麵粉時所使用的人類技能、設備和建築等的複雜組合……以及〔種種，以此類推〕。乍看之下，應該沒有人會想嘗試描述那一小條麵包所涉及的所有實體流入，我們也可以很有把握地說，沒有人能成功地做到這點。然而，幸好〔標準〕經濟會計的目標不是完成這項浩大的工程。國民會計帳以貨幣做為衡量所有這些活動的共同尺度……前述的比較多少能說明，為什麼市場之外環境流量的會計處理會如此艱鉅。

因此，我們目前的處境就是：大部分國家對於市場經濟都有詳盡的帳目資料。我們可以計算像 GDP 或 NNP 等標準觀念，一如前段引言所述，因為我們可以運用容易觀察得到的各種金流和價格。

相較之下，對於外部性的會計處理，我們掌握的資訊非常少，因為可用於建構非市場活動的價格和數量的資料少之又少。

學者已經投入將近半個世紀努力解決這個問題，但是我們的所知仍然相對稀少。接下來，我們會把國民產出的標準衡量指標與永續產出的觀念做連結，接著提出幾個例子，說明目前的估計值如何擴大應用於更完整的綠色產出。

淨產出與永續產出

國民綠色產出是標準經濟衡量指標與永續產出概念之間重要而出乎意料的連結。我們在前一章看到，永續產出的經濟定義是容允未來世代能過得至少和當今世代一樣好的消費水準。我們也進一步看到，永續產出的概念源自林業的可持續產收量。一座森林的可持續產收量，就是可以無止盡維持的採收量。另一個定義更接近經濟學的概念，就是能維持完整的森林存量、因而能在未來生產同樣產收量的最大產收量。

從這個森林觀點出發，我們接下來要介紹永續產出更一般的經濟定義：在留給下一年或下一代同樣的資本存量下，經濟體可以消費的最大量。

我們可以用一個果樹經濟來說明這個永續產出的觀念。假設今有 1,000 棵果樹生產 100 顆水果，水果可以拿來食用，或是用於種植更多果樹。我們現在要為這個果樹經濟建構國民帳，以水果數量做為衡量產出的單位，因此產出為 100F。每一年會有 10

棵樹死亡。因此，我們需要撥出 10 顆水果種植果樹，補足缺少的樹。因此我們每年只能消費 90 顆水果，才能維持樹木資本（樹木棵數）的完整。於是，這個經濟體的產出毛額是 100F，而淨產出為 90F。

現在，我們可以進一步延伸。假設這個經濟體進行擴張，每年增加 10 棵樹。於是，消費變成 80F，而投資淨額是 10F。淨產出與永續產出（消費加上淨投資）仍然是 90F。在這個簡單的例子裡，產出淨額（90F）等於產出毛額（100F）減去折舊（10F）。這裡的重點是適當衡量的淨產出值（90F）也會等於最大可持續消費量，也等於永續產出量。

果樹的例子可以擴展為一個更複雜的經濟體，擁有許多財貨、服務和各種類型的資本。但是，這個基本命題在更複雜的體系裡也成立。在一個所有投入和產出都經過適當衡量的經濟體，永續產出量等於國民產出淨額，也就是消費減淨投資。這個重要結果說明為什麼衡量綠色產出應該是綠色經濟學家優先研究的重要主題。他們應該把那些伴隨著被排除、被衡量錯誤的活動而來的各種修正納入研究

因被排除的環境活動而做的修正

我要強調，沒有任何國家有完整的環境帳資料——確實，這

類帳目的資料寥寥可數。然而，我們可以運用現有的零星研究，一窺這類帳目的究竟。這段討論的焦點是環境帳已經建立或容易建立的三個部門，分別是溫室氣體排放影響氣候變遷、地下的礦藏資產，以及空氣汙染。

從概念來看，環境帳的計算以國民生產淨額（NNP）為起點。在推算這些估計值時，我們可以計算水準修正（level correction）與成長修正（growth correction）。水準修正是外部性或其他遺漏項目的估計值，NNP 會因此增加或減少。

比方說，汙染物 X 對 NNP 的修正在 2014 年是 1.0%，在 2015 年是 1.1%。成長修正則是檢視水準修正對於 NNP 成長的影響。如果外部性呈現成長，就會壓低成長率，而如果外部性在萎縮，那麼成長率就會增加。運用剛剛舉例的數字，汙染修正會降低成長率，如果傳統的 NNP 成長率是 3.0%，那麼修正後的綠色 NNP 成長率是 2.9%。

▋ 氣候變遷

我們來看一些實際的例子。第一個例子是氣候變遷外部性的影響，尤其是二氧化碳。與接下來的兩個例子不同，這個例子很簡單，任何人都可以用試算表計算。這裡的概念是取得量與價的估計值，然後修正帳目總數。一開始，你要找出溫室氣體排放的

衡量資料，在這個例子裡就是二氧化碳。然後把排放量與排放價格相乘。至於價格資料，我們採用的是美國政府所使用的碳排放社會成本（參閱綠色政治那一章的討論）。

計算如表 9-1 所示。計算採用恆常價格。首先要看的是 2018 年那一列的資料。資料顯示，美國在 2018 年的二氧化碳排放量是 53 億噸。美國政府估計，排放的社會成本在 2018 年是每噸 44 美元。因此，減項總數為 44×5.3 = 229（十億）。那一年的產出值 15,872（十億美元）要扣除這個數字，也就是產出的水準修正比例是 1.5%。[5]

接下來計算成長效應。首先，從表 9-1 找出 1973 年和 2018 年的修正後 NNP 數字。我們看到，二氧化碳的修正在這段期間成長緩慢——相較於產出的平均年增長率，排放量的平均年成長率低了 2.2%。與直覺背道而馳的是，氣候修正對於成長的影響，有微幅的負面效應。因此綠色 NNP 的增長速度高於傳統 NNP。精準地說，根據修正後的數字，1973 年到 2018 年間的產出年成長率是 2.493%，而不是官方數字顯示的 2.468%。負成長效應乍看違反直覺，不過再看一下，我們就會明白，它的上升是因為二氧化碳排放衰退，所以它們對綠色產出的效應在期初高於期末。成長效應雖然很小（每年負 0.025%），不過仍然很驚人。因此，二氧化碳排放的修正會降低產出的估計水準，但是會微幅提高產出的成長率。

表 9-1　氣候變遷的環境修正計算

年度	官方 NNP 資料 (單位：十億美元，2012 年幣值為基準)	二氧化碳 排放量 (單位：百萬噸)	二氧化碳 價格 (單位：美元／噸，2012 年幣值為基準)	二氧化碳 修正額 (單位：十億美元，2012 年幣值為基準)	修正後 NNP (單位：十億美元，2012 年幣值為基準)
1973	5,227	4,735	11	53	5,043
2018	15,872	5,317	43	229	15,699
年平均成長率，1973-2018	2.468%	0.257%			2.493%

資料來源：本表中，實質產出是用 Törnqvist 指數計算估計值。CO_2 排放資料來自美國能源資訊管理局（U.S. Energy Information Administration），產出資料來自美國經濟分析局（U.S. Bureau of Economic Analysis），而碳排放社會成本（social cost of carbon，SCC）則是來自美國環保署（U.S. Environmental Protection Agency）。自 1973 至 2018 年間，假設 SCC 的實質年成長率是 2%。2℃ 目標的 SCC 估計值取自 DICE 模型得到的結果，如以下文獻所記載：William Nordhaus, "Climate Change: The Ultimate Challenge for Economics," *American Economic Review* 109, no. 6 (2019): 1991–2014, doi:10.1257/aer.109.6.1991。

　　這個有一個小問題，那就是在更積極的氣候目標下，成長修正會是怎麼樣的狀況。我們會在全球綠色主義的章節討論到，國際政策有一個限制溫度增加在 2℃ 之內的目標。這意味著碳的社會成本會高出許多，表 9-1 的計算裡，碳價格也會高得多。如果採用這個較為嚴格的目標，根據一項估計，碳價格會是五倍多。用與表 9-1 同樣的方法，2℃ 目標下的水準修正幅度會大得多，2018 年是 8%，而成長修正也會與之呼應，變得更大。環境成本增長，意味著真實產出低於傳統衡量指標下的產出。但是，當環

境衝擊降低，成長修正就會呈現正值，也會更高。

▌ 礦藏資產

國民綠色產出第二個利害關係部門是礦藏，與先前的例子相比，它相對複雜，但可以合理管理。其中包括石油、天然氣、金、銀、銅和其他金屬的存量。

它們的標準處理有什麼缺陷？問題在於礦藏資產沒有適當計入國民產出，因為損耗和增加都沒有做會計處理。事實上，礦藏資產就是垂掛在枝頭的成熟果實，隨時可以採收。我們採收這些資產時（損耗），不會減去地裡石油（枝頭水果）的價值。而我們發現新礦脈時（枝頭水果的增長），也不會增加這些加項。

關於礦藏遺漏的增減，最嚴謹的研究來自經濟分析局，時間可以追溯到 1990 年代。研究結果顯示，增與減大約各是 NNP 的 0.5%，水準效應與成長效應的淨值都是零。影響之所以如此微不足道，是因為增加的量與價接近減少的量與價。以石油和天然氣等較晚近的資料來看，我們發現，以量而言，增加數大於消耗數（石油和天然氣的貯量都增加）。我們無法確定價值是否也和數量一樣，因為增加的部分可能品質等級較低，所以價值低於耗損的部分，但是這純屬猜測。因此，環境帳的第二例子顯示，礦藏資產的修正效應接近於零。[6]

▌空氣汙染

第三個、也是最複雜的重要例子是空氣汙染，涵蓋一些最致命、成本最高昂的外部性，特別是那些和燃煤與其他活動相關的外部性。在美國，這些多半都受到規範，但是定價水準能反映其社會成本的卻寥寥無幾。

我在此要指出一項由我、穆勒與孟德爾松一起為計算空氣汙染環境帳而做的研究（後來由穆勒更新）。[7] 這項研究以前述的標準方法估計空氣汙染的損害。總損害的計算是以價格（每單位汙染造成的損害）乘以五種來自一萬個來源地點的主要汙染物的量（五種汙染物分別是氮氧化物、二氧化硫、懸浮微粒物質、氨和揮發有機化合物）。排放量則是按各個產業、各個來源地點計算，並按美國各郡估計損害。

這些帳目的主要修正，在於像是燃煤發電廠和採石等產業。總損害在NNP的占比自1999年時的6.9%下降到2008年的3.4%。這些修正顯然占產出相當大的比例，而且在高度汙染產業，在產出的占比更是高出許多。

成長效應還是違背直觀，呈現負數。原因是期末的汙染減項比期初的小（一如前述的二氧化碳例子）。汙染的成長效應是提高NNP成長率，從每年2.03%增加到每年2.45%──汙染經濟學的討論未曾強調這個明顯的效應。

除了這裡探討的三個例子，還有很多其他相關的領域。森林、水、壅塞和有毒廢棄物等，都在綠色部門之列，但是估計值卻很少。像是衛生、住宅、烹飪、家庭照顧和休閒等領域，都有擴增帳目的估計值。這些對總產出和成長可能都有實質影響，但是往往不在綠色會計的範疇裡。

綠色會計總評

國民綠色產出的總結如下：那些環境和資源的影響估計值，目前被傳統國民帳排除在外，然而，若我們把它們納入計算，可能就會對產出水準造成相當大的差異。根據一個粗略的估計，本章所檢視那些被排除的部門，可能會讓美國的產出降 10%，但是由於那項研究並不完整，因此真正的總數可能會更高。

然而，矛盾的是，修正這種遺漏通常會提高綠色產出的成長率，至少在美國過去半個世紀期間是如此。原因是相對於整體經濟，汙染的衡量大部分都呈衰減，這是更乾淨的電廠、工廠和機動車輛的結果。相對於其他影響成長率的財貨和服務，汙染的成長較低。目前受到檢視的部門，成長效應大約是每年增加0.5%——這個數字經過多年的累積之後，效果相當可觀。確實，主要部門都沒有估計值。但是，就算是概似值，這些數字還是涵蓋了一些最重要的外部性。

環境政策能增益真實的經濟成長，這個發現對於環境政策的辯論很重要。我把這視為綠色運動的重大勝利。這個驚人發現有個有趣的推理。如果我們回到半個世紀之前，回到美國環境法規的發端，以空氣汙染等外部性而言，減少汙染這項活動，邊際利益遠遠高於邊際成本。因此，環境政策其實是摘取低廉的低垂果實，以最低成本大幅減少健康和其他損害。

如果我們只看標準經濟帳，就會嚴重遺漏和摘取低垂環境果實相關的經濟福利改善，因為環境規管的健康利益沒有計入標準科目裡。然而，如果我們拓展視野，納入外部利益，環境政策對於成長其實有相當可觀的增進。

所以，如果那位激進派青年來到今日，成為熟年激進派份子，他對於國民帳的態度可能會相當不同。看過近年的經驗，並研讀環境經濟學家的研究之後，這位激進派老將可能會這樣寫道：「主張環境法規損害經濟增長的人簡直大錯特錯，因為他們用錯了尺。汙染應該歸為產出的衡量項目，不過前面要加個負號。如果我們以國民綠色產出為標準，那麼環境與安全法規在近年來其實大幅提升了經濟成長。」

第 10 章
外星文明的誘惑

　　關於未來，一個核心的科學和經濟問題在於，地球上的人類文明是否獨一無二，還是可以在外太空或其他星球上複製，建立我所謂的「外星文明」（exo-civilizations）。

　　大部分的科幻與流行文化都假設，沒錯，地球可以複製。他們假設，我們可以在月球、火星、或是某個遙遠的星球建立殖民地，就像清教徒在麻州開闢屯墾區一樣。或許一開始生活會很艱辛，但是等到適應新環境之後，文明就有可能在另一個星球上存續。

　　事實上，人類文明是否可以在地球之外存續，是一個深奧而未為解答的問題。首先，我們要思考的是，我們要複製的是什麼。地球是一個由自然與人類共同組成的龐大生態系，涵蓋了自然資產與由生產活動而來的資產。地球的資源包括海洋和河流、

氧氣、化石燃料、稀有礦物和生物物種。此外，還有人類智慧、勞力和專精技能等關鍵要件，包括種類豐富的生成性資本，像是馴化的動物、城市、道路、屋舍、機器、工廠、防禦工事，以及人類所開發的技術。

最後，這些全都透過法律、政府、集體活動和市場等體制組織起來。這些人類和自然體系不是自動出現，而是演進而來，以因應維持數十億人以及地球上無數生命體的生存這項挑戰。地球上生命的適應性特質，並不是為了因應在火星或其他星球上的挑戰而形成的。

如果我們只從人類的角度來看，地球今日是一個生產力雄厚的的系統──財貨與服務淨產出大約是一年 100 兆美元（人均產出為大約 1 萬 5,000 美元），這就是這個複雜體系的成果。

要建構一個封閉或接近封閉的系統，來取代地球的系統，或與其並行，有可能嗎？我們有可能擁有一個系統，不但能生產食物和能源，還有房屋、花園、自然步道、滑雪坡道、壽司、棒球賽和現代生活的其他必需品與便利設施嗎？或許我們無法逐一取代每一個項目，但是我們或許可以建立一套相對應的事物，如半人馬座料理、石球比賽、沙地休閒渡假村、火山口步道和其他替代品。

我們要從何理解地球以外的永續性展望？本章就是要探討這個領域。一開始，我們要回顧當前人類文明那條漫長、蜿蜒又曲

折的來時路。接著，我們從現今太空任務得到的洞見，檢視關於其他星球生命的推測。

在最後一個部分，我們要來看看那個終極的綠色夢想，也就是那個位於亞利桑那州、多半已被世人遺忘的玻璃泡泡——「生物圈 2 號」（Biosphere 2），藉此檢視這個問題。這個大膽的實驗想要建立一個封閉、自給自足的永續系統，對於這些章節所提出更廣泛的問題可以提供重要的課題。

這三個故事包含一個核心訊息：要在地球上成功建立永續的文明，從歷史上來看，都是其極困難的事。要在其他星球建立一個自給自足的永續系統更不用說了，鐵定會是一個更大的挑戰。

人類文明的奇蹟

一個思考外星文明前景的角度，就是回想我們目前這個繁榮的世界，就算有人類大腦和地球豐富資源的種種優勢，也是歷經了多麼漫長的時間才成形的。現代世界的形成比冰河還要緩慢。第一步就花了大約四十億年：從細菌湯最初的攪動，到五萬年前解剖學上的現代智人出現。

早期人類的經濟與其他動物幾乎沒有什麼差別，都是從土地和海洋擷取物質。為了實用，我們可以把文明的演進（工具與科技漫長而綿延的發展）區分為兩個階段：第一個階段始自最早的

人類出現，一直到 1750 年左右的工業革命；自那之後起一直到現在，則是第二個階段。

其實，宛若緩慢匍匐前進的第一個階段，與科技基本組成元素的發展有關：掌握用火和馴化動物，石斧的發明、農耕的發展、書寫文字的發展，還有聚居而發展出來的城市。這些事物看似在世界不同地點都有獨立的發展，因此它們屬於現代人類的能力，而不屬其他物種。

重建經濟成長軌跡

經濟成長軌跡的重建結果顯示，人類早期的生活水準，成長速度特別緩慢。根據安格斯・麥迪森（Angus Maddison）與布萊德・迪隆（Brad DeLong）這兩位經濟歷史學家的最佳估計，從遠古時期到十八世紀中期，人均產出成長為兩倍，相當於年均成長率 0.001%。現代人類在這個地球上生存了 50,000 年，而我們可以把前 49,700 年想成一段馬爾薩斯時期，也就是科技進步帶來人口的增長以及擴散（比方說，人類有了火的協助，就能遷徙到較寒冷的地區），而不是經濟狀況的提升。[1]

表 10-1 顯示人類經濟史最完善的重建情況。在遠古早期，人口處於僅能維持生存的水準。羅馬時期與拜占庭時期、自大約 1750 年之後的歐洲，以及過去半個世紀期間全球大部分的國家，

都有相當準確的現成資料。

　　表 10-1 所透露的訊息是，一部人類史上大部分的時間，人均產出和生活水準幾乎都沒有成長。生活水準的革命在 1750 年之後才積蓄動能，接著在二十世紀起飛。今日的全球人均產出或許是馬爾薩斯時期早期的 30 倍。工業革命的故事多年以來一直是經濟歷史學家的重要主題。工業革命與之前科學革命的果實、區域與國際貿易的成長、創新的常態化、必要資源和原物料的利用、大公司和其規模經濟都有關係，而最重要的是一連串重大新科技的出現。

▍照明的演進

　　生活水準與生產力常見的衡量標準（例如 GDP）是二十世紀的重要發明。不過，它們所涵蓋的歷史範圍有嚴重的限制。美國關於產出的官方資料可追溯至 1929 年，而具有合理準確度的資料可以追溯到 1880 年代。中國的產出資料準確度只有普通水準，而在 1950 年之前，甚至連基本經濟帳的資料都沒有。熱帶非洲大部分地區的產出衡量資料仍然不可靠。因此，想要衡量遙遠年代的生產力非常困難，特別是工業革命以前的時代。表 10-1 是我們目前最好的資料，不過早期的部分有相當高的推測成分。[2]

　　另一種衡量生產力的方法著眼於一個狹窄但有妥善衡量資料

表 10-1　人類早期至今的人口成長與生活水準增長

| 期間 | 人均產出 | | 人口 |
	水準（2011$）	較前期成長（年成長率）	較前期成長（年成長率）
公元前 1 百萬年	551		
元年	655	0.00002%	0.00034%
1000 年	801	0.020%	0.002%
1750 年	1,074	0.04%	0.06%
1900 年	2,048	0.43%	0.21%
1980 年	7,352	1.60%	0.54%
2017 年	15,317	1.98%	0.62%

資料來源：見注 1。

的門類，那就是照明。在目前現成的資料裡，此類生產力資料的時間跨度最長，衡量的是自人類歷史最早時期以來照明的技術變革。重要的里程碑是掌握用火（至少 60 萬年前）、早期的明火燈（3 萬年前）、蠟燭（可能是 5 千年前）、封閉燈（希臘早期，大約 4 千年前），還有現代油燈（自 1782 年）。過去兩個世紀間，裝置和能源形式的變革帶動照明生產力不斷迅速提升；能源有煤油和電力等等，裝置則從白熾燈演進到螢光燈，最後是 LED 燈。

我們可以根據每小時工資率衡量各種科技下照明的價格和效率，以粗略估計照明生產力。照明價格除以工資，即是單位工時的照明購買力。它的衡量單位是流明小時／單位工時。每小時的產出是一個簡單但可靠的生產力估計值。

這個生產力衡量指標呈現什麼樣的圖像？這裡的產出衡量單位是 1,000 流明小時，大概相當於一個傳統 100 瓦白熾燈泡一個小時的產出。第一個合理準確的估計值遠在大約公元前 1750 年的巴比倫時期。根據粗略估計，巴比倫人要工作大約 40 個小時，才能買到足以產生 1,000 流明小時的油。接下來的 3,500 年間，經過緩慢的進步，這個數字提升到大約 5 個工時。然後，因為照明革命的來臨，照明的時間成本急遽下降。以今日的 LED 燈泡，成本降到大約每 1,000 流明小時只需要 0.000072 個工時。過去珍貴無比的照明，今日已經變得幾乎等於免費。

圖 10-1 顯示公元前 1750 年到 2020 年的最佳重建。這是等比量表，因此斜率等於成長率，圖上標示兩個主要時期（1800 年之前及之後）的成長率數字。1800 年是個明顯的轉折點，印證表 10-1 的總生產力估計值。

表 10-2 顯示重大科技變革分期的成長率數字。生產力提升幅度最大的兩個時期，一是 1900 年左右（電力發展之後），二是 1990 年起的數十年，亦即是 LED 等照明新科技問世之後。

這裡要強調的是，1750 年左右的工業革命，讓人類歷史出現了一個急遽的轉折點，而人類文明繼基礎發明（如輪子）之後，在此進入第二個階段。照明生產力從巴比倫時期到工業革命的年成長率不到 0.1%，然後在工業革命之後加速到超過 5%。

我們也要指出，照明生產力革命的寓意特別符合綠色精神。

圖 10-1 四千年期間的照明生產力

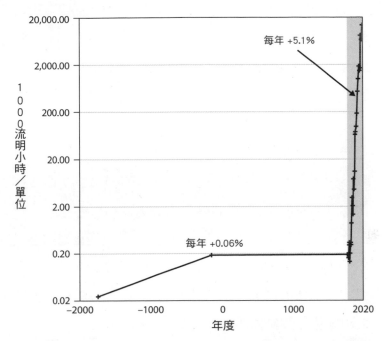

本圖顯示以照明衡量的勞動生產力。由於這是等比量表，曲線斜度就是成長率，並標示出兩段期間的平均成長率。

這些新科技的一個正向環境效應，一如路易・史托茲（Louis Stotz）所評論的，就是「在賓州發現的石油給全世界煤油，給剩下不多的鯨魚活命。」[3]

我同時回顧整體生產力和照明的歷史，是因為它們能凸顯人類進入現代這個豐裕世界的漫長道路。現代人類歷經了數十億年漫長而曲折的演化之旅。然而，即使是解剖學上定義的現代人類

表 10-2 照明生產力在不同時期的成長

起始年代	結束年代	生產力成長率（每年）	科技變革（從起始年代到結束年代）
−500,000	−20,000	0.00003%	新石器時期的燈
−20,000	−1750	0.00102%	巴比倫時期的燈
−1750	−150	0.13%	羅馬時期的燈
−150	1800	0.00%	蠟燭
1800	1850	1.17%	鯨油燈
1850	1900	5.22%	城鎮天然氣
1900	1950	9.53%	愛迪生的燈泡
1950	1990	2.86%	電力生產
1990	2005	9.38%	小型螢光燈（省電燈泡）
2005	2018	5.49%	LED（發光二極體）

的出現，在地球上任何一個地方，都不是高生產力的保證。反之，前 99% 的人類歷史裡，生產力都以蝸步爬行

　　既然人類在超過五萬年的歷史裡，科技進步的步調有如冰河，今日地球的經濟繁榮，能在其他地方在永續基礎上複製嗎？人類文明的歷史顯示，要在地球上建立一個可存活的機構，門檻有多麼高。即使是今天，就算有現代科技，有些地區的生活條件仍然沒有大幅優於我們舊石器時代祖先所過的生活。要在這麼短的時間裡，在一個遙遠的星球上複製在地球上歷經如此漫長才發展出來的狀態，看起來是一項極為艱鉅的任務，即使以今日現代社會在文化、經濟、科學與資源的有利環境，也無法達成。

外星文明：火星生活以及其他

回溯人類文明的歷史，建構一個永續社會的挑戰看似艱鉅無比；另一個展望則是想像人類移民其他星球，也就是我所說的外星文明。我們或許可以這樣想，這大概就像當年清教徒遠行發現新世界。在美洲定居不但有風險而且危險，但是歐洲人最終還是在一塊豐裕而強大的洲陸成功定居。

然而，如果細看就會發現，拿清教徒比喻外星文明的前景是一個不適當的類比。最有可能展開新文明的地方是火星。以天文學的標準來看，它是地球的鄰居，有幾個類似地球的特質，而且我們對它有詳細的研究。科技家兼創業家伊隆‧馬斯克（Elon Musk）是遙遠文明的倡議者。他的願景是：「我談的是把成千上萬人、最後是數百萬人順利送上火星。」他的計劃藍圖遠遠不只這個紅色星球：「我們要去木星的衛星，至少比較外圍的那幾個是一定要的，或許還可以去到土星的衛星泰坦，還有小行星。一旦我們有了那個作用力函數，並建立起一個地球到火星的經濟體，整個太陽系都會在我們的行程範圍裡。」[4]

馬斯克非常清楚殖民的成本：「根據我粗略的猜測，如果每個人的成本大約是五十萬美元，那麼付得起、也想要〔去火星〕的人就會夠多。但這不會是一次假期。這會花掉你所有的積蓄、賣掉所有身家財產，就像當年歐洲人移居美洲殖民地一樣。」[5]

太空旅行的概念看似在未來數十年可行。但是，要「就像當年歐洲人移居美洲殖民地一樣」，建立自給自足的文明，我們有可能做到嗎？就算不是毫無可能，有鑑於星球殖民的成本和危險，這如今似乎還是相當遙不可及。

　　太空殖民這件事，很多人喜歡看科幻小說和電影是一回事，但我們還是需要深入挖掘，尋找嚴謹的分析。在這個環節，亞當‧莫頓（Adam Morton）最近的一本與太空殖民相關的著作，以及由西德尼‧杜（Sydney Do）等人所做技術分析，提供了深入的資訊。[6] 這些研究提出兩個重要議題：成本與危險。

　　第一個議題涉及太空殖民地是否能自給自足。根據前一章的內容，我對永續的定義是有能力維持一個系統（或經濟體），在達成合理生活水準的同時，也能保持資本的完整（或是補足損耗的資本）。要做到這點，火星就需要能生產足夠食物、居所、醫療保健、運輸和能源，或是出口足夠數量的財貨，以支付從其他星球（應該是地球）進口的必需財貨。

　　我們從成本開始討論。舉個類比太空殖民地的例子，就是維持南極洲人力的成本。雖然環境仍屬險惡，但南極洲其實是個比火星還要理想的殖民地：比火星溫暖，還具有許多優越的持質，例如大氣層、豐沛的冷凍水，與地球其他地方的運輸也便利。供應每位科學家的成本是大約是一年 20 萬美元，在評估更遙遠的殖民目的地時，這個數字可做為實用的成本門檻值。

另一個比較基準則是更接近太空的國際太空站（International Space Station, ISS），是一顆位於低地軌道的適居衛星。自 1998 年起一直有人住在上面，人數超過 240 人。根據莫頓的說法，到 2010 年為止，國際太空站的造價耗資 1,500 億美元。根據一項粗略的計算顯示，以年計算，成本大約是每人 6 億美元。

　　至於非地球文明的經濟分析，火星一號計劃可以做一例。火星一號是一家歐洲民間企業，計劃在火星建立永久的人類殖民地。規劃以單程旅行的方式，一次運送四個人上火星建立殖民地。這項任務與馬斯克公開的說法類似。（想當旅客的人請注意，這可是「單程」票。）

　　杜等人對火星一號的詳盡分析結果顯示，這項計劃「不可行」。許多計劃提出的技術，例如食物供給和供應鏈，目前還不存在。即使存在，據他們估計，建立殖民地的成本會非常高。等到 40 名移民者到位，累計發射成本已經超過 1,000 億美元，也就是每個人 25 億美元。而這還不包括居住、在地生產、通訊、運輸或備用零組件等的成本。如果一名移民者一年的成本保守估計為 2 億 5,000 萬美元，那麼任何出口的收入與此相比，應該都是杯水車薪。因此，外太空殖民地無法通過永續測試。

　　我們或許可以假設發射成本與其他成本會下降。但是，外星殖民還有更嚴峻的障礙。其中，許多的危險都會對身體造成威脅。與地球相比，火星上的紫外線輻射強烈得多，太陽能和重力

微弱許多，而且照明程度低。那裡有猛烈的沙塵暴。那裡也非常寒冷，溫度可以低到華氏零下 125 度（約攝氏零下 87 度）。此外，火星沒有大氣層，所以沒有防衛小行星的能力。根據最近的估計，每年大約有兩百顆小行星撞擊火星，摧毀任何擋路的人、結構體或設備。

　　或許只要有足夠的投資和創意，這些風險全都可以克服。但是還有心理面、經濟面和社會結構的問題。就拿寵物這麼簡單的事來說，美國人飼養將近 1 億隻狗。牠們是陪伴和愛的來源，有的還具備受人重視的專業，從事嚮導、放牧、搜救、治療、偵查和軍事等工作。就像人類一樣，狗也在演化的過程中適應了地球和人類的特殊環境。他們不太可能在危險的火星定居，因此火星對人類來說會是一個孤寂的地方。外星殖民者可能也不會有魚、番茄、牛奶，乳酪和肉類等產品。此外，要是你在「火星亞馬遜」網站上訂購商品，就算用最快的太空船送貨，也可能需要將近一年的時間才能送到你手上。

　　我們無法斷言未來。但是，在火星上打造一個自給自足的永續外星文明，前景似乎遙不可及。不是不可能，而是以類似當今的技術絕對不可行。

生物圈 2 號：永續實驗室

我們檢視永續性的最後一站，可能最有啟發性。這是一項實驗，要測試的是在地球上建立一個封閉系統的可能性，這項實驗就是生物圈 2 號。

生物圈 1 號就是地球本身。那麼，生物圈 2 號是什麼？這是一項民間風險投資計劃，目的是證明封閉生態系統的可行性。這項任務的目的是為了證明八個人（生物圈人）就能生產足夠生活兩年的食物，無需任何外來的食物供給。請注意，這項任務一開始其實不是以永續性為目標。糧食只是經濟產出的一小部分，對於永續性來說也只是一個小條件。因此，生物圈 2 號的成功門檻非常低。[7]

此外，這項基本測試在概念上有缺陷，因為它忽略了進口和出口。我們所知的生命體系當中，沒有一個是可以不靠進口而存續下去的——以地球來說，太陽能就是進口品。不過，我們檢視永續性時，暫且忽略由貿易而來的複雜性，而聚焦於前面各章所發展關於永續性的經濟概念。

生物圈 2 號概況

生物圈 2 號是一個巨大的玻璃結構體。它是一個封閉的實

體，位於亞利桑那州塔克森市（Tucson）附近，占地約 1 萬平方公尺（約 2.5 英畝）。它包含許多主要的地球生物群落，例如熱帶森林、海洋、濕地、沙漠和農耕區。它有少量的生物物種，以及充足的資源，可以生產八個人兩年所需的食物。一開始，它有大量的資源、藥物和設備，成本大約是 2 億美元，並且引入大量能源（大約每人每年 5 萬美元）。兩年下來，住在這個侷限空間裡的八個「生物圈人」，生產他們所用的大部分食物，並且成功存活下來。

從定義角度來看，永續封閉系統是個失敗的嘗試。對人類生命造成威脅的重大問題，是大氣的氧氣會穩定下降，濃度從最初的 21% 降到 14% 的低點，也就是略高於致命水準。氧氣的耗竭需要有大量的氧氣補充，因為人類沒有氧氣就不太可能生存。生物圈 2 號有個重要特點：支援人員就在幾英尺之外待命，可以隨時供應需要的氧氣。如果那種災難性的錯誤在火星發生，以九個月的補給時間來看，沒有一個生物圈人能夠倖存。

實驗對人類構成危險，但其他物種的情況甚至更糟。所有授粉者（如蜜蜂）都已滅絕。一開始放進去的 25 隻脊椎動物，有 19 種滅絕。大多數的昆蟲都滅絕了，只有一種成功倖存，而且族群興旺：瘋蟻。瘋蟻這種害蟲具有一種獨特能力，幾乎可以在任何地方生存。

那八個人平均每天工作 10 小時，才得以維持系統的生存。

他們大部分的時間都投入農業生產——每人每週大約 22 小時。與此相較，如果以美國經濟體為衡量基準，農場的平均工時約為每週 0.1 小時。至於其他重要經濟活動的產出，如居所、衣物、交通運輸、藥物和醫療保健，或是娛樂，則沒有任何相關的報告。因此，經濟產出只限於為了維持生存的農業。

▌衡量永續性

我們要如何評斷像生物圈 2 號之類的計劃能否代表永續系統？之前兩章已經廣泛討論過永續性。我們必須調整之前的討論，以適用於這個更廣的架構。

在考量永續性時，最低標準是該系統必須在經濟上可行，意即它具有生產力，也就是產出大於投入。這是一個直觀的概念，意思就是正數淨產出。這是一個很低的門檻，不過是一個實用的起點。

永續性一個比較好的衡量定義是，一個生產力足以維持資本存量的系統。也就是說，在一個永續經濟體裡，以當前的消費水準，自然資本、有形資本和智慧資本的存量都不會下降。

這裡的關鍵概念是「資本」。這個概念指的是用於生產的有形或無形的耐久財。自然資本包括森林和乾淨的空氣；有形資本包括設備和房屋；而智慧資本包括專利、軟體和技術知識。資本

的總價值就是各類資本的數量乘以其價格或是社會價值。

　　生物圈 2 號的永續性開啟了比永續性的標準衡量標準更廣泛的議題。根據我們的標準經濟衡量指標，我們假設某些自然資本會保持不變。例如，我們假設太陽依然會發光、河流依然會流動，而大部分授粉者都會存活。但是，我們顯然不能把同樣的假設套用在許多光年之外的火星或其他行星。不過，當前分析的範疇並沒有納入基礎自然資本的價值，所以我們可縮限我們對經濟永續性的檢視規模。

▌ 生物圈 2 號的產出

　　為了探究生物圈 2 號的經濟可行性和永續性，我構建了一套基本經濟科目。這些科目採用國民所得會計的概念（如前一章的討論），以衡量 NNP 和它的組成。這些估計值僅做參考，也許還有其他更優良的資料可以提出更好的估計值。我們現在就開始。[8]

　　原始資料如下：我們有生物圈人按部門區分的時間運用資料。初始資本存量估計為 2 億美元，其中能源投入為每年 80 萬美元，安全和其他服務估計是每年 50 萬美元。非科學活動的工時價值為每小時 15 美元（以 2015 年的價格計），而科學活動的價值為每小時 50 美元。主要成本項目是折舊，估計為每年資本額的 10%，這個折舊率適用於設備，不過這樣的設算值或許過

低，因為生物圈 2 號的年限有限。

　　一個可能高度有價值的部門是智慧財產權或科學知識的投資。就像傳統衡量方式一樣，這項投資是列為成本，不過它可能有更高的正向外部性。

　　表 10-3 顯示分析結果，並把生物圈 2 號和 2015 年的美國經濟帳做對照（以人均數字做為比較基礎）。我想要強調，對生物圈 2 號的估計，根據的是非常零碎的資訊，雖然量的順序絕對是正確的。前五行是依產業別區分的產出毛額——也就是產出內容，例如紅蘿蔔的價值。如行 1 所示，生物圈 2 號的人均產出毛額的估計值大約是美國的一半。請注意，產出的組成高度不均衡，工業或貿易的產出是零。最重要的產出是服務和智慧財產權的創造。

　　行 2 顯示生物圈 2 號的 GDP，等於產出毛額減去投入（例如能源）。據我估計，投入超過產出（即使是能量投入也大於產出），所以生物圈 2 號的 GDP 估計為負 19 萬美元，美國則為 5 萬 6,000 美元。

　　行 3 是最後的總數，也就是生物圈 2 號的 NNP，等於國民生產毛額減資本折舊。我們之前的討論以 NNP 為永續所得。生物圈的資本折舊估計超過每人每年 300 萬美元。在減去折舊之後，人均 NNP 為每年負 340 萬美元。我們可以用不同的方法處理這些數字，不過最後的計算結果都是非常大的負數。

表 10-3　生物圈 2 號與美國的經濟帳估計報表

部門	人均產出（以 2015 年的美元計價）	
	美國	生物圈 2 號
農業	1,256	1,005
工業	2,615	0
貿易	0	0
服務	33,607	23,166
投資、智慧財產權（科學知識）	952	18,876
政府和其他	1,182	0
1. 人均產出毛額	**98,083**	**43,047**
減：中間投入	41,998	233,142
2. 人均 GDP	**56,084**	**－190,095**
減：資本耗損與其他	8,178	3,252,969
3. 人均 NNP	**47,907**	**－3,443,064**

美國的資料為 2015 年的資料。

注：兩個經濟體的人均產出估計值。生物圈 2 號的估計值為 1991 至 1993 年間，而美國則是 2015 年。所有估計值都以 2015 年的價格和工資為基準。

結論：人造地球的永續性

　　關於打造人工地球或是在遙遠地方建構永續人類體系的前景，我們的結論是什麼？我們之前對人類文明歷史的討論，記述了今日高度具生產力的全球經濟形成的漫長道路，這個事實顯示，要在遙遠而險惡的地點建立一個相同的體系，將面臨嚴苛的挑戰。此外，檢視殖民火星或其他星球的前景，結論也同樣悲

觀。根據可以類比的情況，如南極洲或國際太空站，在惡劣環境裡維持生命的成本，看起來是一筆天文數字。

如果回顧生物圈 2 號的歷程，結果更加悲觀。如果用經濟可行性和經濟永續性來檢驗，它可以說是失敗得一塌糊塗。即使就位在地球上，這個體系也無法維持現代的生活水準，甚至連舊石器時代的生活水準也無以為繼。如果長期運作，它會一切歸零。除了瘋蟻，在那個生物圈裡的每個東西和每個人都劫數難逃。

以上就是這三個實驗帶給我們的教訓，它們不但一致，也讓我們知道要謙卑。在不久的將來，永續外星文明的前景仍然遙不可及。

第 11 章

全球疫疾大流行與其他社會災難

　　2021 年初之際，觀察社會，我們看到全球世界各地的人因為 COVID-19 而生病、害怕染疾，甚至每天都有成千上萬人因此死亡。人人盡可能保護自己。人人把希望寄託在兩種高度有效、經過核准的新疫苗，卻又擔憂供給有限、派送受到阻礙。總之，當「新型冠狀病毒」從中國武漢的生鮮市場出現，一場社會災難籠罩了全世界。

　　從術語來講，新型冠狀病毒（科學名稱為 SARS-CoV-2）是在 2020 年 1 月開始傳播全球的致命病毒。該病毒引發了一系列複雜的疾病，通稱 COVID-19。這兩個名詞經常交替使用，但是為了簡化起見，除非有必要區分疾病和病毒，否則我會用

COVID-19 指稱這場全球疫疾大流行。

社會災難（societal catastrophe）是一種在社會、經濟和政治普遍引發艱難處境的事件。在現代，這樣的災難很少見，可能數十年、數世紀一遇，甚至更長的時間才出現一次。由於社會災難是機率低、後果嚴重的事件，因此對社會決策過程（偵測、預防與緩解）構成困難。確實，正如我們在 COVID-19 大流行這個例子所看到的，由於我們的態度和政治體制使然，即使我們擁有最先進的科技，要有效應對災難也變得極度棘手。

2020 年疫疾大流行是一場災難性的病毒瘟疫。但是，在其他時候，我們也要擔心諸如核武衝突、地震、小行星撞擊和氣候變遷等災難。大多數人通常很少會為災難憂心忡忡——但是等到它們真正發生時，我們幾乎連想的時間都沒有。[1]

災難的分類

災難的嚴重性、程度和速度各有不同的層級。區域戰爭和飢荒是屬於嚴重性較低的災難。世界大戰或嚴重的全球流行疾病會廣泛引發死亡和破壞，屬於摧毀力較高的災難。最可怕的惡夢則是像大型小行星或潛在的核武戰爭等災難，會導致地球大部分地區的毀滅，以及人類生存的倒退。

災難可能是區域性的（例如有限的戰爭），也可能是全球性

的（如全球流行疾病和氣候變遷）。有些災難的襲擊速度迅雷不及掩耳，COVID-19 的大流行就是一例，有些災難則是在數年或數十年間日積月累而成，例如氣候變遷。有些災難每隔幾年就發生一次，像是區域性戰爭或是情節輕微的流行病。有些災難則遠遠更為罕見，可能數千萬年或數億年才碰到一次，例如讓恐龍滅絕的小行星撞擊事件。稍後我們會再討論罕見事件的挑戰。

災難的綠色層面

環境科學與經濟學研究外溢效應或外部性：汙染、氣候變遷、核輻射、死亡的魚類和垂死的海洋。一本探討外部性和綠色政策的書，之所以有容納全球流行病這種災難的討論篇幅，正是因為流行病本身就是一種特別可怕的外部性。根據流行病學家的計算，以 COVID-19 來說，如果沒有保護或緩解措施，每名感染者大約會傳染給三個人。感染者當中或許會有 10% 的人演變成重症，而有 1% 會死亡。如果我們受到感染後咳嗽、喊叫或唱歌，等於是在用致命病毒汙染我們周圍的空氣。採取預防措施可以保護我們自己和家人，但也會保護到我們的朋友，甚至是陌生人。

像是傳染病等致命外部性的應對工作，政府扮演著核心角色。美國疾病管制與預防中心（Centers for Disease Control and Prevention, CDC）或其他國家的對等單位等機構都訂定了詳細的

規章處理傳染性疾病；不只是流感等流行傳染病，還有像 COVID-19 等新型傳染病。就像美國環保署，這些機構也有專業的科學家和各種因應公共衛生危機的工具。

但是，當前的危機顯示，科學專業本身無法遏止全球流行疾病。政治領導者在輿論的塑造以及適當政策的採納上，扮演著要角。這次疫疾全球大流行，中國與美國的領導人都失職了。中國的領導者隱匿疫情的爆發，警示本國人民和全世界的速度緩慢。川普總統追求政治的自利，刻意怠忽，因而拖延了美國的反應。我們永遠不會知道，有多少人因為政治領導的失能而枉死，但是 COVID-19 危機顯示，除了較為常見的外部效應，還有最嚴重的外部衝擊，我們都需要綠色態度和政策。

換個方式來說，災難當頭時，人類雖然脆弱，但並非無助。每一種情況，我們都可以採取預防或預警措施，來避免並緩解災難。災難性的氣候變遷就是一個明顯的例子。如果地球科學家發現，當溫度的變化超過某個軌跡，災難就會發生，那麼各國就可以採取措施，避免跨越那條臨界線。強而有力的減排政策（如課徵高碳稅），加上對再生技術的積極投資，可以扭轉曲線的走勢。

不同的災難需要不同的對策，但是讓 COVID-19 得以傳播得一片混亂，並非無可避免。掌握我們命運的不是星星，而是我們自己，以及我們的政治領袖和機構。

極端事件

有些災難事件很恐怖，但不意外，例如佛羅里達州的颶風。有些事件極不可能發生——確實，發生的機率低到大部分人都不去理會。它們之所以不太可能發生，是因為它們本身就是罕見事件，像是巨大的小行星撞擊地球。另外也有可能是因為地球從未發生過，或是人類不曾遭遇過，一個例子就是 1945 年 8 月投在廣島的第一顆原子彈。人類無法靠經驗預測這場龐大的破壞。2020 年的 COVID-19 全球大流行是出乎意料的事件，因為從來沒有人感染過這種病毒，我們也沒有它的基因定序。

這些極端事件有時被稱為「長尾事件」（tail events）。從歷史事件發生頻率的角度來看，或是從直覺觀之，長尾事件應該是百萬年、十億年或是 10^{303} 年才發生一次的事件所造成的結果。它之所以稱為長尾事件，就是因為機率分配有尾巴（想一下鐘型分配的兩端），而長尾事件就是位於極遠端尾部的事件。

像是 COVID-19 大流行等後果重大或災難性的長尾事件之所以特別棘手，主要是因為難以預測。結果就是我們沒能投資於能夠預防、減緩傳播或緩解損害的計劃。有些最嚴重的社會災難都屬於長尾事件。

緩解和預防社會災難的基本條件並不會因為要因應長尾事件而改變，雖然確實會因此多一層複雜性，也就是處理低機率事件

的複雜性。但是健全的科學、政治領導力和機構等基本條件，仍然是阻斷極端災難的核心。

全球流行病的挑戰

從有歷史記載之初，以及過去的寓言和神話裡，災難就一直與人類的經歷交織。表 11-1 顯示，關於人類過去所歷經最致命的疫疾大流行，我們現有的合理而可靠的估計（雖然在上個世紀之前，那些估計值只是概似值）。最後一欄是死亡人數占全球估計總人口的比例。早期的流行疾病，像是十四世紀的黑死病，幾乎讓一個地區的人口全數死亡殆盡。在上個世紀，人口的主要殺手則是 1918 至 1920 年間的「西班牙流感」和 HIV。由於本書完成於 2021 年初，因此 COVID-19 那一列是一個問號。

我們可以從表 11-1 得到一個初步結論，那就是現代的科學和醫學已經防堵了前科學時代最嚴重的公衛災難，但是至今還無法消除致命傳染病週期性和不可預測的出現。

COVID-19 大流行

在從綠色觀點探討當前的流行病之前，我們先簡單回顧一下過去的歷程，幫助我們的討論。新型冠狀病毒於 2019 年末出現，

表 11-1 瘟疫，新與舊

排名	名稱	起始年	結束年	死亡人數	全球死亡率
1	黑死病	1331	1353	137,500	38.261%
2	查士丁尼大瘟疫	541	542	62,500	32.094%
3	安東尼大瘟疫	165	180	7,500	4.048%
4	西班牙流感	1918	1920	58,500	2.768%
5	1545–1548 年科科利茲特利流行病	1545	1548	10,000	2.367%
6	第三次鼠疫大流行	1855	1960	18,500	1.600%
7	墨西哥天花大流行	1520	1520	6,500	1.538%
8	日本天花大流行	735	737	2,000	0.967%
9	人類免疫缺乏病毒（HIV）／後天免疫缺乏症候群（AIDS）大流行	1920	2020	30,000	0.882%
10	塞普勒斯大瘟疫	250	266	1,000	0.532%
11	1576 年科科利茲特利流行病	1576	1580	2,250	0.444%
12	那不勒斯鼠疫	1656	1658	1,250	0.226%
13	波斯鼠疫	1772	1772	2,000	0.221%
14	雅典大瘟疫	-429	-426	88	0.191%
30	COVID-19	2019	?	1,750	0.022%

本表彙整了人類紀錄上最致命的瘟疫。最後一欄是全球死亡率。注意：2021 年初，COVID-19 大流行已經站上最致命瘟疫排行榜的第 30 名，而且看起來還沒有平息的跡象。[2]

與在蝙蝠身上發現的一種病毒，關係最為密切。零號病患（第一個有紀錄的病例）於 2019 年 12 月在中國武漢出現。1 月初，中國醫療機構意識到一種新病毒出現，並在 2020 年 1 月 11 日發布

圖 11-1 全球 COVID-19 案例紀錄，2020 年 1–6 月

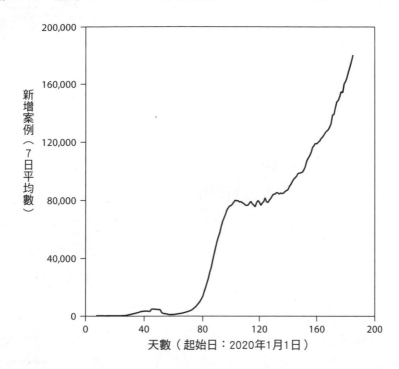

其基因定序。

　　接下來的三個月（到第 90 日，也就是 3 月底），這種病毒在全球迅速傳播，如圖 11-1 所示。第一波高峰出現在 2020 年 1 月，並在 2 月時消退。在流行初期階段，病例數每隔三、四天就增長一倍。隨著中國實施人口封鎖，全球病例數也呈現下降之勢。3 月中，疫情在美國和西歐爆發，於是全球病例數開始邁入第二波高峰。由於受影響國家封鎖企業和家戶活動（在第 70 到 90 日之

間），病例增長再次停頓。接下來，隨著各國重新開放，病例數於 5 月初再次開始增加，而且在本書於 2021 年初完成之際，都呈現持續的快速成長。

傳染力與致死率

要理解流行病，就要解釋這些死亡使者最重要的特質：傳染力和致死率。傳染力是指在沒有疾病傳染防範措施下，一名感染者的平均傳染人數。用術語來表示，就是 R0 值：R 代表疾病在各代感染者之間的再生率；0 則是指零號病患或是在實施減緩措施之前受感染病患的傳染力。例如，COVID-19 的 R0 值據估計約為 3，不過有些變異株的 R0 值更高。假設 R0 為 2，如果第 n 代的感染人數為 1,000 人，那麼在（n+1）代的感染人數會是 2,000 人（再次重申，這是假設在沒有採取防護措施的情況下）。

傳染病的另一個重要特質是它的致死率，我們稱之為 L（lethality），指的是在感染疾病之後的死亡率。一般感冒屬於低致死率，死亡率接近零。天花屬於高致死率，L 值大約為 30%。COVID-19 的致死率尚未確定，不過估計範圍是 0.5% 到 2%。

COVID-19 的傳染力和致死率可以與 1918 年至 1920 年的「西班牙流感」相比。表 11-1 顯示，西班牙流感造成 3% 的全球人口死亡。以當今的全球人口來說，相當於超過 2 億人。

圖 11-2　COVID-19 與其他疾病在無防護人口的傳染力和致死率

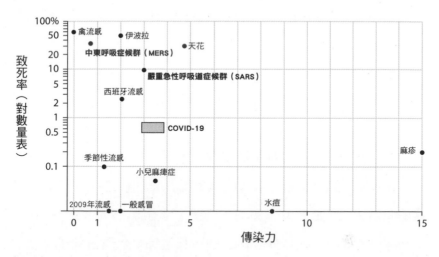

資料來源：Knvul Sheikh, Derek Watkins, Jin Wu, and Mika Grondahl, "How Bad Will the Coronavirus Outbreak Get? Here Are 6 Key Factors," *New York Times*, February 28, 2020。根據與古樂朋的個人通訊內容更新。

　　圖 11-2 是幾種疾病的傳染力和致死率的分布情況。請特別注意，傳染力數字（以 R0 值衡量）是指在沒有防護措施以及未接種疫苗的接觸感染。在缺乏保護措施的情況下，天花是極度嚴重的傳染病，因為它的傳染力和致死率都很高。歐洲人在 15 世紀抵達新大陸時，也將天花帶進美洲，造成大量的美洲原住民死亡（參閱表 11-1）。今日，從書面資料來看，天花造成的死亡人數是零，這是因為有效的疫苗結合長期的公衛宣導工作，天花才能絕跡。

要了解全球流行病的控制，我們還需要一個更進一步的概念，那就是有效再生率（effective reproduction rate），我稱之為 Reff 值。請記住，R0 指的是病毒在完全無防護人口的再生率（例如在還沒有偵測到病毒之前）。然而，一旦採取防護措施，再生率就會下降。再生率之所以能夠下降，是因為感染者被隔離，或是因為民眾待在家裡，沒有接觸到受感染者，又或者是因為民眾從之前的感染或疫苗得到了免疫力。

如果防護措施有效，Reff 值就會低於 R0 值。對抗任何流行疾病的關鍵，就是把 Reff 值壓到 1 以下。比方說，假設今天有 1,000 名感染者，而 Reff 值已經降到 0.5，那麼每一代受感染的人數就會減少 50%。如果病毒沒有宿主，流行病甚至可能會無疾而終。

如果用 COVID-19 的案例資料來衡量 Reff 值，在 2020 年 1 月至 3 月的快速成長期，這個數字非常高。接著，當案例數在 2020 年夏季趨於穩定，Reff 值也跟著趨近 1。然而，隨著 2020 年底時病例快速增長，Reff 值又再次攀升，而病例數則是每 2.25 個月增加一倍。公共衛生專家希望、也預期，在大部分人口接種疫苗並達到足夠的免疫力後（所謂「群體免疫」），疫疾大流行就將告一個段落。

降低傳染力和致死率

今日的天花、西班牙流感、麻疹和小兒麻痺症的案例為什麼這麼少？因為衛生措施同時降低了這些疾病的傳染力和致死率。天花很容易理解。當今已經沒有天花案例。即使 Reff 值很高，乘以零永遠等於零。至於麻疹，由於疫苗的效果非常好，所以實際的傳染力接近零。

現在來看 COVID-19，Reff 值可以透過社交距離而暫時降低──也就是減少與潛在感染者的接觸次數。只要我們保持距離，就能減緩疾病的傳播速度。但是，只要我們在酒館和體育館群聚，Reff 值又會衝高。降低 Reff 值的長久之計是施打有效的疫苗，透過減少人傳人以降低疾病的傳染力。

最後，降低 Reff 值還有一個方法，那就是達到「群體免疫」。因感染疾病而得到免疫力的人數夠多時，就能達到群體免疫。假設一個均質人口的 R0 值是 2，再假設有 75% 的人口因為接種疫苗或是之前受感染而產生抗體，於是 R0 值就變成 $0.25 \times 2 = 0.5$，意味著感染會無疾而終，一如前文的例子。

部分無知的政治人物主張放任病例持續增加，讓全球透過感染（而不是疫苗）達成群體免疫。以 COVID-19 來說，這會是一個駭人的情境，因為這表示全世界要以超過 50 億人染病，做為達成群體免疫的代價。

疫疾大流行的因應

疫疾的全球大流行構成艱鉅的困難，因為它們突如其來發動襲擊，而且移動快速，如迅雷之勢。它們對我們的機構體制形成挑戰，讓我們預做準備、執行計劃的速度都必須比傳染速度還要快。以 COVID-19 而言，它顯然在還沒有被發現之前就已經在人群裡傳播。

紐約市的情況可以證明這點。2020 年 3 月 1 日，紐約市通報了第一個案例。到了 4 月 1 日，案例數增加到 5 萬 4,000 例。後來，他們從檢驗 COVID-19 抗體的血液樣本裡發現，這段期間的感染數是 64 萬 2,000 例。這個較高的數字才是紐約市人口的實際感染數。這項資訊顯示，在第一個案例通報之前，人口當中就已經有數百個人受到感染。[3]

最後一個關鍵因素在於，COVID-19 在無症狀和症狀出現之前都有傳染力。傷寒、AIDS 和霍亂都屬於無症狀的傳播疾病。但是許多疾病都是在感染者出現症狀之後才有傳播力。抗體測試和接觸史的證據顯示，有許多感染者都沒有出現症狀。部分無症狀感染者（無從得知究竟有多少）可以無預警傳染給他人。即使一直到 2020 年 6 月，COVID-19 的無症狀傳播所造成的混亂仍是重大問題。[4]

在許多綠色議題，例如全球暖化，人類有多年時間可以進行

研究、為因應做準備。但是，面對疫疾大流行，我們沒有鬆懈以及深思而後動的餘地。當病例以每週200%或500%的速度增加，花時間思考最佳回應就是給病毒機會，趁隙肆虐全球。

事實上，最近數十年來，美國各級政府都有針對疫疾大流行的因應做出規劃。一般來說，他們以流感病毒為焦點，因為流感病毒是過去這個世紀的主要威脅——確實，上個世紀所有重大的流行病都是病毒引起的。

美國處理流行病的主管機關CDC發布了一系列手冊，指示政府及民間準備工作的步驟。除此之外，CDC也與追蹤傳染疾病能力強大的世界衛生組織協調合作。中國已經建立了自己的疾管機構。這些機構全都發布了有實用指引的指導原則、程序和報告。然而，面對這場風暴，不管是中國還是美國的疾管機構，都沒有遵照它們的指導原則和程序。疫疾大流行當頭，一或兩週的延遲都會對一國、甚至全球造成致命的威脅。

評估疫疾大流行和其他災難的指標

災難發生時，科學家和歷史學家就必須回顧、評估政策的成敗。在因應像疫疾大流行這種災難時，有四種必要的關鍵態度和政策：

- 相關科學與技術專業的適足程度
- 準備的程度
- 有效的執行
- 公共部門與民間部門領導者的有效溝通

　　截至 2020 年秋季，美國是全球病例數目和死亡人數最多的國家。很多人都想知道，這個地球上最富裕的國家，能夠成為科學和科技的全球領導者，但是在面臨 COVID-19 危機之際，怎麼會無法有效因應，而且敗得如此一塌糊塗。

　　在寫作的此時，要對政策進行全面評估還為時過早，因為我們不知道疫情在未來的一年、兩年、五年、甚至更長期間會是什麼情況——我們也不知道它在未來的數十年是否會逗留不去或是愈演愈烈。我們必須等待疫情歷程結束才能做完整的評估。但是，我們現在可以蒐集現有的資訊，並在 2020 年秋季做一個初步的評判。

科學與技術

　　美國有豐厚的科學技術資源。與人類在一個世紀之前西班牙流感期間的知識水準相比，我們在 2020 年對於潛在疾病的了解，已不可同日而語。例如，多年來，世人一直以為流感是由細菌引

起的，而不是病毒；一直到 1944 年，流感才被歸類為病毒類疾病。對照之下，目前的新冠病毒是在 2020 年 1 月 11 日向全世界公布基因定序，距離中國醫生確定它是一種新病毒株的時間不到兩週。

2020 年令人驚嘆的科學發展之一，就是兩種 COVID-19 疫苗的開發、測試，以及取得核准的能力。目前還有其他藥物在研發中，不過在 2021 年初，世人已經接種了數千萬劑由一項疫苗開發重大新技術所孕育的疫苗，而且可望在未來兩或三年讓全世界願意接種疫苗的人都可以打到疫苗。如果疫苗的接種速度符合期待，如果疫苗的益處一如預期，一切順利的話，美國和其他大國可能會在一年之內達成群體免疫。瘟疫的漫長惡夢不會結束，但是最糟的光景會過去。只有到那個時候，全球的經濟和社會才會回歸正軌，世人才會再次安心旅遊、聚集和近距離社交。

準備與資源

美國和其他國家，以及世界衛生組織的公共衛生專家，長久以來都深知流行病的危害。他們經常制定計劃因應流行病。美國和其他國家在因應 COVID-19 大流行的過程中，順應情勢發展而演進的大部分措施，都是這些計劃的內容，像是檢測、接觸史追蹤、社交距離和邊境控管，還有主動與被動監測。

然而，即使是最好的計劃，如果沒有資源可以供應實行重要公共衛生措施必要的人員和計劃，也無法發揮什麼作用。美國缺乏準備最明顯的證據，或許就是為疾情所投注的資源數量。多年來，保守派一直在推動「餓死野獸」，「野獸」指的是非國防的政府支出，包括流行病的因應計劃。我們可以從聯邦預算看到這點。聯邦預算有一個重要類別是「因應新興威脅」，其下列出幾個主題，但是並沒有疫疾大流行。唯一提到流行病的地方是某個段落裡的幾個字──「疫疾國際大流行的因應準備」。[5]

　　表 11-2 是 2021 年美國聯邦預算挹注於因應各種威脅的資金概觀。軍事預算是 7,410 億美元。至於追蹤流行病的主管機關 CDC，預算是 126 億美元，但是其中只有 4,000 萬美元是用於流行病因應計劃，且這筆預算是用於流感。如果以全美人口計算，大約是每人每年十美分。美國人在寵物食品的花費是流行病因應準備的一千倍。

表 11-2　美國因應各種威脅的財政資源（2021 年）

分類	資金（2021 年，百萬美元）
國防部	740,500
聯邦研究與開發	142,200
衛生研究	36,965
疾病控制中心	12,612
流感計劃	40

資料來源：美國政府預算，2020 年財政年度

這幅景象讓我們想起經濟史學家約瑟夫・熊彼得（Joseph Schumpeter）的一段話：

一支民族的精神、文化水準、社會結構、政策所鼓勵的行為—所有行為以及其他行為，都在卸除所有詞藻之後寫進它的財政史裡。懂得傾聽此處訊息的人，與傾聽其他各處訊息相比，更能辨識世界歷史的雷聲。[6]

我們所聽到的雷聲，訴說著美國的財政政策完全忽視新疾病對社會的重大威脅。

執行力

美國對抗流行病時的一個弱點就是它的聯邦結構。在公共政策上，許多最重要的決策和法律權力都在州與地方層級，而資源、專業和中央指揮權都在聯邦政府手中。[7] CDC 籌組並授權檢測，但是財政資源稀少；州和地方有權實施封鎖和隔離，但是缺乏協調、專業不足，而且財政常年吃緊。

軍事因應行動與對流行病因應行動，有 180 度的差異。如果敵方出動空軍或陸軍，聯邦政府都有豐沛的資金、龐大的軍隊，以及清楚的指揮鏈；如果危險的微小病毒來勢洶洶，主管機關卻資金匱乏、人手不足，而且指揮權分散。

執行的重要性從 COVID-19 檢測的推行失敗可見一斑。CDC 有管理檢測的設施和專業，但是它從一開始就做得一團糟，其中有四大失敗。首先，它一開始的檢測出現瑕疵，並歷經數週才補救過失，結果造成美國的抗疫落後其他國家好幾週。第二，CDC 不准其他機構（例如醫院）自行進行檢測。許多民間機構其實有檢測能力，但是 CDC 在科學上採取保守立場，想將所有檢測都集中在自己手上，結果不堪負荷。第三，CDC 不准進行普篩以確認 COVID-19 的整體感染率。例如，後來的研究發現，在最早的確診案例通報之時，紐約市地區其實已經有數千個病例。最後一個錯誤是禁止採用可以結合多人樣本的池化檢測（pool testing），而這仍然是 CDC 科學保守主義和過度中央集權造成的結果。這種檢測技術在流行範圍小的情況最有價值，因此在確診案例少、檢測能量非常有限的早期階段特別有用。

　　這個一敗塗地的篩檢策略對美國極具殺傷力。它讓病毒迅速增長，而且從 2 月到 4 月幾乎完全逃過偵測。等到篩檢的步調開始跟上來，病毒已經進入社區，廣泛傳播，幾乎遍布全國。儘管檢測量能速擴張，還是趕不上感染的速度。

溝通

　　毫無疑問，美國的失敗主要在於溝通。對此，老布希政府的

流行病對策清楚點出溝通的重要：

> 流行病因應規劃的一個關鍵要素，是確保不慣於應對健康危機的人和機構能夠理解，要為疫疾大流行做好準備及因應所必須採取的行動和優先事項。〔這需要〕在疫情大流行之前和期間對風險有清楚、有效與協調良好的溝通，在國內與國際間皆是如此。其中也包括各級政府都要指派可信的發言人，以有效協調合作，即時傳達有用、內容詳盡的訊息。[8]

事實上，川普時期美國聯邦政府對疫情的因應，管理不善的案例集訊息混雜、否認現實、虛假陳述，以及總統本人和那些政治上受其影響的人的荒謬預測於一身：

> 2月27日，總統表示：「它會消失不見。某天，就像個奇蹟——它會消失得無影無蹤。」接下來的兩個月，案例數飆升百倍。

> 3月6日，總統表示：「需要檢測的人就去做檢測。」那一天，在這個人口為3億3千萬人的國家，做檢測的人數大約是1,700人。

> 3月26日，總統表示：「根本沒有人料想得到會發生像〔疾疫大流行〕這樣的事。」事實上，公衛專家曾一再警告流行病的出現，並已備好因應的報告。例如，2019年，政府有份報告指出：「美國和世界仍然很容易受到下一場流感大流行或某種傳染病大規模爆發的攻擊。」

4 月 24 日，總統表示：「我看到消毒劑可以在一分鐘內擊倒病毒。就一分鐘。我們是不是可以也類似那樣做，用體內注射，幾乎和做清潔一樣？」（總統推薦的部分消毒劑，若注射或吞食會致命。）

3 月 23 日，總統表示：「可是我們從來沒有為了流感封鎖全國⋯⋯所以你心裡會想：『這到底在幹麼？』」

引用這些話的用意，不是要凸顯川普總統與真理之間不和睦的關係。我們從勞勃・伍華德（Bob Woodward）的採訪中得知，川普在 2 月初就意識到冠狀病毒的危險和致命性。但是，川普顧慮的是他自己的政治前途，以及 2020 年大選的連任。[9] 結果就是美國的聯邦領導階層做了完全與必要措施背道而馳的事。溝通是混淆視聽，而不是清楚明確；是模糊攪和，而不是確實有效；是雜亂無章，而不是協調一致。

此外，公共衛生的政治化成為一種卸責策略。川普打從一開始就把病毒政治化，因而造成科學和政策的政治化。最具殺傷力的就是戴口罩這件事的政治化，把一項不具政治中性而高度有效的公衛措施變成一個政治閃燃點。

政治介入公共衛生是很危險的。它會在應該採取關鍵行動時，阻礙全國共識的形成。普遍戴口罩、避免擁擠的空間，還有關閉如大型運動場、酒吧和賭場等危險場所，能充分減緩案例數

的增長。此外，採取這類措施或許能讓社會和經濟體的其他部分接近正常運作。

但是，如果有相當比例的人口認為病毒是一個騙局、口罩沒有用，並認為上酒吧、參加大型聚會是他們的公民自由，因而不戴口罩，那麼減緩疾病傳播必要的措施可能會變得干預更深、成本更高。

黑暗隧道盡頭的光。

我們用這句話為本章做結。我們以 2020 年的 COVID-19 全球大流行為研討個案，概論社會災難。看起來，世界過不久就會脫離 2020 年社會、經濟、政治和健康的惡夢，朝向正常生活的燈塔那道幽微的光芒航進。如果命運眷顧人類，或許大約再一年，我們就能開始享受我們的日常生活——聚會、上班、上學、度假。有了有效的疫苗和成功的公共衛生宣導，就像防治天花和麻疹達到的成就，新型冠狀病毒也會像流感一樣消退，成為公衛舞台的布景。

但是，我們必須銘記 2020 年這場慘痛的教訓。社會災難會換一張臉再次出現。我們必須為它們做好準備，而不是忽視它們，因而承受它們所帶來最糟的後果。

PART 3

行為主義與綠色政治學

第 12 章

行為主義是
綠色主義的敵人

「錯不在我們的星星，而是我們自己。」莎士比亞筆下的凱撒
如此描述他在政治上的困頓。同理，我們的環境困境有時候不是
來自脫序的市場，而是人有缺陷的決定。通常這些決定被稱為
「行為反常」（behavioral anomalies），是個用來描述私部門某類
看似怠惰、無知或悖理的有害活動的花稍術語。

行為反常有個耐人尋味之處，就是無效率是由私人的行動而
生，而非市場失靈。假設你在打籃球，再怎麼簡單的射籃，你一
球都沒進。你不能怪學校或聯盟。也許是你不夠專注。有可能是
你技術太差，又或許是你不肯聽教練的話。不管原因為何，你的
得分都很低。

同理，心理學家和經濟學家已經針對各式各樣的個人決策找出低分行為。相關資料最豐富的反常行為就是過度消費能源。還有就是民眾沒有充分關注價格訊號（因此對環境政策沒有反應）。對酒精、藥物、傳訊息和超速的沉溺，可能會在高速公路上釀成死亡事件。有時候，看似隨意的行為，可能會對自己或他人造成傷害。重點在於行為反常會產生或加重有害的副作用，而在有些情況下，這些副作用可能會致命。因此，我們必須把錯誤決策加進綠色政策要因應的議題項目裡。

　　在兩類重要案例上，行為反常帶有一抹「棕色」色彩。第一種是導致過度消費能源和過度汙染的心理偏誤。這種偏誤在經濟體中隨處可見，而且可以用經濟學家所說的「期初成本偏誤」（first-cost bias）說明。本章稍後會再討論。第二種是因無效率而產生的浪費。與第一種不同，第二種不見得存有偏誤，但是會因為資源使用多於必要的水準而造成過多的汙染（或許是因為勞工和資本過剩而過度消耗原生林和乾淨的水）。

　　在探討決策失靈的例子之前，我們來回顧一下背景資訊。經濟學家和心理學家長期以來一直對決策失靈的原因感到不解。我們應該要強調一下，決策失靈不是綠色部門所獨有的現象。許多領域都有人為的錯誤。人類犯的錯，有時候是自身健康的決策（不吃藥），有時候是財務決策（沒有詳讀抵押貸款文件，結果失去房子），有時候則是事業決策（有半數的小型企業第一年就

陣亡）。

關於行為的反常，心理學家阿莫斯‧特沃斯基（Amos Tversky）和丹尼爾‧康納曼（Daniel Kahneman）、經濟學家喬治‧阿克洛夫、羅伯‧席勒（Robert Shiller）和理查‧塞勒（Richard Thaler），以及像是丹‧卡漢（Dan Kahan）凱斯‧桑斯汀等律師，都有成果豐碩的研究。

尋找行為反常與缺陷決策已經是心理學和經濟學領域的顯學（在後者就是行為經濟學）。科學家已經找出一百多種行為反常，從行動偏誤（action bias）到逐字效應（verbatim effect），包羅萬象。每當有奇怪的事情發生，都會被視為行為經濟學發揮作用的例子。兩個重要例子就是有缺陷的折現，以及期初成本偏誤。

折現的反常

行為經濟學討論的一個核心問題就是折現（discounting）的角色。標準經濟學主張，人應該用市場報酬率評價投資，例如買車或節能住宅和電器。有大量研究顯示，世人採用過高的折現率，因此投資偏向能源使用過度。

以下這個例子可以概括說明這個問題：許多作為都需要今日就投資，以降低未來的成本。比方說，我們會為了減少汙染而投資，而投資的成本大部分要在短期內支付。然而，損害減少所產

生的利益可能要在遙遠的未來才會實現。假設我們要以風電場取代燃煤電廠，而如果事情循序發展，也就是從興建風電廠到減少硫化物排放、再到減少損害的連鎖，那麼興建風電場到減少損害會有數年或數十年的時間差。

折現率的重要在於，它可以讓我們把未來的金錢和現在的金錢轉為相同的單位來衡量。比方說，假設我今天花 1 千美元修繕屋頂，那麼我在未來 10 年就不必花 2 千美元換新屋頂，這項投資划算嗎？要回答這個問題，我們必須先讓所有的金額有同樣的立足點，因此我們要先做幣值的轉換，把各項金額都轉換成「現值」（present value）。這樣一來，我們就能知道各筆流出和流入的資金以今日幣值計算的價值是多少。而把未來的金額轉換成今天的金額，就要用到折現率。

比方說，假設投資的平均報酬率是每年 5%，因此我可能會以 5% 做為折現率。以投資期間 10 年、年報酬率 5% 計算，投資 1,228 元的期末價值為 $1,228 \times (1.05)^{10} = 2,000$（元）。同理，10 年後的 2 千元在今天的價值就是 $2,000 / (1.05)^{10} = 1,228$（元）。

現在回頭看修屋頂的例子。先加總所有的成本（負數）和利益（正數），即 $-1,000 + 1,228 = 228$；如果以 5% 的折現率計算，修繕屋頂是一項健全的投資決策。

然而，假設我使用更高的折現率（也就是說，我認為錢在未來會比較不值錢，或是說，我「過度折現」未來），或許是用

20% 的年折現率來計算。如此一來，10 年後的 2 千元會等於今天的 323 元，畢竟 2,000 ／ (1.20)^{10} = 323。把現金流出和流入的折現值加總，就是 −1,000 ＋ 323 ＝ − 677。所以，如果折現率是 20%，投資價值為負數（虧損）。採用這個超高折現率，以標準財務分析來看，這項投資確實不划算。

這個假設的例子在關於能源與其他投資的家計決策普遍出現。以下是喬治‧羅溫斯坦（George Loewenstein）和塞勒總結的一些例子：

在一項關於冰箱的研究裡，各款冰箱只有耗能與初始購買價格不同。研究人員將各款冰箱兩兩進行比較，研究結果顯示，購買便宜款的隱含折現率非常高，範圍從 45% 到 300%。〔另一項研究〕計算幾種電器所隱含的折現率。研究人員發現，空調的隱含折現率是 17%。不過，其他電器的折現率則高得多，例如瓦斯熱水器是 102%；電熱水壺是 243%；冰箱是 138%。無效率電器應該會有什麼下場，經濟學理論有清楚的預測：沒有人會生產。但是，它們不但有人生產，還有人購買。

還有一個常見的反常現象是雙曲線折現（hyperbolic discounting），也就是民眾的短期折現率高於長期折現率，因此折現率的形態像是雙曲線，而不常數。這個領域的開拓者大衛‧萊布森（David Laibson）如此解釋這種現象：「雙曲線折現函數

隱示，折現率會隨著事件距離現在的時間愈遠而下降。在近期未來的事件所採用的隱含折現率，高於在遙遠未來的事件」[2]

雙曲線折現可以視為「現在，未來」二分法的例子。我們想要當下的享受，而不太在乎未來，但是我們不會去區分較近的未來與較遠的未來。這種現象主要的效應是未來的過度折現，也就是過於重視現在的成本，而對未來的利益過於不重視。受到雙曲線折現（過度折現）影響的決策，普遍會低估未來，而這表示綠色投資會過少。

期初成本偏誤症候群

第二個行為反常的主要議題，就是在各種設計裡挑選短視的選項，這對於長期投資尤其會構成危害。經濟學稱此為期初成本偏誤。期初成本偏誤在紀錄裡一再出現。這種偏誤會導致過度使用資源的投資，因而造成能源的使用對環境產生過多的影響。[3]

以下這個小故事，雖然與住房有關，但是也同樣適用於空調或汽車。假設我在考慮為我的住宅增添隔熱設施。施工廠商給我看兩種選項：一種是標準的玻璃纖維材，優點是易於安裝；另一種是硬質發泡板，雖然比較昂貴，但是隔熱值幾乎是兩倍。玻璃纖維的安裝成本為 5 千美元，而發泡板售價為 7 千美元。期前安裝成本很容易計算。

但是，計算比較困難是節省的費用。要判定哪一項投資比較好，我需要知道各項隔熱施工的能源使用狀況。我的施工廠商告訴我，發泡板的隔熱效果將近是玻璃纖維材的兩倍，並把兩種材料的技術數據給我看。我要做一些計算才能知道，在我所處的氣候帶，它們能為我節省多少費用。

　　我向一位專家工程師求助，根據他的計算和估計，投資高價的發泡板，我一年的能源費用是 500 美元，至於低價的玻璃纖維，我一年的能源費用是 900 美元。

　　到了這一步，我可能就會舉雙手投降。這一切實在太複雜，而我也沒有時間或能力去做判斷優劣所需要的計算。又或許我會犯雙曲線折現的偏誤。有人可能無法再多揹卡債，或是得負擔子女高昂的大學學費，抑或還有大筆醫療費用要付。這些原因當中的任何一個，都會讓人不願意為了較佳的隔熱效果多付 2 千美元。他們最後會選擇期初成本最低的方案。因此，這個決策會帶來更高額的能源帳單，加上由此而來的汙染。

行為反常的原因

　　人為什麼會普遍做出錯誤的決定，就像在過度折現或期初成本偏誤所出現的情況？這個問題有廣泛的研究，卻沒有單一的答案。以下是一些最重要的原因。

資訊問題

　　有時候，人掌握的資訊不完整，或是處理資訊沒有效率。以我們那個隔熱材的例子來說，要得到足夠的資訊，決定一間房子的最適隔熱水準，簡直是超乎尋常地困難。你可以試著在腦海裡算一下兩項投資的折現值，這個計算超乎大部分人的能力所及。此外，在許多情況下，資訊就是不可得。例如，如果我考慮換掉現在的冰箱，我並不會知道它用多少電。如果民眾忽視了他們不知道的事，就可能因此忽略未來成本的差異。

決策問題

　　儘管古典經濟學假設人的行為是依據理性行之，我們也知道，人在日常生活中會犯下各種雞毛蒜皮又一塌糊塗的決策錯誤。所謂的信用卡反常行為就是財務決策的一個例子。許多人的銀行存款年利率是 1%，然而他們月復一月用信用卡借款，年利率至少是 19.99%。消費者支付數百億美元不必要的利息。他們沒有意識到利率的差異嗎？信用卡帳單裡的利息費用金額太低，所以沒有注意到嗎？或許我們可以借用隔熱材那個例子的期初成本偏誤來解釋。有人可能會這樣想：「你看，我知道我一年付 300 美元的利息，可是算下來，一天不到一塊錢。」無論原因為何，

人都要為這些決策失靈付出大把大把的金錢。

機構問題

通常，機構會遮蔽價格誘因，阻礙人做出健全的社會決策。一個例子就是沒有能源計量表的場合。以大學裡的情況來說，幾乎涉身其中的每一個人，包括學生與教職員，付帳單的人都不是做決策的人。學生在房間裡的電器通常會放好放滿（音響系統、電視、電腦、微波爐、冰箱等等）。但是，學生宿舍幾乎從來沒有設置獨立電表，所以學生會把能源視為免費財。實驗室裡的科學家幾乎從來不必為自己使用的能源付費，所以他們沒有誘因購置具備能源效率的設備。這一點在之前的委託—代理問題裡討論過，也就是無效率之所以會產生，是因為做決策的人與受決策影響的人不同。

非經濟偏好

經濟學家通常假設，民眾選擇、使用財貨和服務時，會以追求最高個人利益為依據。這是看不見的手背後關於競爭市場的假設。實驗室的實驗、市場研究和常識都告訴我們，這個假設通常不正確，而人有非經濟誘因，甚至是奇特的偏好。奇特偏好的一

個例子就是雙曲線折現，民眾會因此大幅低估未來事件。在雙曲線折現率下，民眾會區分今天和未來，而無論未來是下個月還是下個十年，價值都很低。

研究人員找出許多非標準偏好，像是現狀偏誤、規避損失、無法控制的熱情以及憤怒，還有利他、飄忽不定以及隨機行為。有時候我們買東西是為了「輸人不輸陣」，而不是真的想要那些東西。過去流行開有著長長尾翼和一堆鍍鉻飾條的耗油車，今天大家或許會因為迎合環保而買小型電動車。

這四類行為反常的原因是我們經濟與環境生活的重要特質。即使是在沒有獨占、外部性的完美市場，不良決策也會讓個人和環境蒙受損害。

行為反常的解決辦法

行為反常所帶來的問題比外部性更加棘手。這是因為行為反常的原因與汙染的情況不同，也需要不同的解決辦法。假設選車時的期初成本偏誤是因為資訊不足，那麼解決辦法就是提供更完善的資訊。另一方面，假設原因是車主想要展現陽剛氣概，因而偏好類似坦克的車款，我們或許可以用高汽油稅或耗油車的稅賦勸退他們，但是資訊無法讓他們改變心意。對於不必付能源帳單的學生，大學或許可以禁用高耗能裝置，但是這類禁令往往會因

不受歡迎而難以落實。比無法落實的規定更有效的做法是在學生的房間設置獨立電表，讓他們支付超額的用度。

有時候，人只需要「推力」就能克服惰性，或是彌補他們對於這個主題所知的不足。推力的理論和實務為對治行為反常的政策增添內涵。[4]

這些例子顯示，行為反常的解方，通常要針對具體的行為和部門，個別對症下藥。在此我指出兩項可能有幫助的解決方案：生命週期分析（life-cycle analysis）和制定規範。

生命週期分析

為了檢視期初成本偏誤，我們必須介紹生命週期分析這個重要主題。儘管很多房屋所有者對這個觀念並不熟悉，但是它在經濟學、建築、工程和其他領域的永續性分析裡愈來愈重要。接下來，我們就來看看它是怎麼做的。

回到隔熱材的例子，這項分析的起點會是兩種設計的隔熱特性資訊。計算不只考量期初成本，也要考量未來成本。

表 12-1 顯示如何估計一項 20 年投資的生命週期成本。首先，列出各年支出。首年以粗斜體標示的數字為資本支出。對於只看期初成本的人來說，這裡就是決策的終點，他們會選擇較低價的選項。但是，正確的生命週期分析會進一步考慮營運成本，也就

表 12-1　生命週期分析：以隔熱材投資為例

年數	低期初成本	能源效率	差額
0	5000	7000	2000
1	900	500	400
2	900	500	400
3	…	…	…
4	…	…	…
6	…	…	…
7	…	…	…
8	…	…	…
9	…	…	…
10	…	…	…
11	…	…	…
12	…	…	…
13	…	…	…
14	…	…	…
15	…	…	…
16	…	…	…
17	900	500	−400
18	900	500	−400
19	900	500	−400
20	900	500	−400
現值	16,216	13,231	− 2,985
回本期（年）			5
報酬率			19%
以年折現率 5% 計算的現值			$2,985

是表格中的第 1 年到第 20 年的各列資料。

　　財務專家可用三種不同的方法選擇投資案。最簡單的方法是回本期（payback period），也就是需要多長時間才能回收額外的期初費用。以這個例子來說，你的投資會在五年內全數回收，算是短得很合理。

　　如果各期金流不均等，回本期就不是個好方法。這時，大部分財務專家會偏好接下來的兩種方法。第二種方法是投資的內部報酬率（internal rate of return，IRR），計算的是一段期間內的平均投資收益率——大約是淨收入除以投資。用試算表可以得出 IRR 是一年 19%。報酬法的實用之處在於你可以和其他潛在投資做比較。比方說，如果你的儲蓄帳戶裡有 2 千美元，年利率是 5%，而你在未來幾年都不必用到它，那麼，把那筆錢用於隔熱材就是一項明智之舉。

　　最後一個概念是之前提到的投資現值，也是成本（現金流出）與節費（現金流入）以今天的幣值來計算的價值。如果我們以 5% 的折現率來計算，昂貴隔熱材的現值比便宜隔熱材高出將近 3 千美元。因此，做這項投資相當於中了一筆 3 千美元的樂透。

　　最後再談一下過度貼現偏誤。假設民眾犯了過度貼現偏誤，在評估未來利益時沒有採用正確的折現率（5%），而是雙曲線折現率 20%，如此一來，能源效率投資的現值就會較低。

　　在做生命週期投資分析時，你應該採用哪一種判斷標準？重

點是你應該要至少採用一種，因為任何一種都比用期初成本更進一步。在大部分投資，三種方法都會得出類似的答案。一項投資要　是好投資——回本期短、高報酬、現值為正數，否則就不是個好投資。不過，除非你做生命週期分析，不然你可能會發現，你做了一大堆營運成本高昂的廉價投資。

生命週期分析的一些技術細節

對於生命週期分析有興趣的讀者，可以進一步考量三個層面，對分析會更有幫助。這三個層面分別是：通貨膨脹、稅賦和風險。

關於通貨膨脹，表 12-1 的例子是假設通貨膨脹率為零。要做正確的分析，就需要考量燃料或是其他未來成本的走勢，還有適當的名目利率或貨幣利率。

稅賦則複雜得多。如果政府對節能投資提供補助，這些投資可能會有更進一步的利益。例如，在 2016 年，以下設備可以享有 30% 的聯邦所得稅扣抵：太陽能板、太陽能熱水器、地熱熱泵、小型風電系統和燃料電池。此外，能源使用不屬於住宅屋主的可扣抵費用。因此，減少能源使用可以增加稅後收入。如果投資所得要課稅，那麼具能源效率的投資可能會再多一層優勢。

最後一個複雜因素是風險。以隔熱材為例，有幾項風險必須

列入考量。最重要的是節費可能會因為工程的估計而不同。其實，環保工程研究所得出的能源節約數字，經常有高估的現象。還有氣候風險——或許冬天的溫度會高於平均值。另外，火災或其他破壞是另一層風險，因為保險公司不太可能對昂貴的隔熱材做理賠。又或者，房產市場出現重大震盪，像是在 2006 年之後的現象，而投資的價值會因此減損。最後，也許 20 年還沒到，你就要把房子賣掉，而下一位屋主會有期初成本偏誤，不想要為隔熱材多付錢。

但是，我們不要畫錯重點。做投資時，務必採用生命週期分析。要考量所有成本，而不只是期初成本。就長期投資（如結構投資）以及未來運營成本高的投資（如耗能設備）來說，這種計算尤其重要。

以規範對治行為問題

如果你覺得自己對生命週期分析的細節似懂非懂，你並不孤單。大多數學校的課程都沒教，日常生活也不常見。每當我要做真實世界的生命週期分析計算時（例如我房子的隔熱施工），每一次都是一場惡夢，因為找不到資料，不同的專家給我的建議也各不相同。我這麼說，不是要建議大家忽略生命週期分析，而是要點出它們的難度，特別是高額品項。

一旦我們體認到生命週期分析的困難，這些困難也表示，政府在規範面扮演相當重要的角色。假設民眾確實會全面低估未來的能源成本，或許是採用過高的折現率，或是買方的資訊貧乏，或是建商房屋的牆面施作偷工減料，如果要打擊這些失靈行為，政府可以規定建築和電器要做節能設計。

　　過去半個世紀以來，各國政府對於能源使用效率的規範愈來愈多，範圍涵蓋汽車、結構體（如獨棟住家）和電器（如冰箱和空調）。設計具能源效率的資本財，減少複雜的生命週期分析的需要。這個概念就是政府可以做生命週期分析，選定一個最低標準，淘汰無效率的設計。

　　建築法規是政府影響房屋設計的主要方法。建築規範之所以重要，是因為建築是非常長壽的財貨（我的房子建於 1905 年）。此外，由建築師設計的建物不多，然而所有建物都受到州或地方建築法規的約束。所以，要導入綠色建築最有效的方法就是提升建築規範。

　　以下是思考效率標準和建築法規的一種角度。假設民眾（包括製造商和建商）有期初成本偏誤，因而在健全設計（綠色標準或其他）的各個層面傾於低度投資。法規是防止民眾採用最低效率設計的方法。制定法規就像規定速限，可以讓危險而無效的汽車、電器和房屋無法上路。

第 13 章

綠色政治理論

現在,我們來討論綠色政治的問題,也就是我們的政治制度如何處理汙染和其他有害的外部性。本章的焦點是政治理論,而接下來的兩章則是檢視例子。

我們目前分析綠色現象時所側重的核心觀念,都涉及外部性或外溢效果。這些都來自公司或個人對他方產生直接非市場效應的活動。外部性的作用發生在不同的層級,因此必須由不同的機制來管理。

個人外溢效應的機制

我們從個人外溢效應的例子開始討論外溢效應的管理。最廣泛的外溢效應在家庭發生。這點說來或許令人意外,不過大部分

人都是在家裡學習如何處理相互衝突的目標。

假設你不抽菸，但是和一個抽菸的人結婚。你們兩人都知道二手菸會危害人體。你要怎麼做？你需要和你的另一半協商。在協商的過程，你們或許會冷靜溝通，也有可能大吼大叫，或是轉頭就走。無論你們怎麼談，這些協商都屬個人性質，且不涉及政府規定。無論是家人、鄰里或同事之間，就大部分的個人目標衝突來說，協商都是標準解決辦法。國家只有在極端案例才會介入，像是肢體暴力和疏忽兒童。

社會外溢效應以及效率汙染理論

其他外溢效應，特別是本書所強調的那些，都牽涉到非個人的外溢效應，從地方而輕微的（如街道垃圾或交通噪音），到全球而重大的（如氣候變遷和傳染病大流行），包羅萬象。

為了有助於綠色政治的討論，我們要先處理兩個問題：一是汙染以及其他外部性的效率內部化理論；二是其他可以用於追求效率綠色政策的工具。之前討論綠色效率時曾介紹過這個觀念，不過在政治的框架下，它會有更多演繹。

關於效率汙染，有一個有趣而具啟發性的思考角度。記得金髮姑娘（Goldilock）的故事嗎？金髮姑娘走進三隻熊的屋子裡，品嚐了桌上的三碗粥。第一碗太燙，第二碗太涼，不過第三碗剛

剛好，於是她把那一碗全部吃掉。

環境政策也遵循同樣的金髮姑娘法測。最適規管就是成本和效益不會太強、也不會太弱，而是取得剛剛好的適當平衡。

一個沒有規範的市場經濟會產生太多汙染。一個沒有規範的國家，額外減排的社會利益（邊際利益）會超過額外減排的社會成長（邊際成本）。減排的邊際利益等於邊際成本才能達成效率。

這個邏輯要從何講起？在一個沒有規範的市場，公司的減排投資通常會非常少。零減排時，減少汙染的利益高、成本非常低，因此減排的淨利益高。在另一個極端，把最後一絲汙染都消除也是無效率的事，因為做到這種地步，成本會高過利益。只有在多一單位減汙的成本能與總社會利益平衡，才能達成效率。

外部性的效率對策工具

有鑑於外部性效率管理的條件，有哪些工具可能供政府運用，解決非個人外部性？最明顯的活動就是政府的反汙染計劃，運用直接控制措施或是財務誘因，引導公司修正外部性。更細膩的方法是提升財產權，賦予民間部門協商效率解決方案的工具。[1]

政府計劃

　　幾乎所有嚴重的外部性，例如汙染、健康和安全，政府都仰賴直接的法規管控，稱為社會規範。一個重要案例就是 1970 年的《潔淨空氣法》，規定汽車減少三種主要汙染物的可容許排放值。例如，汽車減排標準是減少至少 90% 的一氧化碳。

　　這些方法有時候稱為命令控制法，因為它們和軍隊決策的結構相似。在軍隊的命令控制制度下，由將軍發現需要做什麼事，並負責監督軍隊採取適當行動。由將軍發號施令：「做這個，不要做那個。」同理，環境法規是由政府發號施令，要求公司採取某些措施，例如在車裡安裝觸媒轉化器，或減少尾氣排放量。這種直接規定的前提是政府對於最佳技術瞭若指掌，而企業只需聽從指令，就像優良士兵一樣。

　　標準的涵蓋範圍廣泛，且有一大堆精細的規定，做為執法的指引。在政治的流轉變化中，事實證明，這些標準禁得起考驗。然而，它們卻遭遇無所不在的經濟無效率之弊。別忘了，效率環境法規的基本條件是「邊際社會利益等於邊際社會減排成本」。

　　現實中，大部分法規的制定都沒有比較過邊際成本和邊際利益。此外，政府很少知道達成排放目標的最佳技術為何，而公司能以更低的成本達致規定的減排量，有時候甚至成本遠低得多。還有，不同的公司可能有不同的生產結構，這表示有些公司做減

排可能具經濟效益，而有些公司做減排的經濟效益很低。

舉個無效率的例子，和地點有關。在美國，大多數的法規在所有地區一律適用。然而，汙染所造成的損害，在人口稠密的城市比在人煙稀少的農村高出許多。此外，法規對於不同的汙染源通常採用不同的標準。例如，休旅車的燃油效率標準就沒有轎車那麼嚴格。研究發現，命令控制型的規管成本，比達成環境目標必要的成本高出許多。

為了避免直接控制的陷阱，許多經濟學家主張市場型的規管方式。基本上，市場型規管就是借助市場力量來修正市場失靈。

其中一種方法就是徵收排放費，要求企業為每單位的汙染繳納稅款。例如，碳稅可能是二氧化碳排放每公噸 40 美元，以此做為汙染排放的邊際損害估計值。適當的排放費率能讓公司支付其活動的社會成本，藉此把外部性內部化。如果排放費設定在邊際社會損害的水準，以獲利為念的公司就會被引導到效率點，彷彿受到一隻看不見的手所引導，滿足汙染的邊際社會成本等於邊際社會利益的條件。

私部門的方法

大部分的人都會自然而然認為，與汙染和其他外部性有關的市場失靈，需要政府的介入。法學學者指出，強而有力的財產權

有時候可以取代政府行動。這一點與管理良善社會的第一根支柱相關，也就是制定一套法律，定義財產權和合約，讓人的互動方式可以確保交易的可靠，以及爭端可以得到公平而有效率的裁決。

有一種私部門方法是仰賴責任法，而不是直接的政府法規。責任法嚴格要求加害者為他們所造成的損害負起責任，藉此把外部性內部化。[2] 以責任規定把生產的非市場成本內部化，原則上是個吸引人的方法，但是實務上卻有其侷限。這些規定通常涉及高訴訟成本，而把原來的外部性墊得更高。此外，許多損害基於以下種種原因，而無法對簿公堂：財產權不完整（如與清潔空氣相關的財產權）；或是造成外部性的公司家數眾多（像是流進河流的化學物質）；又或是某些領域的法律限制（像是集體訴訟的限制規定）。

第二種私部門方法則仰賴有力的財產權，以及各方之間的協商。這個方法是由芝加哥大學的隆納德‧寇斯（Ronald Coase）所發展出來的，顯示受影響各方自願性的協商有時候可以形成效率結果，通常稱為寇斯定理（Coase theorem）。

比方說，假設我是農民，我使用的肥料順流而下，造成你池塘裡的魚死亡。如果你的養魚事業有足夠的獲利能力，你可能會想要引導我減少肥料的使用。換句話說，如果我們的聯合營運經過重組可以產生淨獲利，那麼我們就有強烈的誘因一起努力，就

肥料排放的效率水準達成協議。你可以付錢，讓我停止汙染也能夠保持獲利。此外，即使沒有任何政府的反汙染計劃，這個誘因還是存在。

寇斯定理實用地點出，私人議價在處理非個人外部性所發揮的力量。然而，還是有許多不適用的情況。例如財產權定義不清時（如乾淨的空氣或氣候造成的損害），又如交易成本很高時（涉及多方當事人或是有高度的不確定性），可能就無法迅速而有效率地達成協商。

因此，我們可以看到，要解決外部性有許多方法，而我們要注意的是方法與問題的適當搭配。然而，在更深的層次，所有方法都涉及政府行動。政府行動可能是規管或課稅，兩者都是集體行動。然而，即使是責任法和財產法的制定，也都是政治行動。例如，一國可能會界定「汙染權」，然後允許市場買賣這些權利。

此處的關鍵在於，政府要負責管理非個人外溢效應（那些對經濟體和社會造成的影響）。民眾可能會咳嗽並死亡，企業可能會繁榮或失敗，物種可能會消失，湖泊可能會失火。但是，除非政府出手、以適當的機制控制汙染原因，危險的情況都會一直持續。

政治是個人偏好的總和

我們已經強調綠色聯邦制的重要性。在這個制度下，綠色政

策衝突的化解，必須歸入不同的機構和決策流程。有些是個人層次，有些則是企業，但最重大的外部性需要政府行動。這就是綠色政治上場的時候。

政治是指由政治組織所做的決定，或是人民集體行動所做的決定，而通常指的是政府。像是空氣汙染、氣候變遷、基礎知識的生成、許多實體與智識基礎建設的提供等重大外部性，都必須透過集體行動來應對。諸如提高稅收、頒布法規、對不受歡迎的活動課稅、對想要的活動提供補助、決定財產權歸屬以及制定責任法規等，都是政府為群眾決定的行動。

我們可以把政治看成是總成個人偏好的一種方法（參見圖13-1）。假設現在有一個議題，像是硫化汙染物的處理，或是黃石國家公園的保育。民眾對於議題各有看法——有些人內行，有些人外行。然後，他們表達自己的觀點，並影響結果。有些公民不在乎，於是不投票（以圖 13-1 裡的空心圓表示）。有些人透過政治獻金或大批閱聽群眾，發揮超乎尋常的影響力。

政治理論通常認為，決策是由「中間選民」決定的。因此，持中庸觀點、在兩邊中間的人往往會變成選舉裡的決策者。以圖13-1 為例，這是一個要決定贊成或反對的議題。表中顯示 5 號選民是中間選民，因為他位於光譜的中間。在直接投票制下，例如加州舉行的有害物質公投（第 65 號提案），或是英國的脫歐公投，這位中間選民是關鍵。

在大多數的情況下，政治決策的位階與公民所在的位階之間有一段距離，意即由公民選出代表，代替他們投票立法。假設選民可以投票給 UP 黨或 DOWN 黨。圖 13-1 中，虛線上方的人是支持 UP 黨，而虛線之下的人是 DOWN 黨的擁護者。DOWN 黨的得票數較高，因而能控制立法機關。由於結果由 DOWN 黨控制，於是中間選民從 5 號選民轉移到 7 號選民，也就是 DOWN 黨的中間選民。

　　另一種情況是，或許金錢影響到立法者，進而影響到選舉。假設圓圈的大小代表金錢影響力，今取金錢影響力的中位數，那麼中位數現在移到 8 號選民，而這位選民無論在黨內還是在更廣大的人口裡，都不具代表性。

　　圖 13-1 也顯示觀點與政黨的「極化」效應，造成綠色政治裡一個耐人尋味的扭曲。如果選民情緒出現擺盪，UP 黨可能會因為 5 號選民從 DOWN 黨轉向 UP 黨而得到更多支持。這樣一個微小的情緒擺盪，卻能讓立法政治翻盤，因為現在當權黨的中間選民從 7 號選民變成 3 號選民。

　　此外，極化理論顯示，除非系統有穩定機制，決策可能會劇烈擺盪，因為選舉會讓一黨取代現在的執政黨。

　　在美國，體制慣性的許多特徵能防止實際政策的劇烈擺盪。例如，在聯邦司法機構任職的人享有終身職，而參議員的任期為六年。高現任率代表許多國會議員一當就是好幾十年。

圖 13-1　贊成或反對？政治制度總成個別公民偏好的過程

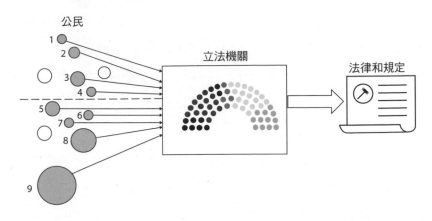

此外，美國的法律結構會產生很高的慣性，因為推翻法律必須由國會通過，這表示一黨必須同時控制參眾兩院和白宮，才能推動重大變革。事實上，即使一黨參眾兩院都是多數黨、總統也為同一個政黨，都還不夠，因為在參議院，大部分法律都要得到 60% 的絕對多數同意才能通過。許多其他國家也有穩定機制，防止政策因為公眾意見的微小變化而劇烈變動。

環境政策的週期？

美國已經發展出變動非常緩慢但高度穩定的法規結構。雖然人類遠在 1952 年的倫敦霧霾事件就體認到空氣汙染的致命，美國聯邦政府針對霧霾對健康的影響立法規範，卻是在將近二十年

後才實行。

然而，一旦立法完成，法規就會維持好多任政府。就算新政府想要開倒車（就像 1981 到 1988 年期間的雷根政府時期），或是迅速收緊法規（如 2009 到 2016 年期間的歐巴馬政府時期），由於立法和規管體系的慣性使然，開倒車和往前進的變動都會很緩慢。

檢視主要大氣汙染物質的空氣品質標準，就得以一窺規管體制的穩定性。圖 13-2 顯示臭氧的環境空氣標準，這是最重大、管控成本最高的汙染之一。這項標準自 1970 年代首次頒布以來，從來不曾放寬，而且無論是共和黨還是民主黨執政，都一致趨於收緊這套標準。

我們要如何理解美國環境法規的穩定性？部分來說，它來自大眾的強力支持。不過，同樣重要的是規定的制定要透過漫長的程序、非正式的規則協商，過程中不但需要詳細的提案內容，新規定也要有正當理由。執政者沒有足夠的正當性和充分的法理，卻想要廢止規定，那麼政府的提案很容易就會被美國法院以「蠻橫專斷而反覆無常」的理由駁回。

環境專家指出，與課稅相比，法規的穩定性是重要優勢。稅法可能會隨著政治風向的轉變而迅速變動。最近的一個例子就是川普政府 2017 年的減稅政策：當時，不過區區幾週，稅法的一項重大改變就成案並通過立法。環保人士擔心，如果批評者掌

圖 13-2　美國國家環境空氣標準：臭氧

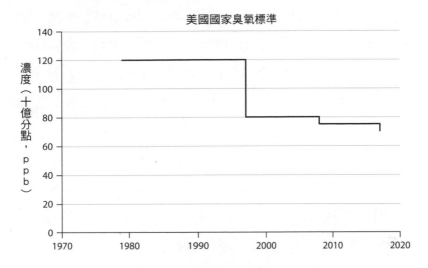

權，並在主要的立法和行政部門成為多數政黨，汙染稅可能會被送上政治斷頭台。

環境法規是否有偏頗之處？

　　儘管美國環境法具有穩定性，還是有許多人懷疑法規偏頗，圖利「金錢利益」，也就是圖 13-1 裡的多金選民。為什麼會這樣？證據何在？

　　最簡單的方法就是檢視政治是否反映公眾觀點的中間趨勢，一如前文所述。假設環境政策（如限制造成致死霧霾的汙染物）

的成本和效益會在公司和公眾之間分配。圖 13-3 使用的圖示工具與圖 13-1 相同,不過在這裡,下方是龐大的汙染利益團體,其中可能是由寡頭富人所擁有的化學公司。生產者屈指可數,但是成本高,而且集中在一或兩項產業,涉及數十億美元利益的代價。

然而,還有許多因空氣中化學物質的汙染而健康遭受損害的人,以圖中那些分散、不協調的小圓圈代表。雖然有很多人生病,但他們沒有什麼政治權力,因為他們的知識有限,行動和分布都像一盤散沙,每個人從個人行動裡只能得到一點點利益。

如果我們加總成本和利益,減少汙染的淨利益(利益減成本)是正值,顯示環境政策合乎一般利益。然而,一般利益通常不會勝出。圖 13-3 裡代表集中利益的棕色圓圈會進行籌劃、雇用遊說者、與聯邦與州立法機構對談、捐獻大筆政治獻金,在勝負難分的選舉裡發揮關鍵作用。

曼庫爾‧奧爾森(Mancur Olson)發展的集體行動理論,正提出了這樣的解釋。這個理論主張,少數人可以有效地組織起來,取得他們的利益,反倒是人多時,沒有足夠的誘因組織動員,取得有效的代表性。[3]

我們可以用鋼鐵關稅的例子來說明奧爾森的理論。鋼鐵關稅的課徵與取消已經有數十年的歷史,最近的一次是在 2018 年。鋼鐵關稅的課徵對美國鋼鐵廠有利,但是對鋼鐵的消費者形成沉重的成本,像是汽車、電器與管線的製造廠和消費者。

圖 13-3　集中的利益團體（兩個大圓圈）壓倒如一盤散沙的個人
　　　　利益者（一群小圓圈）

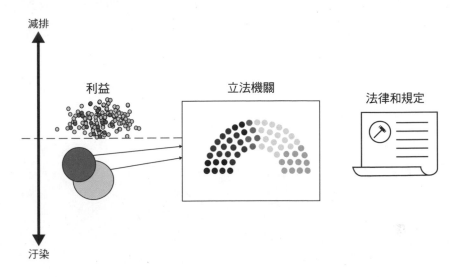

這時候，我們就要搬出奧爾森的理論。鋼鐵業有自己專屬的遊說團體和律師，為他們爭取實施關稅。對比之下，數百萬名使用鋼鐵的美國消費者沒有足夠有力的制衡力量可以對抗鋼鐵業。由於說服力道的差距如此懸殊，鋼鐵業經常是關稅遊說的贏家，也就沒有什麼好意外的。

政治的理論深具啟發，但也留下太多可能。我們應該相信中間選民理論嗎？如果我們認為中間選民是關鍵，那應該是誰的中間選民？是整體選民、執政黨還是金錢利益的中位數？決定結果的，也許是最具凝聚力、遊說軍團最強大的群體。又或者，公共

衛生專家拿出具說服力的證據，證明吸菸或臭氧或硫化物的危害時，他們的說服力能左右大局嗎？我們會在下一章檢視綠色政治的實證，以判斷這些問題的答案是否有形態可循。

第 14 章

綠色政治實務

　　上一章描述了理解環境政治學的方法。本章則檢視實證分析，從中學習課題。一開始，我們要廣泛檢視幾個要素，例如經濟成長和民主，然後檢視一些特別重要的領域。

民主與環境

　　我們從廣泛的政治力量對環境品質的影響開始談起。或許最重要的問題是：「民主」對環境發揮什麼樣的作用。

　　民主似乎是一個模糊的術語，但政治科學家已發展出量化指標，衡量各國的民主或獨裁狀態。例如，政體（Polity）計劃用三個要素來衡量民主：一是公民能夠藉以選擇政策和領導者的機構和程序；二是能夠限制政府行使權力的體制；三是能夠保障所

有公民的公民自由。在光譜的一端是完全民主政體（得分為10），如美國、加拿大和德國；另一個端點則是高壓政權（得分為 -10），如北韓和沙烏地阿拉伯。

關於民主對環境的影響，我們有哪些發現？其實，這個主題幾乎沒有任何實證文獻。這個領域有一些零星的研究，但多半仍是未為探索的未知領域。本章雖然彙集了其中的一些成果，不過要做的工作還很多。

政治科學家發現民主社會有幾個特質。一個重要特質就是，與其他政府形式相比，民主政體比較不會與其他民主政體開戰。多年來，這個傾向一直有相當穩固的印證，有時候稱為「康德和平」（Kantian peace），得名自提出這個主張的哲學家。你或許會認為康德和平和環境問題八竿子打不著，但是戰爭其實正是環境的死敵。沒錯，一場慘重的核武戰爭加上一場核冬天，可能是人類和地球最悲慘的下場。

圖 14-1 顯示自 1945 年以來戰爭死亡率的下降。[1] 在過去 70 年間，戰爭死亡人數和重大戰爭呈現下降趨勢，被視為是民主政治對環境的重大貢獻之一。

顧志耐環境曲線（KEC）

環境提升的另一個關鍵因素是經濟發展。富裕國家通常比較

圖 14-1　戰爭死亡率

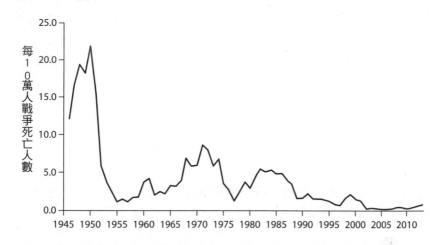

民主，而且也更能負擔得起積極的環境政策。因此，許多人都對財富與環境的交互作用很有興趣。

　　一個常用方法是所謂顧志耐環境曲線（Kuznets environmental curve, KEC）理論。大致而言，這個理論就是「環境在提升之前會先惡化」。更準確地說，這個假說主張，汙染量在經濟發展的早期階段會因為工業興起而增加，然後因為服務業變得愈來愈重要而隨著所得上升而下降。

　　一如我們等一下會看到的，KEC 的證據正反互見。一個有趣的例子是二氧化碳，這是一個實用指標，因為幾乎所有國家都有妥善的衡量數據，而它也是氣候變遷的重要成因。圖 14-2 顯示，人均 GDP 和碳濃度（每單位產出的二氧化碳排放量）的關係。

所得水準在大約 1 萬 5 千美元以下的國家，碳濃度隨著所得增加而增加，之後則下降。之所以出現下降，主要是因為產出組成改變，從農產品轉為工業產品，再轉為服務。圖 14-2 顯示一條充滿希望的未來曲線，雖然它對於未來二氧化碳排放的減緩沒有什麼作用。

圖 14-2 的 KEC 看起來是一個很有說服力的圓頂形狀，但是有其他指標呈現不同的答案。例如，在圖 14-2 裡，如果縱軸資料換成二氧化碳總排放量，就會看到曲線在每個所得水準層級都呈現上升趨勢。

不過，如果檢視在地汙染物，例如懸浮微粒物質（PM2.5，直徑小於 2.5 微米的粒子），又會看到另一種趨勢。懸浮微粒物質有很多來源，但是從汙染控管的觀點，最重要的是燃煤的排放。目前分析所檢視的是濃度，而不是排放量，因為濃度是健康損害最重要的因子。

本章稍後會討論美國在 PM 法規方面的經驗，不過我們可以在目前的框架下檢視世界各地的經驗。最近的資料顯示，PM 濃度並沒有遵循顧志耐曲線，而是從 1990 年到現在，在主要國家的每個產出水準層級都呈現下降趨勢。以 2010 年來說，人均產出每增加一倍，PM2.5 就減少 25%。這種所得與汙染的關係，從最上層到最底層的國家群組裡都看得到。2010 年，最貧窮的 20 個國家，PM2.5 平均濃度是每立方公尺 41 微克（μg/m3），而最

圖 14-2　顧志耐環境曲線：二氧化碳（2000 年）

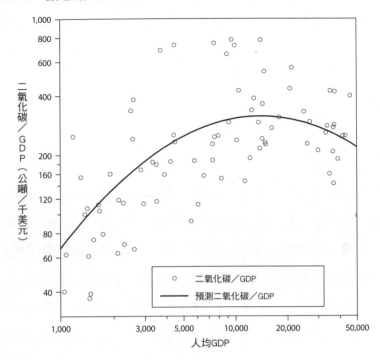

富裕的 20 個國家，PM2.5 平均濃度是 14μg/m3。

排放與民主之間還存在第二種關係。我們或許會認為，民主社會應該會更乾淨，因為民主政治更會回應大眾的意願，民眾掌握更多的資訊，也能表達自身的觀點，而民主政府也更可能與其他國家在國際環境問題上合作。

整體而言，證據驗證民主體制有利於環境的本質。一般發現，在完善的民主政體下，汙染較少。正如一項研究的結論：「民

主制度有助於改善環境，不過前提條件是給予足夠的時間改善當責機制、促進資訊流通、增進生活的關聯度、推動國際合作，以及提升體制機構的發展。」[2]

回到懸浮微粒物質的例子，圖 14-3 顯示最大的 80 個有數據的國家，民主得分對 PM 濃度的影響。從圖中可以明顯看出，民主國家的空氣更乾淨。例如，根據估計，完全民主政體的汙染比完全專制政體減少約 45%（依其他因素修正後）。在 1990 到 2010 年間，民主分數較高的國家，PM 濃度下降幅度也高於專制國家。儘管效應驚人，統計關聯會因樣本和條件而異。

關於民主體制重要性的結論，進一步驗證了前一章的觀察。稍早的討論認為，美國的體制結構對環境的挑戰反應遲緩，但是很耐久，而能抵抗政治風向的暴衝和暫時的轉變。其他國家的經驗也反映同樣的觀察，顯示民主建構耐久、有力的環境政策的力量。

政治學、分配政治學與環境政策

環境法規政治的實證研究顯示前一章所強調的兩個因素的重要性。我們看到社會福利與利益團體權力之間的衝突。有時候，集中的利益（例如只有少數幾家大型富有企業的鋼鐵或石油業）會壓過分散的利益（數億個知識貧乏或資源稀少的石油消費

圖 14-3　民主與汙染

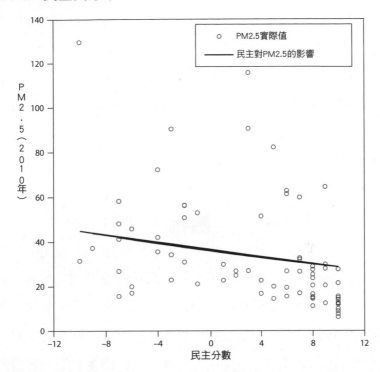

這張圖顯示一國的懸浮微粒（PM2.5）濃度與其民主得分之間的關係。圖中的線條是根據統計迴歸的預測，圓點則是個別國家的數據。

資料來源：汙染造成的全球死亡率資料取自：Michael Brauer, Greg Freedman, Joseph Frostad, Aaron Van Donkelaar, Randall V. Martin, Frank Dentener, Rita van Dingenen et al., "Ambient Air Pollution Exposure Estimation for the Global Burden of Disease 2013," Environmental Science and Technology 50, no. 1 (2016): 79–88, doi:10.1021/acs.est.5b03709；世界銀行的產出與人口資料；政體的民主分數，見網站：https://www.systemicpeace.org/polityproject.html。

者）。不過，我們或許還是想要知道，相互勾結而有財力的利益團體，對於大眾利益（大眾通常更關心自己的日常生活）有多少的宰制力。簡單說，環境政策是傾向還是背離社會福利？

環境政策的效率沒有整體的衡量指標。本章接下來的篇幅會用三個例子說明，綜觀歷史，奧爾森的集體選擇理論如何發揮作用，影響分配政策還有環境。這三個例子分別是關稅，硫化物政治和氣候變遷

關稅

就從關稅談起。關稅似乎與環境政策關係甚遠。可是，關於狹隘利益和廣泛利益的衝突，關稅就是個經典的研究領域。關稅是針對少數進口品（如鋼材或木材）徵收的稅。關稅通常對少數人有利（國內產業和該產業的勞工），而對屬多數的消費者造成傷害。

我們可以用一個例子說明這一點。假設美國對進口鋼材課徵10% 的關稅。以下是現況的數字，雖然經過簡化，但是準確程度足以說明此處要表達的重點。美國的鋼材消費量約為 1 億公噸，成本約 1 千億美元，其中有 30% 來自進口。如果鋼鐵價格因關稅而提高 10%，消費者就要額外支付 100 億美元，其中大約有 70億美元會落到鋼鐵業的口袋，或許由 70 家廠商分配，每家廠商

都因此增加 1 億美元的獲利。鋼鐵廠之間享有更高的利潤，因此形成集中利益。對比之下，100 億美元的損失是由 3 億 3 千萬名消費者分攤，平均每人損失 33 美元。儘管經過簡化，鋼鐵關稅是說明集中利益與分散損失的好例子。

詹姆士·麥迪遜（James Madison）在《聯邦黨人文集第 10 篇》（*Federalist Paper 10*）裡就清楚描述過關稅的本質：[3]

土地利益、製造業利益、商業利益、金錢利益，還有許多較為弱小的利益，在文明國家出於必要而生，並把國家分為不同的階層，各有不同的情感和觀點。為了規範這各式各樣、相互掣肘的利益而生的種種法規，構成現代立法的主要工作……「國內製造廠商會因為對外國製造商的限制而受到鼓勵嗎？鼓勵程度如何？」這些問題，地主和製造商會有不同的答案，而答案可能不是單單取決於正義和公共利益的考量。

美國的關稅史印證了麥迪遜觀察的智慧。在部門與產業利益的作用下，美國在自身的大半歷史上一直是高關稅國家。從 1880 年到 1930 年，美國平均關稅稅率接近 40%，如圖 14-4 所示。

關稅有時候被稱做經濟保護，多半以製造業為重點保護對象，以高關稅保護國內的勞工和企業，免於進口品的侵蝕。美國的製造業重鎮在東北部和中北部，大致從緬因州到伊利諾州。這個地區向來是支持製造業高關稅的政治中心（例如 1828 年和

1929 年的關稅）。最明顯的是，2016 年川普競選時的保護主義論調在中北部各州最受歡迎，而這些州正是那些在美國歷史早期支持關稅的地區。

如圖 14-4 所示，一直到 1929 年為止，關稅率上上下下的波動，反映的是國會兩大黨的政治際遇。[4] 這一點對於理解綠色政治的寓意，正如麥迪遜所預見的，主要是集中的地區利益之爭的結果，而非財政結構的效率設計決策所致。

關稅是消費者與生產者利益失衡的一個好例子。數十年來，集中的生產者利益都是贏家，而關稅高居不下，如圖 14-4 所示。關稅壁壘是怎麼瓦解的？原因又是什麼？20 世紀初出現了兩次根本性的變化。首先是 1914 年引入的所得稅，降低了關稅在財政上的必要性，並成為戰爭經費籌措的重要來源，也是第一次世界大戰後福利國家興起的關鍵因素。

第二個重要轉折是貿易互惠的出現——也就是各國體認到，如果它們想要在海外享有低關稅以增進出口，就必須先降低自己的關稅。互惠在美國之所以特別重要，是因為美國在第一次世界大戰之後從製造品的淨進口國（一直到 1910 年為止），成為主要的出口國。

從不合作的高關稅（一直到 1929 年）到以合作、談判為基礎的互惠貿易，這種轉變幾乎可以說是在小羅斯福總統執政期間（1933 年至 1945 年）的一個偶然。雖然是誤信，不過小羅斯福總

圖 14-4　美國關稅的平均稅率，1880–2015 年

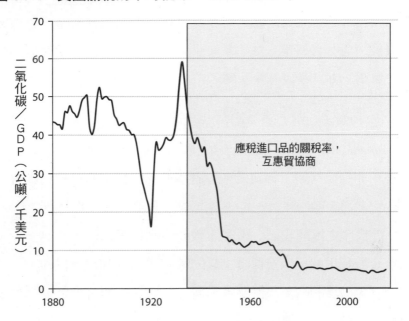

統相信，高關稅是經濟大蕭條的時間長度與嚴重程度的決定因素，而他對關稅政策沒有明確的觀點。然而，小羅斯福的國務卿科德爾·赫爾（Cordell Hull）是透過合作和協商以降低貿易障礙的堅定信徒。1933 年，他寫下一段今日應該仔細閱讀的文字：[5]

　　多年的慘痛經驗，造成了無可數算的龐大損失與傷害，讓極端經濟孤立這種狹隘而盲目的政策變得不可信……經過長時間的審慎考慮，我決定宣布並努力制定一項廣泛的政策，針對國際貿易、匯兌以及任何形式的金融，消除或降低所有多餘的障礙，並

採取有利於大幅增進各國之間貿易發展的商業政策。我這部分的提議是基於一種信念，就是這種自由的商業政策以及商業往來量的發展，對於文明國家在〔第一次世界〕大戰後可能建立的任何和平架構，都將構成重要基礎。

從 1934 年 的《互惠貿易協定法》(*Reciprocal Trade Agreements Act*) 開始，經過多輪談判，美國和其他國家逐步取消關稅和非關稅保護主義架構。各國基於國際合作的精神和本質，減少貿易與金融的障礙，也成為全球化興起的重大助力。

近代歷史提醒我們，國家的發展步調總是進兩步、退一步。川普政府利用關稅以及保護主義的喧囂，以遂其政治目的，並疏遠盟友、破壞國際貿易體制。小型貿易戰已經開打，但是就像軍事戰爭一樣，戰爭裡幾乎沒有真正的贏家。

截至 2020 年，國際貿易體系的未來仍然疑雲密布。但是，這為綠色政治帶來深有啟發的課題。在這個區域與產業利益位居主導地位的歷史時期，少數人的利益壓倒了多數人的利益。然而，狹隘利益對關稅的鐵腕控制逐漸鬆動，這是因為相互合作和消除特殊利益的權力等訴求開始主導貿易政策。合作政策讓關稅的分配政治脫離國會的控制，而壓倒特殊利益。

硫化物政治

　　空氣汙染的政治，尤其是硫氧化物，可能是所有國內重大綠色問題中最重要的（氣候變遷則是全球重大長期問題）。二氧化硫是一種排放物，主要由燃燒煤碳和其他化石燃料而成，但也有其他來源，例如採礦和柴燒爐。二氧化硫是有害物質，但是與其他化合物結合、並形成微粒物質時，危害尤劇。硫氧化物和微粒物質會嚴重影響人類健康，並對生態系統造成破壞。

　　硫化物政治一個有趣的專題，就是早期環境活動的焦點「酸雨」。當硫氧化物（酸性）讓湖泊與森林的酸度提高、損及這些生態系時，就會形成酸雨。酸雨的有害效應包括危害淡水魚類與其他生物、土壤酸化而破壞，還有對森林的間接影響。自 1970年代以來，駭人聽聞的酸雨危害，催生出第一批控制硫化物排放的政府重大政策。

　　觀察硫化物政治（以及更一般的環境政策）的一個好窗口，就是酸雨辯論的演變。1981 年，保守的雷根政府上台，他們的目標之一是減少環境規管，而他們很快就瞄準酸雨規管提案。在親商的外部「科學家」支持下，政府認為酸雨背後的科學尚未成定論，不能據以制定成本高昂的規管。根據雷根政府的說法，因果關係以及導致酸雨的機制存有不確定性。相互矛盾的證詞和專家說法往往會加深不確定性。

另一方面，公共衛生科學家也在研究空氣汙染對人類健康的影響。空氣汙染（霧霾和二氧化硫排放）與健康之間的關聯逐漸浮現，而到了1970年代，公共衛生科學家已經掌握具體的證據，可以證明其中的關聯。在1980年代與1990年代，曝露—反應的量化關係有了明確的紀錄。

　　公共衛生專家的研究發現，空氣汙染對全球健康的影響非常大。根據估計，2015年全球有超過400萬人的早夭與空氣汙染有關，其中一半發生在中國和印度。最密切相關的汙染物是微粒物質、臭氧、二氧化氮和二氧化硫。如果我們只看微粒物質造成的死亡率，據估計，美國的死亡人數在1980年達到高峰，為9萬人，在2006年降到6萬8千人，而在2016年降為3萬6千人。[6]

　　地方、州與聯邦層級都有二氧化硫和其他空氣汙染的規管，但本次討論僅著眼於聯邦政策。聯邦層級的主要法案是1970年的《潔淨空氣法》，還有1977年和1990年的修正案。各項法案都開放新方法並收緊標準。

　　1990年的修正案是環境法的里程碑之一，它引入一種被稱為「可交易許可證」（tradeable permits）或「限額—交易」（cap-and-trade）的方法。在這套全新的方法下，國家會制定每年全國硫汙染量的上限，然後由政府核發排放許可證給公司。此外，公司可以根據業務的需要購買、出售配額。這套制度能以最低成本控制總體汙染水準。

表 14-1　提升空氣品質的重要因子

時期	度量變化率（每年平均百分比）					
	電力	煤炭消費	SO$_2$ 排放	PM10	PM2.5	PM2.5/ 發電
1990-2000	2.3%	1.8%	–3.4%	–2.5%	–2.8%	–5.1%
2000-06	1.1%	0.4%	–3.7%	–1.4%	–2.5%	–3.6%
2006-16	0.0%	–4.2%	–15.8%	–1.6%	–4.0%	–4.0%

　　在美國，主要空氣汙染物的趨勢令人驚嘆。以最具破壞性的汙染源為例：工業二氧化硫排放量從 1970 年（《潔淨空氣法》頒布之際）每年 3,100 萬公噸的峰值下降到 2016 年的 270 萬公噸左右。

　　綠色政治的重要問題就是，政治體系能否妥適因應硫汙染風險。這段討論將以 1990 年到 2016 年的美國為焦點。1990 年是一個轉折點，當時美國通過法律，允許硫排放權的交易。表 14-1 將過去 25 年分期（以 1990、2000、2006 和 2016 年為起始年與分界年），並顯示這段期間的成長率。

　　最後一列資料顯示的是與發電相關、最具破壞力的汙染物——PM2.5 的濃度。資料呈現急遽下降的趨勢，每單位電力的濃度平均每年下降 4% 以上。最驚人的變化是二氧化硫排放量的下降，總排放量從 1970 年的 3,110 萬公噸下降到 2006 年的 1,310 萬公噸，再到 2016 年的 230 萬公噸。硫排放量的下降有很多原因，但主要是由於聯邦法規愈來愈嚴格。可交易配額制度在 1990

年之後特別有效，而另一個因素是 2011 至 2015 年期間對有毒氣體排放的嚴格規範。一如表 14-1 所示，其他因素包括電力生產趨於平穩、煤碳（硫化物的主要來源）使用量下降，還有天然氣的競爭力提高。

綠色政治的下一個問題非常難以回答：空氣汙染規管的整體嚴格程度是否符合金髮姑娘標準——「不會太強，也不會太弱」，也就是成本與利益能達成適當的平衡。汙染減排的邊際社會利益與邊際社會成本的相對情況如何？

穆勒與同事為了解答法規整體嚴格程度的問題，進行了一項研究。[7] 他們估計，在 2010 年，每增加 1 公噸二氧化硫排放，就會增加 2 千美元的損害。同年的排放許可平均價格約為每公噸 40 美元。硫排放價格與排放邊際損害之間的差異顯示，硫排放法規過於寬鬆。

時間快轉到 2017 年，排放價格已降至每公噸 6 美分，因此排放基本上形同免費。排放價格大幅下跌是因為實際排放量相對低於量化的規管標準。關於那一年減排的邊際收益，沒有相關的計算，不過根據最近的估計，硫排放的邊際損失超過每公噸 6 千美元。[8]

法規成功地大幅減少排放——在過去半個世紀減少了十倍。但是，目前的規管體制過於寬鬆，因為減少硫排放的邊際成本（即交易價格）遠低於減排在改善公共衛生方面的邊際收益。如

前文所提到的，美國每年約有 3 萬 6 千人因懸浮微粒物質而早夭，如果進一步收緊標準，這個數字可能會大幅減少。

此外，硫化物法規也點出原始限額—交易法規的一個重要問題。當排放量下降到低於數量限額（無論是出於監管原因，還是市場原因），排放許可權的市場價格可能會急遽下降，甚至降到零。二氧化碳的歐洲交易計劃（European Trading Scheme, ETS）早年也出現過這個現象。設定價格下限可以因應價格的急遽下降，而更好的做法是課徵排放稅（二氧化碳的碳稅，或者本案例中的硫稅），後文會再就此說明。關鍵在於，排放價格應該反映邊際單位排放造成的邊際損失，而即使排放量低於量化目標，價格也不會降為零。

氣候變遷政策

氣候變遷是我們用於檢視政治體系如何因應綠色挑戰的最後一個例子。我們會在全球綠色主義的章節裡討論氣候變遷的相關議題。那些章節會描述效率政策如何為二氧化碳和其他溫室氣體定價，以反映這些排放的邊際損害。二氧化碳排放的邊際損害有個特殊名稱，就是碳的社會成本（social cost of carbon, SCC）。大多數的計算都是針對全球的 SCC，反映的是對所有國家的損害。一項有效率的政策能讓每個國家的每個部門訂定出一個與 SCC 相

等的統一碳價格（harmonized carbon price）。氣候變遷的效率政策「全部」的工作，就是訂定適當的全球統一價格水準。

乍看之下，這個條件似乎簡單得令人難以置信。有效率的規管唯一的要求就是訂定符合 SCC 水準的統一碳價格，真的是這樣嗎？是的，而且原因很簡單。二氧化碳排放的一個分子會在大氣中與所有其他二氧化碳分子混雜。我們可以說，每個分子都是匿名的，並在未來幾年有相同的影響。因此，世界各地每個排放源的每個分子，應該要有相同的規範價格。

SCC 的實際數字是多少？這是一道非常複雜的計算題，而且要歷經好幾道建模程序。美國政府綜合幾項研究之後估計，2020年適當的全球 SCC 約為每公噸的二氧化碳 40 美元。這個估計值存有高度的不確定性，但我們幾乎可以確定的是，要實現地球升溫在 2℃ 以內的國際目標，這個數字低於應有的價格水準。不過，我們還是可以著眼於美國政府提出的這個數字，進行當前的討論。

綠色政治的關鍵問題是世界各國的減排水準（或是碳的效率價格）與效率價格的比較結果。世界銀行估計，2018 年的實際全球平均價格為每公噸二氧化碳 2 美元，約為 SCC 的 20 分之 1。[9]唯一有全區域適用碳價格的地區是歐盟。其他主要國家（中國、美國和印度）有一些區域碳訂價，但目前還沒有全國訂價。

因此，氣候變遷的關注重點在於，當前的政策遠比效率政策

或是實現當前國際氣候目標應有的政策還要弱得多。

　　許多其他汙染物的防治政策都成功奏效，為什麼氣候政策卻如此一敗塗地？我們會在氣候變遷的分析裡廣泛討論政治未能滿足氣候變遷需求的原因，不過在此先簡要概述一下。有些原因與國內政策失靈的原因一樣。有力的氣候變遷政策利益分散但成本集中。此外，許多利益要在遙遠的未來才能實現，而政治制度往往會過度低估未來的利益。

　　然而，政策失靈的主要原因還是在於氣候變遷屬於全球性的外部性。各國可能會關注自己國家的 SCC，但是對全球的成本不怎麼關心。因此，不同於國內政策，氣候變遷的因應很容易出現國際間的搭便車心理：由於大部分利益都歸其他國家所享，一國因此不願採取強硬政策。我們會在全球綠色主義的相關章節裡提到，搭便車心態是當前全球氣候變遷政策的核心缺陷。

　　綜觀所有上述原因，我們可以看到，氣候政策面臨強勁的阻力。也因此這些政策會過於溫和，無力撼動二氧化碳排放、氣溫上升和海平面上升等現象。

結論

　　關於綠色政治，此前兩章的檢視所得出的許多發現當中，有三項最為突出。首先，我們必須強調，綠色運動的許多挑戰只能

由政府政策來應對。這些挑戰從制定法律架構，讓行為主體為其危害行為負責，到針對汙染和傳染病等最重大外溢效果的規管政策，都包括在內。重要的是藉此提醒大眾，我們需要政府提供公共財，這是支撐一個管理良善的社會必要的核心支柱之一。

其次，環境政策往往落後科學發現多年。早在政府採取有效行動之前，科學家早就知道菸草、硫排放和霧霾、氣候變遷和流行病的危害。之所以會出現時間的落差，部分原因是政府（即使是民主國家也一樣）有很高的行動惰性。政治行動需要蒐集證據、權衡利益、化解異議、通過法律、制定法規和執行措施，最後才採取行動。時間落差也反映出集中的既得利益者如何施展力量，圍堵那些如同一盤散沙的受害者的利益。除此之外，當政治領導人受到社會中的金錢利益和反科學派系的影響時，也會產生障礙。

第三，政治需要合作與協調，在一國之內擺平派系利益，在國際之間遏止搭便車心態。本章討論的三個案例（國際貿易、硫化物汙染與氣候變遷），都是因為缺乏合作，而在邁向效率制度體系之路上遭受阻礙。貿易和硫化物防治最終達成了合作，得以追求集體利益。然而，以氣候變遷而言，搭便車心態與缺乏協調仍是有效政策的重大障礙。

第 15 章

綠色新政

從 2018 年開始，美國意識閃現一個念頭：綠色新政（Green New Deal, GND）。這個想法之所以會出現，部分原因是川普政府決意廢除許多環境政策，其他部分原因則是認識到氣候變遷的嚴重後果。綠色新政這個概念也深得美國民主黨自由派的心。有鑑於它的重要性（即使可能轉眼即逝），它的觀念還是值得我們詳加審視。

新政

綠色新政的靈感來自 1930 年代的新政。當時的新政是民主黨的小羅斯福總統在經濟大蕭條期間實施的一套創新政策。1933 年 3 月，小羅斯福就任總統，當時的產出水準比起 1929 年的高

峰衰退達 30%，勞動人口的失業率也高達 25%。[1]

　　小羅斯福是美國歷史上的偉大總統。最重要的是，他是聯盟的創建者，也是軍事領袖，帶領四面楚歌的民主國家取得第二次世界大戰的勝利，因而備受歷史學家的推崇。相較於他在政治與軍事的紀錄，新政期間的經濟政策所得到的評價，就不是那樣讚譽不絕。

　　新政的核心經濟內涵是什麼？小羅斯福為了結束經濟大蕭條所推動的施政，多半根據不可信的經濟推理而來。首先，新政在本質上屬於實驗性質，施政者願意採取激進的方法來顛覆社會現狀。例如，小羅斯福一開始主張的是財政保守主義、減少財政赤字，並提高稅收。

　　在凱因斯等經濟學家的影響下，還有小羅斯福自己的直覺，小羅斯福政府的財政政策出現了大轉彎。在他就職時，聯邦政府的非國防開支占 GDP 的不到 2%，到了二戰前夕，上升到 GDP 的 5%。確實，聯邦投資占經濟的比重在 1930 年代後期達到了歷史最高點，而聯邦在財貨與服務支出的比重自那時起一直下降。[2]

　　儘管規模龐大，但新政的財政刺激完全不合時宜。當小羅斯福廢除所謂「黃金枷鎖」（借用凱因斯的說法）的金本位制時，復甦的另一個因素就此出現。但是，這些全都不夠。經濟歷史學家的結論是，只有二戰軍事費用開支這樣大規模的財政刺激，才能讓美國經濟擺脫大蕭條。[3]

新政的第二個特點是小羅斯福願意動用聯邦政府全部的力量來對抗經濟困境。1933 年之前，政府機構相對少，聯邦政府的支出也很低。新政時期，計劃與機構大量增生。留存至今的機構包括民用航空委員會、進出口銀行、聯邦通訊委員會、聯邦存款保險公司、聯邦住宅管理局、國家勞工關係委員會、證券交易委員會和社會安全局。

　　回顧以往，我們發現許多計劃都經過精心規劃，而且可長可久，其中包括社會安全、失業保險、銀行存款保險和證券法。有些機構在 1940 年代經濟恢復充分就業時就消失了，至今已經沒什麼人記得，如國家復興管理局。今天的綠色新政遵循前政的風格，提出一系列嶄新或擴大的社會和經濟計劃，以實現其目標。

　　新政的第三個特點是強調縮減貧富差距。經濟大蕭條減少所得、摧毀家庭和社區，而減少貧窮和不均最重要的方法就是恢復充分就業。其他重要政策包括社會安全（終結老年人的貧困）、社會福利（低所得者的補助給付）和失業保險。同理，綠色新政也會滿足未為滿足的需求。

　　第四，1930 年代的新政首開先河，把環境政策引進聯邦政府。小羅斯福政府在保育領域開拓了好幾個面向。1930 年代期間，從德州到南達科塔州的大片地區遭受沙塵暴和乾旱的強烈襲擊，化為一片荒地，而 1936 年的土壤保護法案，就是為了因應這起號稱「黑色風暴事件」（Dust Bowl）的災難。第二項計劃是

1935 年的平民保育團（Civilian Conservation Corps, CCC）。一小群年輕人住在 CCC 營地，修復歷史遺跡、消滅蚱蜢、建造塔樓、開闢山徑。CCC 承擔了美國大部分的植林工作。新政這項保育計劃的精神，比現代環境運動還更早出現，而且比較不強調外部性和汙染。反之，原初新政的重大突破在於，為國家政策積極干預影響人類和自然的經濟事務提供正當性以及工具。

今日回顧新政，我們可以看到，政府可以扮演的角色不只是守夜人；套用法學家菲利克斯‧法蘭克福特（Felix Frankfurter）的話，政府可以成為「社會福利的有力推手」。他的提醒在這個時代特別顯得重要，因為包括美國在內的許多政府，有時候會為領導者或政黨的利益服務，而不是以社會的福利為念；這些作為不但會誤導、也會顛覆一個開放、民主社會的寶貴傳統。

綠色新政的起源

過去二十年來，儘管綠色新政的構想時不時會出現，但這些構想常常被人拿來調整當前經濟和政治結構的機制，因應生態和環境危機的挑戰。[4] 綠色新政的起源顯然源自《紐約時報》的專欄作家湯馬斯‧佛里曼（Thomas Friedman）2007 年的兩篇專欄文章。

如果我們要扭轉氣候變遷的趨勢並結束對石油的依賴，我們在一切事物上的需求都會更多：太陽能、風力、水力、乙醇、生質柴油、潔淨煤與核能—還有保育。因此，我們需要綠色新政，因為要將這些技術全都培養到真正能擴大規模的程度，會是一項龐大的工業計劃。

〔我們〕需要綠色新政——在這個新政下，政府的功能與最初的新政時期不同，不是為計劃挹注資金，而是為基礎研究播種，在需要的地方提供貸款擔保，並制定標準、稅賦和獎勵。[5]

第一本系統化的論述則是源於英國：2008 年，新經濟基金會（New Economics Foundation）出版了一本名為《綠色新政》（*A Green New Deal*）的小冊。[6] 除了氣候政策和基礎建設，這本宣導手冊還提議建立「一支名為『碳軍隊』的工作團隊，以滿足大規模環境重建計劃的人力資源需求」。早期的提案有個耐人尋味之處，那就是它們在 2008 至 2009 年金融危機與經濟衰退期間出現。正值經濟低迷的時期，對創造就業和經濟刺激的重視，形成了早期提案的核心，並被納入 2019 年的提案。

自佛里曼提出綠色新政的概念以來，許多圈子都在討論綠色新政的概念，在外交官、法律學者、環保主義人士、偶爾還有經濟學家的演講裡，都可以看到綠色新政的蹤跡。

綠色新政：2018–2020 年

2018 年美國大選之後，在一幫更傾向進步派的新任民主黨國會議員的鼓舞下，綠色新政出現了新的轉折，並在 2019 年 2 月達成一個重要的里程碑：眾議員亞麗姍德莉雅・歐卡西奧—科特茲（Alexandria Ocasio-Cortez）推動一項眾議院決議文，責成聯邦政府制定綠色新政，參議員愛德華・馬基（Edward Markey）也提出一項與此相對應的參議院決議文。

這些作為雖然普遍受到許多進步派人士與環保主義者的讚譽，但沒多久就陷入黨派鬥爭的戰火之中。眾議院的共和黨員提出反對決議，指稱「眾議院認為，綠色新政有違自由市場資本主義、私有財產權的原則，只是為了包藏在美國創造一個社會主義社會的企圖，不可能全面實施」。

國會決議所勾勒的 2019 年版綠色新政（GND-2019）內容是什麼？[7] 決議有三大部分，一開始列出許多關鍵的環境和經濟趨勢，包括氣候變遷最新相關報告的參考資料。比方說，根據估計，如果地球氣溫升高超過 2℃，到 2100 年將造成每年超過 5 千億美元的產出損失。在社會經濟層面，該決議文指出美國人的預期壽命正在下降、工資停滯四十年、所得與財富不均的惡化等趨勢。

第二個部分列出決議的五個主要目標，分別是（1）實現溫室氣體淨零排放；（2）創造數百萬份高薪工作；（3）投資基礎建

設與工業；（4）落實多項環境目標，例如潔淨的空氣和水、健康的食物以及接觸自然；以及（5）促進公平與正義，特別是對基層勞工和弱勢群體。

正如第三個部分的規劃，這五大目標的落實應該要透過十年的動員，編列一長串的目標和計劃。其中許多項目是沒有明確定義的理想（如經濟安全、健康的食物、優質的醫療保健、家庭農業）。有些目標或許已經超過新政或舊政的範圍，例如「在美國保證人人都有一份工作，工資能夠養家，有適足的家庭假和病假、帶薪假與退休保障」。

如果只看綠色新政的環境政策，可以發現幾項重要提案。第一項重要提案是在 2050 年實現全球溫室氣體淨零排放，而這是由分析全球氣溫要達成升幅不超過 2℃ 這個目標的必要條件而來。然而，我們必須強調，真正實現淨零排放已經不在可行範圍內，而 2015 年的巴黎協定（Paris Accord）目前議定的政策，也無法接近該目標（一如在全球綠色主義各章所論）。

第二個具體目標是「以潔淨、可再生與零排放能源，滿足美國 100% 的電力需求」。雖然沒有明確的進度表，不過十年窗口或 2050 年目標或許適用。檢視聯邦能源資訊管理局（Energy Information Administration, EIA）2019 年的報告所做的當前預測，可助我們理解這個目標的來龍去脈。[8] 在 2018 年，化石燃料占發電量的 61%，預計在 2050 年下降到 55%。即使根據 EIA 最樂觀

的估計，化石能源在 2050 年的占比也只會下降到 41%。目前的估計顯示，以當前或近期的技術水準，要成功轉型為淨零碳電力系統，發電成本要提高 200% 至 400%。[9]

第三項主題是氣候變遷提案：「在技術可行下，盡一切可能，消除汙染和溫室氣體排放。」這個目標適用於基礎建設、製造業、農業與交通運輸。這到底是什麼意思？這種方法不是用成本效益分析檢驗政策，而是要求政策要不惜一切代價，採取最高規格的措施。這種語言讓人想起早期的環境立法，那些立法方式通常採用「最佳可用的控制技術」或「最高可行」標準。對於監管機構來說，這種方法極具挑戰性，因為它們原則上容允採取成本極高、利益極低的措施。

由此就要提到第四項重要提案——不過，我們要看的是它遺漏了哪些項目，而不是已經納入的內容。從 2020 年的觀點來看，明顯的遺漏包括以市場方法（價格、課稅、可交易許可證等）做為環境政策工具的所有相關討論。2019 年的綠色新政決議文沒有提及課稅或價格（碳或其他項目），它主張以規管的方法規定目標，就像 1970 年代第一項命令控制型的環境法規一樣。然而，近年來，僵固的規定被市場類型或市場輔助型的規管所取代的情形也愈來愈常見。

一個重要的遺漏是國際協調政策之必要性的相關討論，這對於氣候變遷等全球公共財至關重要。如果不建立國際聯盟，美國

的國內行動就無法在全球問題上取得進展。另外一個明顯的遺漏是，決議文並沒有提及當前唯一成功處理排放的制度，也就是限制二氧化碳排放的歐洲交易計劃。

最後，綠色新政主要是與提升平等和公平有關的政策，而不是綠色政策。我們對綠色政策的分析，側重於汙染和壅塞等市場失靈的核心重要性。換言之，綠色問題的出現，主要是因為公共財的分配失當，或是未能有效處理重大外部性。這些問題有別於不均、失業和私有財（居所和食物）未為適足等問題——雖然通常相關。儘管綠色新政的部分理想直指綠色目標，例如抑制全球暖化，但是其內涵多半與其他目標相關，例如減少不均、改善私有財的供給。

因此，綠色新政是一籃子包羅萬象的政策組合——有些以促進綠色社會為目標，但大半則是著眼於新政時期所處理的一系列更廣泛的問題。

雖然有人批評、有人持保留態度，但 2019 年的綠色新政是其支持者的重要政治指標事件，也是重大斬獲。它不但強調目標（特別是氣候變遷政策的目標），也凸顯制定政策以緩解低收入或受到嚴重影響的群體免於受害的必要性。可惜的是，它迴避了令人難堪的事實，也就是氣候變遷政策（特別是那些能夠實現它所設目標的政策）可能需要採取提高價格的積極措施，或許是課徵碳稅。政治什麼時候才要面對這個現實，勢必得再等一等。

PART 4

綠色社會與綠色經濟

第 16 章
綠色經濟與企業利潤

　　接下來的各個章節將會探討綠色精神在經濟、環境與更廣泛的社會等許多領域的應用。我們會看到綠色稅賦的強大潛力，也會檢視創新在實踐社會目標上的重要性。然後，我們會討論個人、公司和投資者的倫理道德行為。

　　貫穿這些討論的一個主題是造成「棕色」行為（也就是會產生汙染、壅塞和全球暖化的行為）的一些扭曲。我們也會檢視個人經濟狀況或利潤與社會福利之間的取捨。許多扭曲，特別是那些涉及公司和金融市場的扭曲，是因為利潤發出誤導的訊號。追求利潤最大化的公司所做的生產決策有時會產生有害的外溢效果。這種外部性的根本原因往往不是公司的惡意，而是價格與利潤發出誤導的指引。

　　在進入各章討論稅賦、創新和道德行為等議題之前，我們要

先思考利潤在私人市場經濟所扮演的角色。雖然這個主題乍看似乎與本書離題甚遠，但它其實是核心。利潤是市場活動背後的主要驅動力（有好也有壞）。本書所指出的惡當中，最嚴重的或許就是扭曲的利潤動機。有鑑於此，我們接下來就要檢視利潤的定義、衡量方式和潛在的扭曲。

利潤面面觀

在公共領域，世人對利潤的評價有褒有貶。大家往往會認為，利潤是從顧客或勞工口袋偷來的錢。也有可能是公司在財貨稀缺時期趁機敲竹槓的結果。又或者是管理階層自肥的三牌奇術。在電子時代，臉書和谷歌靠著出售個人資料或是容許俄羅斯干預大選而賺取高額利潤，而且資料的出售是在當事人不知情、通常沒有明確許可下為之。最重要的是，公司因為把私人利益置於公眾利益之上而備受指責。

方濟各教宗從神學的角度批判利潤，他寫道：「心中只有利潤的人，眼裡容不下大自然的節奏、自然的衰頹與再生，或是生態系的複雜，這些或許都會被人類干擾殆盡。」[1]

不過，「自由企業資本主義」的支持者則主張另一種觀點。他們經常將利潤視為創新和創業的報酬。以下是芝加哥學派經濟學家米爾頓‧傅利曼（Milton Friedman）對利潤的解釋：

扣除稅賦之後，企業的利潤大約相當於國民所得的 6%……
這微薄的利潤是投資工廠和機器、開發新產品和方法的誘因。這
種投資、這些創新是愈來愈高的工資所必須的資金。[2]

出版商史帝夫・富比士（Steve Forbes）說得更簡潔：「沒有
投資，就沒有經濟成長。資金來自儲蓄和利潤。完畢。」[3]

利潤經濟學

這些批評和辯護全都有幾分道理。但是，它們都沒有切中利
潤在市場經濟的經濟功能。談到私有財的生產時，我們強調效率
市場的「看不見的手法則」是管理良善社會的四大支柱之一。
「看不見的手法則」意指，在一個理想的市場經濟裡，公司追求
利潤最大化的行為，會對社會最為有利。（回想一下，所謂的
「理想」是指私有財的生產既沒有外部性，也沒有不平等。）

理由如下。我們從利潤的標準定義開始講起：利潤是生產財
貨與服務的貨幣收入與貨幣成本之間的差額。這表示利潤是對消
費者的銷售價值與勞工和其他生產者的生產成本之間的差額。公
司的利潤增加是來自銷售價值的增加、成本的降低。在一個理想
市場裡，這樣就是以社會的稀缺資源創造最高的消費者滿意度。
這裡有一個關鍵的細節：在「理想」的市場經濟裡，貨幣收入和

貨幣成本能準確反映社會價值。

「看不見的手法則」在運用時，大幅簡化了個人與企業行為的道德規範。在這條法則下，公司和個人在作為時不必擔心自己會傷害他人。在一個理想的市場，對社會負責的行為，唯一的條件就是做一個負責任的市場成員：努力工作並遵守規則。

然而，在我們為市場歡呼三聲之前，在我們過於迷戀「看不見的手法則」之前，我們必須記住它的缺點。扭曲經濟、甚至可能產生致命效應的外部性確實存在。市場產生的所得有時候極為不均而不公。因此，我們給市場以及利潤的角色按一個讚就好，而不是三個。

利潤的趨勢

我們來檢視美國經濟裡的利潤走勢。我們檢視的對象是身為經濟核心的非金融企業部門，包括製造、礦業、通訊、資訊、零售與批發貿易、運輸和許多服務業。這些產業在經濟體裡占略超過一半的商業部門，約占總體經濟的五分之二。

2017 年，非金融企業（nonfinancial corporations, NFCs）擁有 18 兆 7 千億美元的國內資本（工廠、機器、軟體）。它們的國內稅前利潤以及相關營收為 1 兆 6,380 億美元，而稅後為 1 兆 3,830 億美元。國內非金融資本營利率為 7.4%。圖 16-1 顯示這個時期

表 16-1　美國非金融企業的獲利力

	稅前報酬率	稅後報酬率	平均稅率	美國公債報酬率
1960-1985	9.8%	6.8%	31%	2.2%
1986-2019	8.7%	7.0%	19%	2.4%

說明：在此處及其他地方，利潤採廣義定義，納入所有資本利得，包括利息。

的資料序列。表 16-1 顯示過去半個世紀的營利率走勢，還有稅率以及美國公債的實質收益率。

圖表資料顯現三個特點。第一，從 1960 年到 2019 年，稅後資本報酬率持續處於波動，但是就整個期間來說，基本上沒有變化。雖然企業獲利很高，但是自政府有記錄以來，它們的整體營利能力只有些微變化。

科技寡頭企業不斷增長的利潤又怎麼說？其實，它們只占企業利潤的一小部分。亞馬遜、臉書、Alphabet（谷歌）和微軟等大型科技公司所有的利潤，僅占企業利潤的 12%──儘管它們在股市的占比更高。

第二個有趣的趨勢是，企業營利率在這段期間急遽下降，從前半段的 31% 下降到後半段的 19%，而且其實還在 2019 年跌至 10% 的低點。這種下降趨勢掩蓋了稅前報酬在此六十年間大幅下降的變化。

最後一點，相較於安全債券的實質利率（或經通膨修正的利率），企業資本的獲利能力高出了許多。在 1960 至 2019 年期間，

圖 16-1　美國國內非金融企業資本營利率走勢

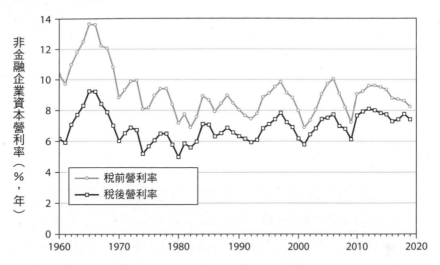

企業資本營利率比政府債券高出 4% 以上。一般都認為，這種差異反映的是對企業資本風險的貼水（補償企業獲利的不確定性以及股市波動的風險）。

　　然而，讓大多數人最感意外的是企業資本的報酬率雖然波動不定，但是在過去六十年間並沒有顯現重大的趨勢。[4]

以股東價值解讀動態利潤

　　利潤屬於靜態觀念，指的是單一期間的淨收益，例如一年。但是，世人感興趣的通常是利潤隨著時間推移的演變，或是現在

及未來的利潤在適當折現後的總值。對於企業來說，這就是股東價值，是企業決策和企業社會責任的焦點。

　　股東價值其實是個相當簡單的概念。它是公司所有權益股或普通股的價值，有時稱為市值。例如，2020 年秋季，蘋果公司依股價計算的股東價值為 2 兆 2,150 億美元。

　　以最簡單的金融理論來看，股東價值取決於股東的預期未來現金流量——更準確地說，就是現金流量（股利與股票買回）的現值。現值的計算是列出當前和未來的現金流量，再用適當的折現利率換算成現值（第 13 章曾討論過）。

　　如果讀者不介意我岔個題，在此先舉一個例子說明。假設甲公司一年獲利 100 元，獲利全數拿來發股利，分配給股東。再假設年折現率為 5%。因此，股東價值（SV）、即現值為 2 千元。

$$SV = PV = \frac{Profits_1}{1.05} + \frac{Profits_2}{(1.05)^2} + \frac{Profits_3}{(1.05)^3} + \cdots$$

$$= \frac{\$100}{1.05} + \frac{\$100}{(1.05)^2} + \frac{\$100}{(1.05)^3} + \cdots \frac{\$100}{0.05} = \$2000$$

　　所謂公司應該追求利潤最大化這個概念，完整的說法是公司應該追求利潤現值的最大化，也就是股東價值的最大化。

　　這時，金融專家很快就會指出，這種股東價值的理想觀點是立足於許多站不住腳的假設。例如：買賣股票的人不會知道未來

的現金流量如何；他們不會知道未來的貨幣政策或稅賦政策如何，所以也不會知道適當的折現率為何；又或許公司為了管理階層的風光體面，或是為了拉抬股價，而操縱報告的現金流量數字。這些擔憂全都有幾分道理。但是，別忘了基本要點仍有其實用之處：股東價值最終取決於公司當前和未來的獲利，雖然我們用來展望利潤的鏡片布滿灰塵。

利潤是市場經濟的羅盤

利潤就像羅盤，為一家公司的經營管理者指出方向。我們可以用圖 16-2 來表示這個概念。假設正北方（或 12 點鐘方向）是社會想要的財貨和服務，而正南方（6 點鐘方向）是具破壞力的活動，如產生有毒廢料。因此，我們希望羅盤能指向真正的正北方，不要誤導我們。羅盤若是經過完美的校準，進行經濟探險的領導者在它的指引下，就會朝著正確的方向前進。在實務上，如果價格與誘因經過適當的校準，經濟也會朝著理想的方向發展。

但是，假設因為價格誤導或是經理人的獎勵誘因遭到扭曲，進而造成經濟的羅盤損壞或是校準錯誤，團隊可能會朝著錯誤的方向前進，導致無效率，如圖中 B 點所示。或者，在極端的情況下，羅盤可能指向完全錯誤的方向，如 C 點，並產生危害社會的產品或流程。因此，準確的利潤羅盤是引導經濟朝著正確方向發

圖 16-2　利潤是經濟體的羅盤

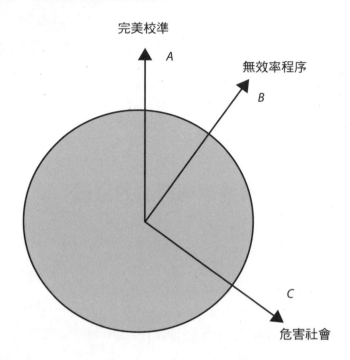

展的重要工具。

校準經濟體的利潤羅盤

　　為什麼利潤就像經濟的羅盤？首先，公司需要利潤才能生存。此外，由於利潤會進入公司所有權人的口袋，他們就有興趣追求利潤最大化（或者，以動態利潤來說，是追求股東價值最大

化）。於是，既然企業追求利潤最大化，那麼社會就必須確保利潤是衡量社會價值的可靠指標。

在一個完美校準的市場，利潤能正確衡量社會淨價值，也就是社會價值與社會成本之間的差額。社會價值是消費者願意支付的金額，而社會成本是生產者獲得的收入。在一個校準完美的經濟體，達成利潤最大化，就是達成淨社會價值最大化。

但是，假設利潤因為某些要素的缺漏而被扭曲。比方說，汙染真正的社會成本是每單位 Z 元，但由於沒有管制而被當成「免費」，所以某項財貨就沒有把汙染成本計入社會成本。如此一來，按照利潤羅盤的指示，這項財貨就會生產過多，這是因為在排除汙染成本之後，它的價格過低（落差為 Z 元）所致。

範例：校準利潤羅盤

校準利潤這個觀念或許看似深奧，不過它是綠色經濟有效運作的基礎。如果利潤打錯訊號，經濟火車頭就會走錯方向。我們以與氣候變遷政策息息相關的電力和二氧化碳排放為例，說明這一點。

如表 16-2 所示，第一欄有 2018 年燃煤發電廠的營運成本，其中二氧化碳排放的成本為 0。營收為每度電 60 美元（1 度 =1,000 千瓦時〔kWh〕），燃料與其他變動成本為每度 32 美元，

因此利潤為每度 28 美元。從這項計算便可以明白，即使有社會成本，只要排放價格過低，燃煤電廠仍會繼續營運。

第二欄顯示利潤的計算結果如何隨著碳定價而變化。當每公噸二氧化碳的排放價格為 100 美元時，電廠的營運成本也增加每度 81 美元的成本。這時營運處於虧損（每度 –52 美元）。在碳排放要承受這麼高的代價下，這座電廠將會退役。

表 16-2　外部性訂價的成本效應對燃煤電廠利潤的影響

成本、營收、利潤	兩種碳價格下的成本、營收、利潤（美元，每度）	
	每公噸 0 美元	每公噸 100 美元
營收	60	60
成本		
資本、燃料及其他	32	32
二氧化碳排放成本	0	81
利潤（營收減成本）	28	– 52

資料來源：成本估計值資料來自能源資訊管理局，詳細解釋請參閱第 19 章。

準確估計外部性對利潤的影響，是一道費工而繁複的題目。穆勒主持的一項研究運用環境與經濟數據，估計空氣汙染造成的損害對真實價格和利潤的影響。在有些情況下，汙染成本高到不但把利潤（或產品的淨社會價值）都吃掉，甚至變成虧損。穆勒等人檢視主要產業的結論是，由於排放法規過於寬鬆（隱含的排放價格過低），有七個產業的生產淨社會價值為負。這些產業除了燃煤發電廠（如表 16-2 所示），還包括採石、固體廢棄物焚

燒、汙水處理廠、燃油發電廠、港埠與油煤產品製造。[5]

修正利潤概觀

修正價格和利潤的計算，主要目的不是懲罰公司。反之，是為了讓價格發送適當訊號，讓公司改變自身的行為。以表 16-2 的燃煤電廠為例，高碳價所發出的營運虧損訊號，會促使管理者關閉電廠。同時，它也對其他低碳或零碳電廠的興建發出訊號，可能是使用天然氣或風力發電。它能進一步提供誘因，鼓勵發明家和創新者開發更優質的低碳電力新技術。這些例子全都凸顯，利潤在引導經濟朝向正確方向發展扮演了關鍵角色。

如果公司經理人有做出劣質決策的利潤誘因，又會引發另一類問題。經理人薪酬通常取決於公司的短期績效，特別是公司股價的短期上漲。這種誘因可能會導致經理人在做決策時採取「短期主義」的觀點。

例如，經理人可能會延後那些會侵蝕今年利潤的投資計劃，即使這些計劃隱含長期的高報酬率。最壞的情況就是企業落入第 20 章所說「企業失責」的第九層地獄：經理人為了維持獲利，可能會用對生命有危害的產品欺騙消費者，即使真相最後一定會被揭發，利潤因此降低，甚至會摧毀公司，也在所不惜。

因此，利潤就像高速公路的路標，指出經濟的走向。綠色管

理的目的是確保路標準確無誤，不會將經濟帶進險境。下一章會把這些觀念應用於幾個領域：稅賦、創新、個人倫理道德、企業責任與道德投資。

第 17 章

綠色稅賦

　　稅收的形象很差。喬治・華盛頓搭著反稅運動列車，成為美國第一任總統。他認為，「任何稅賦的課徵或多或少都會造成不便或引發不快。」[1] 吉米・卡特（Jimmy Carter）總統說：「聯邦所得稅制是人類之恥。」[2] 老布希總統曾宣告：「聽我說，沒有新稅。」[3] 對最富裕美國人的鉅額財產所課的稅，被貼上「死亡稅」的標籤。總統候選人有數兆美元的計劃和補貼，但是要付的稅卻很少。

　　經濟學家對稅賦則抱持不同的觀點：稅賦是我們為公共服務支付的價格。如果你想要兒童有優質的公共教育，如果你想要全民醫療保健、環境保護，還有基礎建設升級，你就需要稅收以負擔這些服務。正如小奧利佛・溫德爾・霍姆斯（Oliver Wendell Holmes）大法官所言：「稅賦是文明社會的代價。」[4]

世人往往認為，稅賦與公共服務完全是兩件事。從個別項目來看，這個觀點雖然正確，但是就總體而言卻是錯的。這是單純的加減運算。從長遠來看，稅收必須等於支出。更準確地說，如果國家沒有因債務而破產，稅收的現值必須等於支出的現值。

本章只在傳達一個簡單的訊息。有些稅的損害較輕，對納稅義務人來說，在各種稅目裡課起來可能比較沒那麼痛，而有些稅確實有優點。這個觀點可以這樣表達：「有些是有益的稅。這些是針對厭惡財課的稅，可以取代對正面財的課稅。」本章會解釋綠色稅賦背後的邏輯。

稅賦效率

超過一個世紀以來，稅賦的效率一直是經濟學家關注的主題。經濟學對稅賦的基本分析的解釋如下。如果對商品或服務課稅，會提高消費者的價格、降低生產者的價格。這種價格變動通常會降低該產品的產出水準。例如已有資料顯示，高額的菸稅可以減少吸菸。

如果對生產要素課稅，例如勞動或資本，那麼這些要素的稅後收益就會因此減少，要素的供給也會因此降低。從另一方面來說，公司會傾向把營運活動搬到低稅賦的國家，也就是所謂的「避稅天堂」，例如愛爾蘭。因此，課稅或補貼的淨效果，會扭

曲投入與產出的水準，從被課稅的活動轉移到未課稅的活動。

　　然而，扭曲效果的強度不是所有的稅都一樣。資本稅的扭曲通常最大，特別是在一個邊境開放、投資又可自由流動的世界。比方說，如果公司的資本稅率是淨收入的 50%，而非公司資本則不予課稅，如此一來，會造成公司縮減資本規模，一直到稅前報酬大約是非公司資本的兩倍。在高水準的公司營業稅率下，房地產投資（由於特殊規定而稅率低）會增加，對製造生產的投資（因為幾乎沒有稅賦減免，稅率又高）會下降。於是，經濟體裡的房屋會太多，而工廠太少。

　　對勞動收入課稅的扭曲效果較小。研究發現，當稅後工資因課稅而減少，民眾的工作時間通常還是維持不變。與資本不同，勞工傾向保持原狀。人不太可能為了因應高稅賦而從美國移民到愛爾蘭，因此工資稅的扭曲效應小於資本稅的扭曲效應。

　　扭曲程度更小的是對地租（rents）課稅：地租是指土地或供給固定的類似品項的報酬。由於土地完全不具流動性，而且產出總是在充分盡其利的水準。這表示土地稅不會影響土地供給，而對地租課稅不會產生任何扭曲。有人曾把這個有趣的理論應用於高所得個人（如棒球運動員和商業大亨）的收入，他們的稅後所得無論是增加（就像他們在過去二十年的境況）或減少（如果對億萬富翁課徵財富稅），這些高所得人士還是會一樣努力工作。

綠色稅賦

從扭曲最嚴重（如資本稅）到最輕微（如地租稅）的稅賦光譜上，環境稅位於哪個位置？其實，環境稅落在光譜之外。因為環境稅的作用是減少社會想要減少的活動。因此，對二氧化硫排放物課徵收高額的環境稅，能減少這些排放物的「生產」，從而減少它們所造成的損害。這表示，與幾乎所有其他稅目（降低經濟效率）相比，綠色稅賦其實是有益的（換句話說，它們能提升經濟效率）。

如果綠色稅賦是有益的，那麼它的適當水準為何？綠色稅賦的制定是否應該訂在能讓政府收入最大化的水準？還是所需收入的固定比率？這就是最適汙染理論上場的時候。我們在討論最適汙染減排量時，效率條件是汙染價格等於邊際損害。同理，以綠色稅賦來說，當企業為其汙染所繳納的稅款等於其造成的外部損害量，就能達成效率的結果。因此，比方說，假定公共衛生專家認定二氧化硫排放的社會成本為每公噸 3 千美元，那麼二氧化硫的效率稅賦水準就是每公噸 3 千美元。

這就要講到綠色稅賦的重點。稅率訂在汙染的邊際損害時，稅賦能讓財貨、服務與減排達成最佳的資源配置。稅賦可以把外部性內部化。如此，綠色稅賦不但不會造成扭曲，反而因為能降低無效率的汙染而減少扭曲。假設對硫排放適當課稅，造成產出

圖 17-1　稅賦、損害與排放

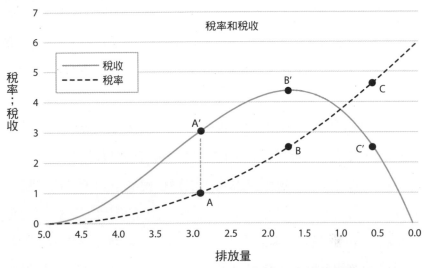

稅率（虛線）對應的排放量（橫軸）和稅收（縱軸）。坡狀的稅收曲線顯示，稅收最高為 B' 點（大約比 4 高一點），這時的稅率大約是 2.5 美元，之後稅收就隨著稅率增加而減少。

降低，甚至讓汙染嚴重的燃煤電廠因此關閉，這種變動反映的是硫排放對社區造成外部成本、汙染造成的扭曲減少，整體福利也隨之提高。

　　我們用圖 17-1 說明基本分析。圖上的縱軸是稅率和稅收，橫軸是排放量。假設政府對汙染物「XO2」課徵汙染稅 T，而 T 等於汙染的邊際損害。當邊際損失與稅賦等於每公噸 1 美元時（即圖 17-1 中的 A 點），稅賦等於稅率（T）乘以稅後汙染量，如圖 17-1 中的 A' 點所示。

假設損害水準更高，為圖中的 C 點，而在這個排放水準，稅收為 C'。令人驚訝的是，相較於 C'，A 點對應的稅率和損害都較低，稅收卻較高。A' B' C' 這條圓頂狀的營收曲線，就是汙染的拉弗曲線（Laffer curve，得名自經濟學家亞瑟·拉佛〔Arthur Laffer〕）。

以傳統稅賦來說，把稅率提高到會減少稅收的水準，（最高稅收點 B' 右邊的區域），在財政上是不可取的愚蠢行為，因為它不但扭曲效應高，又會減少稅收。以綠色稅賦來說，最適稅賦可能高於最高稅收點。以許多環保主義者的零碳排目標為例（回想一下前一章所描述的綠色新政目標，即溫室氣體淨零排放），把碳稅訂在 500 美元，或許可以實現這個目標。在 500 美元的稅率下，稅收會是零。在這裡，我們看到一個最適綠色稅賦水準為零稅收的情況。

圖 17-2 顯示稅率與淨社會價值或利益的函數關係。最高的淨利益水準為稅賦等於邊際利益的那一點，即利益曲線的頂端。在綠色稅賦，收益曲線的高度為正值（顯示課稅有淨收益），至於一般稅賦，曲線永遠位於橫軸下方，顯示為淨扭曲。

壅塞的定價：理論與實務

綠色稅賦最有趣的應用之一就是制定壅塞費，這是經濟學家

圖 17-2 綠色稅賦的淨利益為正

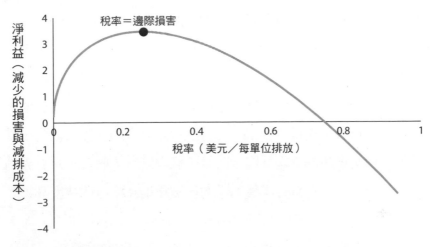

不同稅率下的淨利益

請注意：在綠色稅賦的最適稅率之前，利益都處於增加。

多年來最喜歡探討的主題。最早提出這個概念的是哥倫比亞大學的威廉・維克里（William Vickrey）。他在 1952 年的紐約市地鐵提案裡鋪陳這些原則，並以此案在這個領域的貢獻與他人共同獲得諾貝爾經濟學獎。

這裡的關鍵概念是壅塞的外部性。我們在此用一個例子說明。當道路空無一人，第一輛車上路時，沒有任何車需要減速，因此第一輛車對其他車造成的行駛成本（即外部成本）為零。然而，隨著交通量的增加，每增加一輛汽車，後方汽車就會減速。假設我進入道路時，會讓在我後方的 120 輛汽車的交通時間增加

一分鐘；如果時間價值是每小時 10 美元，那麼我造成的外部成本為：120×（1／60）×10 ＝ 20（美元）。汽車愈多，等待時間愈長，加諸於行車的外部成本就愈高。

維克里的基本理念是，民眾應該要為公共資源（公用事業、道路、機場和其他部門）付費，就像他們為食物、住所和娛樂等私有財付費一樣。此外，價格應該反映外部成本，即加諸於他人的成本。根據維克里的說法，價格應該隨著時間推移而變化，具體而言就是取決於壅塞程度，而且應該向所有人收費，沒有人例外。他想出一套在當時堪稱高明的收費技術，而這些技術拜電子收費系統之賜，現在已經很常見。

維克里承認，公共政策制定者並沒有接受他的構想。「民眾認為這是加稅——我認為這種想法只是一種直覺反應。如果考量到駕駛人的時間，這其實是節費。」他堅信，這個構想不是為了減少交通流量，而是透過讓交通流量在各時段的分布能更均勻，進而增加交通流量。

今日，壅塞收費的實施主要見於新加坡、米蘭、倫敦和紐約等大都會地區。大多數收費制度都非常粗陋，並沒有按照維克里的構想走：它們只是「區域收費制」，也就是車輛進入市區時需要付費。例如，倫敦在週一至週五的早上 7 點到晚上 6 點之間，對駛入收費區的車輛收取費用，一日為 11.50 英鎊。紐約也有類似的制度。新加坡的制度最接近維克里的提議模式：他們設置了

一套包含數百個電子收費站的先進系統，費用會因車輛類型、時段以及即時交通壅塞狀況而異。

民眾經常抱怨壅塞費沒有作用。然而，審慎的研究顯示，事實上，訂價不但降低了尖峰時段的交通量，還有提升交通速度之效。能得到公眾支持最重要的因素，或許是稅收被用於增加公共交通建設，從而進一步降低交通量和汙染量。

維克里提出壅塞訂價的年代，比這個觀念真正付諸實務的時代要早了數十年。就像其他可以解決關鍵外部性的構想一樣，壅塞訂價可能要等上很多年才能獲得綠色運動菁英和公眾的認可。然而，隨著愈來愈多城市與政府機構採用壅塞訂價、民眾對此愈來愈習慣而且看到成效，壅塞訂價也能實現雙重利益：減少時間與心力的浪費，以及籌措重要公共服務的經費。

綠色稅賦的潛力

與傳統稅賦的大量文獻相比，環境稅的文獻稀少得多。綠色稅賦主要的潛在來源是什麼？檢視這個領域研究就會發現，許多領域的外部性都遭到低估。然而，事實證明，適當價格的估計極其困難，因此我們只有粗略的估計值。

研究有成的領域是那些外部性的衡量有完善資料可循（如汙染）的領域，它們的生產流程裡有一個便於課稅的環節，而且行

政管理成本相對低於營收。溫室氣體排放（尤其是二氧化碳）以及燃料（如汽油）、空氣汙染和稀有公共水資源等特別有用。如果著眼於美國（有充分的資料，也有嚴重的環境破壞），這些都是最明顯的課徵標的。至於其他稅種，若非稅基規模相對平平，就是落實的難度遠遠高出許多。

▋ 碳稅

截至目前為止，所有潛在的環境稅類型中，最重要的是碳稅。碳稅有廣大的稅基（tax base，意指可課稅活動的價值）。碳稅的稅基龐大，因為美國每年的二氧化碳排放量規模龐大。以碳稅做為減緩氣候變遷政策的吸引力何在，我們會在處理氣候變遷政策時進一步解釋，不過它們也是最重要的環境稅。

就以美國而言，碳稅收益的概略估算如下。2019 年工業用途的二氧化碳排放量約為 50 億公噸，另外有 10 億公噸來自甲烷等其他氣體。今採用美國政府對邊際損失的估計值，即每公噸 40 美元。如果排放量不變，那麼總稅收就是 40 美元 ×60 億公噸=2,400 億美元。然而，排放量可能呈下降趨勢；在這個價格水準，排放量將減少約 25%，為每年 45 億公噸，而每年稅收約為 1,800 億美元，略低於 GDP 的 1% 或是聯邦收入的 8%（以 2019 年的經濟活動為基準）。

如果政策制定者希望稅率能隨著時間增加，例如每公噸 100 美元，那麼稅收也會增加到每年約 4 千億美元。最高約為 5 千億美元。因此，碳稅可以產生可觀的稅收來源——至少在它們變得嚴格到幾乎禁絕所有排放並斷絕所有收入之前是如此。

最後以一個提醒做結：碳稅只是環保人士和財政專家眼中的一抹光芒。今日，在美國和大多數國家，實際的碳稅收數字正是掛零。

▌二氧化硫與其他空氣汙染物

另一個潛在的收入來源是各種的傳統空氣汙染物，其中不只是二氧化硫，還有氮氧化物、一氧化碳和微粒物質排放。

美國目前的汙染許可證是採取核發方式，但是財政專家建議應該透過拍賣方式來分配，因為這些許可證是寶貴的公共財產，就像石油或木材一樣。二氧化硫排放權拍賣或稅收的潛在收入，可以從二氧化硫的排放與交易價格來估算。排放許可拍賣的隱含收入等於排放量乘以交易價格。自 1994 至 2007 年，平均每年隱含收入將近 50 億美元。在 2007 年之後，由於實際排放量遠低於規定的限制，價格急遽下跌，隱含收入也因此崩跌。

不過，由於交易價格遠低於邊際損失的估計值，所以這些數字都低於理想值。二氧化硫所造成的邊際損失估計值約為每公噸 3 千美元，而 1994 至 2007 年期間的平均交易價格為每公噸 300

美元。如果硫排放價格這麼高，排放量的下降幅度應該會更急遽。按照目前的排放量和 3 千美元的價格估算，每年的收益將接近 100 億美元。

我們從這裡學到的課題是，二氧化硫稅有雄厚的潛在收入，但遠低於碳稅的潛在收入。

由於其他汙染物的資料更為稀少，因此相關的稅收效應更難以確認。氮氧化物也有一項交易計劃，在 2005 至 2010 年的隱含收入達每年 10 億美元之譜，但自此之後，價格急遽下降。成本最高的汙染控管是機動車輛尾氣排放的監管，2010 年的遵法成本約為 260 億美元。如果以課徵排放稅取代監管，每年可能可以增加數百億美元的收入，不過這裡的估計並不精確。

▌ 交通運輸外部性與汽油稅

機動車輛深受環保主義者的鄙視。根據一項研究，機動車輛造成的外部性包括健康損害、交通壅塞、事故、空氣汙染、噪音、氣候變遷、棲地破碎化、視覺侵擾、自然和景觀惡化、水汙染、土壤汙染、能源依賴，以及肥胖。[5] 我們雖然可以分別針對各項外部性單獨課徵綠色稅，不過以會產生多種有害副作用的活動為課稅對象，或許才是便利的做法。

針對乘客里程數課徵可能是最佳方法。但是這項措施不但困

難而且有侵入性，因此大多數的國家都是以燃料為課稅標的，如汽油和柴油。這些看似與二氧化碳的排放有關，但是與其他外溢效應之間的關聯其實更為難以捉摸。研究發現，總外部效應大約在每加侖 1 到 4 美元之間，遠高於美國的燃料稅，而接近歐洲的燃料稅。

機動車燃料稅有雄厚的稅收潛力。美國目前的平均稅率約為每加侖 0.5 美元，每年課得約 800 億美元的機動車燃料稅。如果增加到每加侖 3 美元，每年將能貢獻大約 3,700 億美元的收益。

因此，與碳稅一樣，汽油堆裡也能挖得出黃金。然而，與碳稅的不同之處在於，汽油稅並不是理想的綠色稅賦。它將減緩與燃油密切相關的環境問題（例如空氣汙染），但是在其他問題上（如交通壅塞或肥胖），提高油價不太可能成為可以對症下藥的有效解方。

▌稀有公共資源的拍賣

綠色稅賦（廣義而言，是資源訂價）能發揮有利效應的潛在領域，還有好幾處。最明顯的就是機場的壅塞收費（要是由我來訂，根本就該明天開始實施）。如果你曾經在甘迺迪機場、歐海爾國際機場（O'Hare International Airport）或洛杉磯國際機場等繁忙的機場搭飛機，想必你已經過忍受過排隊起飛的漫長等待。

「大家好，我是你們的機長。我們的起飛順位是第 34 位，所以我們會在登機口等待 45 分鐘。如果有任何最新消息，我會立刻通知大家。」

這個問題很容易解決。只要把歐海爾機場下午 5 點到 6 點之間的 60 個起降時段拿來拍賣，問題就會迎刃而解。飛往密爾瓦基的小型飛機或是成本不划算的班機會選擇在這個時段不排航班，而飛往倫敦的大型噴射飛機很容易就可以吸收這筆額外費用。你可以改搭火車前往密爾沃基，雖然要因此多花一點時間，不過如果是從芝加哥到倫敦，就很難找到替代的交通方式。

假設機場每年能藉此籌措到 10 億美元經費，那麼壅塞稅的淨效應是班機的地面等待時間縮短，而機場也有能力進行設備的現代化。我們稱之為基礎建設紓困費（infrastructure relief fee）。

還有其他領域可以受惠於環境資源訂價。一是美國西部稀有的水資源。在那個地區，水資源是現代的黃金，實際上卻被用於灌溉低價值的農產品。如果稀缺的公共水資源能拍賣給出價最高的人，那麼最有價值的用途就能得到必要的水資源，而原來用於低價值用途的土地則會另覓出路。

更廣泛地說，如果我們縱觀全局，就會觀察到一個有趣的現象。幾乎所有公共資源的價格都被低估了。不只是空氣、水、氣候、礦藏、放牧權和公有地，還有不那麼直觀的事物，例如班機

起降時段、高速公路、公園和水域。只要應用這裡的綠色稅賦原則，都能提升它們的用途，並增加收入。

然而，從務實面考量，這些公共資源的財政收益可能平平，卻必然會招致猛烈的反對聲浪。公共資源的訂價權絕對是反課稅團體、短視者或是那些想要把「免費」的公共資源留在自己口袋裡的人寸土不讓的必爭之地。

▍罪惡稅

最後一個重要、但並非真正屬於環境議題的領域和「罪惡稅」有關，也就是針對菸草、槍枝、賭博與酒類等有害產品課徵的稅賦。雖然這些標的確實涉及一些外部性，如二手菸、謀殺、破產和道路事故，但是開徵這些稅賦的主要社會理由是遏阻自我毀滅行為。

目前來說，罪惡稅的課徵在菸草相當可觀，在酒類的落實程度則沒那麼高，至於槍枝和賭博，則幾乎不存在。若以 50% 的課徵稅率發揮勸阻作用，同時反映社會成本，能帶來相當可觀的額外收入。

表 17-1　美國目前與潛在的綠色稅賦估計值

外部性	目前收入	潛在收入
	（年，10 億美元，基準年：2018）	
氣候變遷		
二氧化碳	0	159
其他溫室氣體	0	36
臭氧耗竭	~0	1
二氧化硫	0	10
氮氧化物	0	5
其他空氣汙染物	0	na
水資源	0	[20]
壅塞	0	[20]
機動燃料	80	370
菸草	31	60
酒類	16	50
槍枝	2	40
賭博	14	70
總計	144	801
在聯邦支出的總占比	4%	24%

括號裡的數字是根據成本估計而來的估計值。
資料來源：現有綠色稅賦的收益數字，通常取自美國經濟分析局以及財政部。
請注意：由於可靠的估計值無法取得，括號裡的數字是粗略估計值。

▎潛在綠色稅賦的總結

　　表 17-1 列出現存綠色稅賦的概略估計值及其潛力。目前，綠

色稅賦的總額為 1,440 億美元，相當於聯邦收入的 4%。可以擴張的主要領域是碳稅、燃料稅和罪惡稅。如果稅率訂在能夠反映社會成本的水準，綠色稅賦能籌措到目前聯邦收入接近四分之一的資金。

關鍵領域的綠色稅賦是豐厚的稅源。這些稅收不僅有助於支付必要的政府活動開銷，而且能改善經濟和社會的運作。也許更重要的是，它們有助於實現社會的綠色目標（例如潔淨空氣或減緩氣候變遷），同時把官僚規管縮限到最少。

綠色稅賦實務

如果檢視綠色稅賦實務，我們會發現，綠色稅賦是各個部門怎麼方便就怎麼課徵的大雜燴。表 17-2 是 OECD 國家主要產業的平均值。[6]

有幾點值得特別注意。如表 17-2 所示，大多數環境稅來自道路運輸，無論是汽車燃料還是機動車輛。這些大約占所有先進國家環境稅的 90%，在美國的占比甚至更高。但是，進一步的研究顯示，環境稅只占整體收入的一小部分：環境稅僅占先進國家所有稅收的 5%。

第三，大多數環境稅並不是純粹針對環境課徵的費用，因為這些不是直接針對外部性而課徵的稅。例如，汽油稅確實減少了

表 17-2　各類環境稅

部門	1995 年 OECD 國家的 綠色稅賦占比（%）
交通運輸燃料	64
機動車輛	26
暖氣燃料	5
電力	3
廢棄物	1
其他	1

本表顯示 OECD 國家課徵綠色稅賦的主要領域。

資料來源：OECD, *Environmentally Related Taxes in OECD Countries,* Paris, 2001.

汽油消費，但是這並不是直接對許多與運輸相關的外部性課稅。

　　那麼，環境稅的現況如何？政府如何運用這些稅收？以下是基本結果。

▌ 關於碳稅

　　本書後續討論氣候變遷的各章將會顯示，邊際損害與最佳碳稅大約是每公噸二氧化碳 40 美元。世界銀行估計，主要國家的碳稅（或碳價格）平均約為每公噸 2 美元。[7] 這個價格包括外顯稅與碳交易市場的價格。美國根本沒有課徵碳稅，稅率為零。因此，這個稅項基本上尚未為實行。

▍關於硫化物稅

　　美國及其他一些地區使用限額一交易制度以限制二氧化硫的排放。雖然實施早期（1990年之後）的交易價格相當可觀，但近年來卻大幅下跌，實際價格遠低於邊際損失估計值。最後，既然企業經由配給得到配額，不必經過拍賣，主管機關也就無法從中收取任何收入。因此，二氧化硫這項主要污染物不受任何綠色稅賦的約束。

▍消耗臭氧的化學物質

　　少數真正的綠色稅賦之一是美國對氯氟碳化合物（氯氟烴）等耗損臭氧層的化學物質所課徵的稅。這項稅賦與產品耗損臭氧的潛力成正比。雖然這些稅項的精神具備真正的綠色設計，但是稅率遠低於邊際社會成本。

對貧富不均的影響

　　綠色稅賦一個常見的問題就是它們的累退性質（也就是對於相對貧困的家庭，影響更大）。這種累退性源自低所得家庭大部分的所得都花在能源與其他對環境高度敏感的財貨與服務。關於

綠色政策對所得分配的影響，在第 4 章的汙染管控主題裡有更廣泛的討論。

　　雖然綠色稅賦往往有累退性質，但是財政專家也提出一項簡單的補救措施。政府可以把部分稅收退回給家計單位，以抵銷這種累退性。吉爾伯特‧梅特卡夫（Gilbert Metcalf）在一項傑出的研究裡調查綠色稅賦和退稅的可能組合，找出對各所得群體能保持中立效應的方案。他發現，如果藉由薪資稅與個人所得稅的減免，將稅金退回給家計單位，綠色稅賦方案對所得分配的影響將是微乎其微。[8]

本章結論

　　綠色思維如何提升一國的健康與繁榮，綠色稅賦是最清楚也最潔淨的例子之一。綠色稅制改革能使各國追求有效增加收入、同時改善環境的雙重目標。

　　然而，各國很少意識到綠色稅賦的前景，且多半忽略了這一新系列的稅種。除了汽油稅（值得開徵，只不過與環境目標屬間接關聯），其他綠色稅賦基本上仍付之闕如。最有用的單一環境稅是碳稅，它能切中核心環境目標、易於衡量與執行，還有雄厚的稅收潛力。至於其他項目，例如針對傳統空氣汙染物、交通擁塞、水資源與其他資源課稅，雖然也有效用，但是更為複雜，而

且稅收的成果也更少。

　　總結一下，綠色稅賦是近年最有前景的創新之一。它們是環境政策的一石三鳥之計：它們既能為有價值的公共服務籌措財源，又能有效率地實現我們的環境目標，而且也不會造成扭曲。很少有政策可以得到這樣的熱情背書。

第 18 章

綠色創新的雙重外部性

　　船體是植物和動物生長的沃土。這種汙著（fouling）生物的處理，每年耗資大約 30 億美元。傳統上用於控制汙著生物的主要化合物是有機錫防汙著劑，例如三丁基氧化錫。它們雖然有效，但是非常耐久，因而會在環境中積累，並對貝類造成損害。

　　海事主管機關努力禁止使用有機錫製劑。為了因應監管對業務的威脅，羅門哈斯（Rohm and Haas）公司著手尋找對環境安全的有機錫化合物替代品，最後開發出「九洋」（Sea-Nine）這項產品，它可以快速自然分解，並且基本上不具生物積蓄性。1996年，羅門哈斯以這項新產品獲得美國環保署頒發的綠色化學挑戰總統獎。[1]

　　九洋的設計是綠色精神的展現。從更廣泛的觀點來看，我們需要技術的變革來因應未來的環境挑戰。關於觸發環境創新的複

雜過程與誘因，船體只是一個例子。

以 COVID 的全球大流行為例，最關鍵的創新是一系列安全有效的疫苗。一年前，取得有效疫苗的利益其實高達數兆美元。有效疫苗的開發者可能會賺進大把鈔票，或許是幾十億，但是他們所獲得的利益，其實只是社會利益的一小部分。社會報酬和私人報酬之間的差距是有效創新的主要障礙，而且正如我們將看到的，事實上，綠色創新在這方面的差距，比尋常經濟活動的差距更大。

另一項環境創新是為了因應發電廠的二氧化硫汙染而來。正如我們在綠色政治那一章所看到的，美國發電部門的排放量急遽下降。這股下降趨勢有許多成因：使用潔淨煤、以天然氣代替煤碳、煙氣脫硫、利用經濟誘因讓汙染最嚴重的工廠關閉，還有節約能源。其中每一項都是立基於技術或體制的創新，而且有硫排放規管或高規管價格做為推動力。

我們可以採用壅塞訂價和電子收費等新工具來減少壅塞。回想一下人類社會更早時期的汙穢物處理：汽車的出現是馬糞從城市街道消失的重要原因。

最艱鉅的挑戰或許還是減少溫室氣體排放，也許是在未來幾十年內實現綠色新政所建議的零排放。要實現這一目標，我們需要能源技術的重大變革。

從長遠來看，我們寄望的是技術變革在綠色精神的落實上能

發揮核心作用。本章會討論其中的挑戰，包括雙重外部性這個核心議題。[2]

新產品的綠色設計

幾年前，我出席一場耶魯大學的學院教學會議，看到新課程資料裡有一門「綠色化學」。當時的我完全沒聽過這個科目。它究竟在講什麼？

我繼續往下讀，在開課者的課程描述裡找到了答案：[3]

綠色化學包含兩個主要部分。第一，它處理資源的有效利用以及隨之而來的廢棄物最小化問題。第二，它涉及與化學產品的製造、使用、處置或再利用相關的生態、健康和安全問題。它的基本原則是「無害設計」（benign by design），強調藉由減少廢棄物以防範汙染，而不是靠末端解決方案，亦即廢棄物的整治。

「無害設計」這個宗旨點出創新在倡議綠色原則的重要性，例如設計既能保存功能又能降低毒性的新產品。「九洋」就是綠色設計的成功應用。

然而，我們必須強調綠色創新所面臨的強大阻力。環境產品與服務的研究、開發和創新面臨一項特殊挑戰，可稱為「雙重外部性」（double externality）：一是潔淨產品的定價過低，二是創

新的私人報酬低於公共報酬。

　　我們在此先解析它的核心要點。財貨或服務的社會成本異於私人成本，這是第一重外部性。以空氣汙染問題為例。印度或中國的大城市有嚴重的空氣汙染危害。根據公共衛生專家估計，這兩個國家有數百萬人因空氣汙染而早夭。空氣汙染的成因是管制寬鬆的排放物（通常來自燃煤發電廠）。然而，電力的生產者與消費者卻沒有為這項技術造成的健康損害支付成本。換言之，燃煤的市場價格低於其真實的社會成本。

　　氣候變遷也有類似的外部性。我們的所做所為，幾乎每一件事都直接或間接涉及能源的消耗；如果能源來自燃燒化石燃料，就會產生二氧化碳，排放到大氣中。同樣地，那些受惠於能源消耗的人並沒有支付這些排放在當前及未來的所有成本。因此，價格低估的汙染是第一重外部性，我們已在其他章節深入討論，而研究環境問題的人也非常明白個中究竟。

　　第二重外部性更為隱微，涉及綠色財貨與服務的研究、開發和設計（RD&D），而與新知識的特質有關。新的設計和創新是所謂的公共財，而且具有正外部性。公共財要符合兩個條件：一是「非敵對性」（nonrivalry），也就是財貨或服務因多一個人享有而增加的成本趨近於零；二是「非排他性」（nonexcludability）或「非專屬性」（inappropriability），也就是不可能排除他人享受財貨或服務，或是排除的成本高昂。這些名詞雖然不優美，卻是

新知識的核心特質。

所有的新技術都具有這些重要特質。一家公司採用新設計，無法防止另一家公司也採用它，這就是非敵對性。一項技術一旦開發出來並公布，就無法輕易排除其他公司運用，這就是非排他性。

知識和傳統財貨最關鍵的差異就是非敵對性。傳統財貨具敵對性：一片麵包被我吃掉了，別人就吃不到。但是，觀念屬非敵對性，因為無論人數多少，都可以同時運用。麵包有稀少性，現存的觀念卻沒有。觀念不會因為使用而枯竭。事實上，新技術的重複使用（如疫苗或智慧型手機）通常會讓新技術更易於使用，而且更有價值。[4]

疫苗接種就是非敵對性的一個重要例子。疫苗在現代醫學的使用要歸功於愛德華‧詹納（Edward Jenner）。他利用牛痘建立人類對天花的免疫力。疫苗接種的觀念一旦發明並為人所理解，就可以一再運用，挽救數百萬人的生命。史上最致命的病原體是天花病毒，如今已經因為疫苗而絕跡。在我寫下這段文字的 2021 年之際，世界各地的人都在焦急地等待 COVID-19 的人口疫苗接種結果。早期的發現、科學，還有成功與不成功的疫苗，都是各種 COVID-19 疫苗開發的基礎。在激烈的 COVID-19 疫苗競賽中，所有人都可以運用先前的觀念。

此外，思想觀念因為具有非敵對性，所以終究為非排他性。

在現實世界裡，有價值的新設計可以藉由實務面與法律面的障礙，一時減緩擴散的速度，所以發明者會有一段時間可以排除他人使用，至少可以做到部分排除。但是，隨著時間過去，有價值的構想最終會傳遍全世界。

英國限制機器技術出口的措施，是防止技術洩漏的一個例子：英國禁止紡織機的出口，甚至禁止紡織工人離開不列顛群島。這些禁令在 1780 年代至 1824 年間實施，違反禁令的處罰是平均年工資 10 倍的罰款和最高 10 年的監禁。即使是如此嚴厲的措施也無效，還是有人出國，還是有機器被拆解後走私出境，機器設計圖在海外也愈來愈唾手可得。正如一項研究的結論：

在工業時期的早期，英國的禁令顯然無力阻斷技術資訊的洪流透過人或機器流傳至海外。法律所設想的保護需要嚴格的行政與監管措施，而這些不見得容於公眾輿論，也非內部經濟和社會條件可以支應。[5]

非敵對性與非排他性是創新產生外部性的原因。然而，這是有利的外部性的一個例子。發明者無法擷取新知識所產生的全部利益——因為他們無法強迫他人為使用新知識的價值全額付費。由於完整價值的非專屬性使然，創新的私人報酬通常遠低於社會報酬。如此一來，創新的水準會低於就整體社會而言的最適水準。

艾德溫‧曼斯斐（Edwin Mansfield）等人針對 17 項創新的社會與私人報酬做了一項重要研究，研究結果如表 18-1 所示。表中的最後一行顯示，據他們估計，社會報酬是私人報酬的兩倍多。

其他研究顯示，這種落差在重大創新比微小創新更甚，在基礎發明比微小改良更甚，也比競爭對手可以輕易模仿的創新更甚。發明活動的社會報酬與私人報酬之間存在巨大落差——這個結論已在數十項研究裡得到印證，也是經濟學的主要發現。

創新的雙重外部性：一張圖看清全局

雙重外部性可以說明，為什麼綠色創新的獲利力會因非專屬性與環境外部性而大幅降低。這裡的討論專門適用於以市場為導向的創新，也就是在那些所作所為主要是為了利潤與市場的部門裡所生成的知識。

表 18-1 的數字可以說明這個議題。表中所列出的創新，私人的平均報酬率為每年 25%。為了簡單起見，我們假設這是任何類型投資的平均私人報酬率，因為追求利潤最大化的公司會讓所有投資都有同樣的邊際報酬率。（此處以及後文中，我們討論的報酬率都已根據稅賦、補貼、超額貼現率、風險和不確定性調整。）

然而，社會的平均報酬率則高出得多：年報酬率 56%。造成

表 18-1　創新的社會報酬與私人報酬

創新	報酬率（%）	
	社會	私人
原料金屬創新	17	18
機器械具創新	83	35
控制系統零組件	29	7
建材	96	9
鑽材	54	16
製圖技術創新	92	47
紙類創新	82	42
線材創新	307	27
門控創新	27	37
新電子裝置	Negative	Negative
化學產品創新	71	9
化學程序創新*	32	25
化學程序創新	13	4
主要化學程序創新	56a	31
家戶清潔裝置	209	214
去漬劑	116	4
洗碗精	45	46
中位數	**56**	**25**

針對重要創新的一項研究發現，創新者所攫取的報酬，甚至不到社會報酬的一半。

資料來源：Edwin Mansfield, John Rapoport, Anthony Romeo, Samuel Wagner, and George Beardsley, "Social and Private Rates of Return from Industrial Innovations," *Quarterly Journal of Economics* 91, no. 2 (1977): 221–40。

* 化學程序創新包含二次發明，故分兩列統計。

這種差距的原因是有模仿者吃掉了一些市場大餅或是價格下跌，發明者因此喪失利潤，消費者則自創新受益。

接下來我們以一項綠色創新說明。或許是某種可以節省燃料的新型渦輪設計。它的私人報酬是 25%，但是由於創新者會流失部分利潤，因此社會報酬為 50%。然而，溫室氣體排放和其他汙染物的減少，創造另一層利潤。這些利潤進一步提升發明者無法攫取的社會報酬，因為二氧化碳和其他排放物不是沒有訂價、就是價格過低。或許，如果我們加上環境改善的價值，社會總報酬是 100%。由於雙重外部性使然，社會報酬和私人報酬之間的差距就從 25% 擴大到 75%。

圖 18-1 顯示，創新相關活動的利得專屬性如何隨著活動類型而變化。橫軸是創新光譜，這是一個質化變數，顯示從純研究到應用研究、開發等，再到生產等各項活動。縱軸是各項活動利得的專屬性，或是進行該活動的公司攫取完整價值的能力。

純研究的專屬性極低，一方面是因為它沒有什麼立即的利益，另一方面也是因為它的成果通常無法享有專利。一個非專屬性的例子就是自然法則的發現，例如萬有引力或 DNA。在光譜的另一端是生產活動，例如鞋子或襪子的製造。這類活動沒有什麼外部性，利得幾乎具有 100% 的專屬性。其他類型的創新活動則介於兩者之間。

我們可以用類似的圖表描述各種活動的社會報酬和私人報

圖 18-1　創新光譜與專屬性

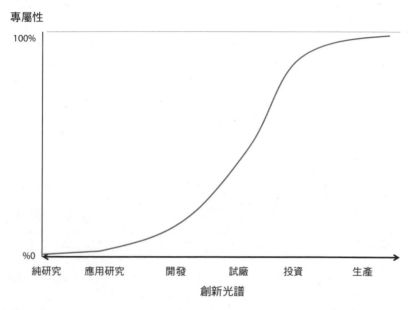

專屬性（也就是創新者對其所投入心力完整攫取其價值的能力），在純研究階段接近 0，而在生產階段接近 100%。

酬。圖 18-2 中，圖面下方的水平線是私人報酬率，它通常會因為各種知識與資本投資的市場競爭而等化。

　　圖 18-2 中的斜線為投資「一般」部門的社會報酬：這些部門的產品不受環境外部性的影響。在這些部門，愈往圖面右側的活動，社會報酬就愈接近私人報酬，這是因為外溢效果低且專屬性高。在另一個端點，基礎研究的社會報酬和私人報酬之間存有高度落差，因為專屬性低。

圖 18-2　各類活動的社會報酬與私人報酬

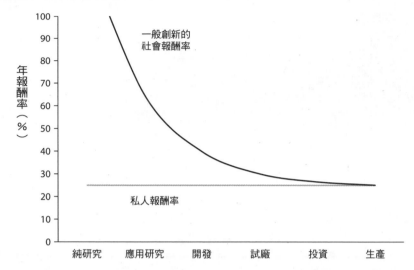

社會報酬和私人報酬之間的歧異取決於專屬性的程度。在純研究這一端，研究人員從他們的研究發現所到的報酬，只是其市場價值的極小部分。

　　圖 18-3 顯示環境外部性如何改變綠色創新的誘因。在這些創新活動，私人報酬率曲線仍然是圖面下方的那條水平線。綠色創新的社會報酬不但高於私人報酬，而且也高於一般部門的社會報酬。它之所以會有如此高超的報酬水準，是因為環境外部性加上知識外部性的效果，擴大了私人報酬與社會報酬之間的差距。

圖 18-3　一般創新與綠色創新的社會報酬與私人報酬

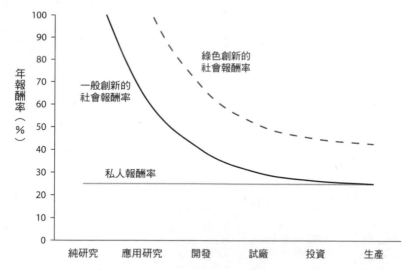

綠色創新在社會報酬和私人報酬之間的差距大於在一般創新，這是因為它們遭受非專屬性和環境利得價格過低的雙重外部性。

綠色政策對綠色創新誘因的影響

　　綠色政策最大的驚喜之一就是它們能影響綠色創新的誘因。回想一下，修正外溢效果的重要政策建議是「正確訂價」。這涉及外部性的訂價，以使市場價格等於活動的社會成本。以全球暖化來說，適當政策就是將溫室氣體排放成本訂在排放所造成損害的水準。

　　假設政府實施一項外部性訂價政策。如此一來，在修正外部

性之後，綠色創新就不再存有雙重外部性，而只有一重外部性，也就是所有部門的創新者都會經歷的知識外部性。

圖 18-4 可以說明這點。假設環境外部性經政府法規而內部化。環境外部性去除之後，代表綠色創新社會報酬率的虛線就會向左移動。

圖 18-4　實施公共政策之後的社會報酬與私人報酬

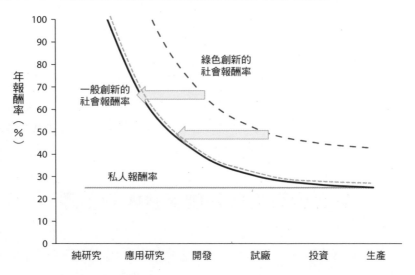

綠色部門和一般部門的創新社會報酬和私人報酬之間仍然存在差距。然而，差距的大小現在取決於創新活動的規模和性質，而不是部門。例如，試產工廠或綠色技術的基礎研究可能有相當高的外溢效果，但是這些外溢效應會與機械或電腦或其他一般產業的外溢效果一樣。

本章的重要訊息是，綠色 RD&D 活動面臨雙重外部性的困境，一重來自汙染，另一重則來自創新。適當的汙染整治措施只能化解兩個困境裡的一個，而無法撼動創新的外部性。

當政府採取行動，以社會成本訂定汙染以及其他外溢效果的價格，藉此把外部性內部化，綠色創新的第二重外部性也會因為這步修正而消除。綠色創新與一般創新有相同的問題，就是創新活動的報酬不具專屬性，即無法被創新者完整攫取。

低碳經濟的創新

為了說明綠色創新的相關議題，本章後文要討論轉型為低碳經濟的挑戰。這是當今氣候政策的重點目標。雖然完整的討論會留待後續各章闡述，但是我們可以在本章談論創新議題。

● 第一個問題是全球經濟脫碳的挑戰。這只是個水到渠成的問題嗎？像是用電腦代替打字機，或是用新的 LED 燈泡代替愛迪生的燈泡。還是會更困難、代價更高？

● 第二個問題是技術問題。今天的經濟是以石油和煤碳等化石燃料做為主要動力。什麼技術會取代現代經濟的這批化石生力軍？在低碳世界，我們要用什麼燃料推進飛機、供應學校暖氣？核能、太陽能、風力以及其他發電

用的低碳燃料將扮演什麼角色？世界各地的工程師和科學家都在鑽研這些令人興奮的問題。

● 經濟學的第三個問題雖然隱微，但是同樣重要。我們如何推動企業發明、開發並商業化這些新技術？我們如何說服消費者購買、採納這些新技術？徒有太陽能熱水器、消化碳的樹木等聰明的構想還不夠。公司必須認為這些技術的生產與銷售可以獲利，才會投資數十億美元做研發。它們必須讓消費者認為有購買的優勢。從發明、生產到購買，要打通低碳新技術層層環節的機制是什麼？

低碳經濟的挑戰

我們從經濟脫碳挑戰的第一個問題開始討論。許多國家的氣候政策目標之一是將全球暖化升溫限制在2℃以內。計算顯示，要實現這個目標，條件是全球在2050年前後達成二氧化碳和其他溫室氣體的淨零排放。全球離這個目標的實現還有一段遙遠的差距。事實上，全球近年來的二氧化碳排放量一直在增長，而不是下降。今日，全球大約有80%的能源是來自化石燃料，其中大部分用於房屋和發電廠等耐久資本財。要在2050年之前實現淨零排放，這個挑戰究竟有多大？

簡短的答案是，介於極不可能和不可行之間。要在接下來的三十年裡達成目標，世界資本存量有相當高的比例都必須替換。有幾項研究針對其經濟影響做過評估。能源建模論壇（Energy Modeling Forum）的一項重要研究運用一系列模型並根據各種技術假設，檢視 2℃目標的成本。在最樂觀與最不樂觀的技術假設下，成本分別從分別從 40 兆美元到 500 兆美元不等（以 2010 年為基準計算損失的現值）。[6] 也有其他研究顯示，除非出現全球政策劇烈變革、再加上極度迅速的科技變革（這是非常難得的機遇），否則 2℃的目標不可行。

有潛力的科技

如果實現低碳經濟需要規模如此龐大的轉型，我們有哪些具有前景的低碳能源？這是當今科學家與工程師的重要要研究領域，我們在此只能談到這個主題的皮毛。然而，幾點評論就能點明這種轉型的性質。[7]

一個不錯的切入點是美國各類型發電當前與未來的成本。美國能源資訊局的資料如表 18-2 所示（這個機構是美國能源資料的最佳來源）。[8] 這張表顯示當前與潛在技術的成本（單位：美元／每度）。表中的三欄數字分別是三種不同碳價格（或碳稅）下的發電成本。第一欄是美國和大多數國家在當前碳價為零（美元／

每公噸二氧化碳）前提下的發電成本，也就是沒有氣候政策下的狀況。最後兩欄則顯示低碳價與高碳價的影響。低價欄是美國政府建議的碳價格（每公噸二氧化碳 40 美元）；高價欄是符合積極減排水準的價格（每公噸二氧化碳 200 美元）。

電廠有三類：

● 列表最上方是既有電廠。在這個類別，資本成本已經是沉沒成本，因此唯一的成本是燃料和其他常設成本。

● 列表中第二個區塊是當前可用的技術。

● 第三個區塊是尚未開發完成的技術。有些正在開發中（例如先進複循環電廠，如後文所述），有些則還需要多年的研發和測試（例如先進核能電廠）。

● 最後一列是當前的平均電力成本，即每度 41 美元。

首先來看在沒有氣候政策的前提下（碳價格為零），當前最經濟的技術。在當前平均成本為 41 美元時，表中顯示的四種技術全都很經濟。

在新電廠與現有技術（第二個區塊），前三項還算經濟，但由於有規管成本，傳統煤碳就變得不經濟。主流技術為天然氣發電（複循環）以及陸上風電。這些確實是過去十年增長最快的能源類別。

表 18-2　不同碳價格下的發電成本估計值

電廠類型	系統成本（美元／度）		
	$0/tCO_2	$40/tCO_2	$200/tCO_2
既有電廠			
太陽能光伏	12	12	12
陸上風電	16	16	16
傳統煤碳	26	58	187
傳統複循環	37	51	105
目前			
傳統複循環	46	60	114
陸上風電	56	56	56
太陽能光伏	60	60	60
傳統煤碳	75	107	236
未來			
先進複循環	41	55	109
先進複循環，具碳捕集與封存	68	69	75
先進核能	77	77	77
煤碳搭配 CCS2	104	130	232
煤碳搭配 90%CCS2	127	132	151
當前平均成本	41	NA	NA

NA：不適用，因為二氧化碳價格為零

本表顯示不同發電方法在不同碳價格下的成本估計值。第一組為目前的發電設施。第二組為目前可用技術的新設施。第三組為未來可能可用的科技的成本估計值。

資料來源：均化成本估計值來自美國能源資訊局；碳價格的成本為作者增補。

接下來，我們看最後一欄，也就是在強有力的氣候政策下，碳成本為每公噸二氧化碳 200 美元的情況。目前，唯一成熟的低碳技術是可再生風電與太陽能。如果納入碳價格，煤碳與天然氣的成本是當今成本的三到五倍。然而，可再生能源在技術層面（如電力系統負載曲線）以及長期供應限制方面存在嚴重的限制。另外要注意的是，以可再生能源取代當前的電力結構是一項艱鉅的任務，因為可再生電力僅占總發電量的一小部分，在 2018 年約占總發電量的 10%。

如果我們檢視未來的技術，有兩項技術會是焦點：具有碳捕集與封存（coal capture and sequestration, CCS）的複循環天然氣發電與先進核電。這兩項技術的成本約是當前成本的兩倍，但是原則上能夠擴大規模，達到經濟體普遍的生產水準。此外，距離大規模部署，也還有很長的路要走。今日，無論是具碳捕集與封存的複循環發電還是先進核能，都尚未有單一大型電廠，因此要大規模引進這類電廠，實際上需要幾十年的時間。

表 18-2 值得仔細研究，因為它凸顯出電力部門的零碳經濟轉型必須克服的重大挑戰。主要結論如下：首先，零碳未來的能源成本會大幅高於當今的成本。其次，國家需要替換大部分的電力資本存量，才能實現零排放。第三，最好的長期解決方案需要開發昂貴的新技術，而對各國的規管與經濟體系造成沉重的負擔。

但是，這些估計值全都必須謹慎審視。我們無法確知遙遠的

未來，許多領域的技術正在迅速發展。因此，我們需要適應新的可能性。更重要的是，我們要鼓勵基礎科學和應用科學的發展，並確保市場能提供適當的誘因，可以激勵發明家和投資人去發現、引進新的低碳技術。講到這個議題，我們就要談到本章的最後一個部分，也就是推動創新的政府政策。

推動低碳創新

大多數與能源和環境相關的決策，都是由民間企業與消費者根據價格、利潤、所得和習慣而做成。政府可以通過法規、補貼和稅賦影響決策。不過，主要的能源決策仍然是置於市場供給和市場需求的框架裡。

一講到能源與環境的決策，我們通常會想到新車、新電器或是重新整修我們的房屋和工廠。這些全都不出現有設計和技術的範疇。然而，正如前一段所言，從長遠來看，綠色經濟轉型涉及新技術與未開發技術的關鍵決策。例如，想要迅速脫碳，我們的發電技術就需要進行重大變革，包括像碳捕集和封存這樣完全不同的技術。

技術變革如何產生？答案通常是個人才智、堅持、經濟誘因、公司結構與市場需求之間複雜的交互作用所致。

大多數的基礎發明都有一段曲折的歷程，太陽能就是一個典

型。故事要從 1839 年開始說起，當時年輕的法國物理學家艾德蒙・貝克瑞爾（Edmond Becquerel）用電解槽做實驗時發現光伏效應。1905 年，愛因斯坦解釋光電效應背後的物理學原理，並因此獲得諾貝爾獎。

在貝克瑞爾發現光伏效應之後，經過一個世紀以上的等待，光伏電池的第一項重要實務應用終於問世。1950 年代中期，貝爾電話實驗室的科學家開發出太陽能電池，而政府也參與了這項開發計劃，因為他們體認到太陽能運用於太空衛星與偏遠地區的潛力。

那時，太陽能技術蓬勃發展，應用於太空衛星、小規模的屋頂光能板與大規模的太陽能發電廠。截至 2020 年，發電效率（每單位光能輸出的照明電能）從最早的太陽能電池的 4% 提高到當前最佳應用的 47%。自第一批太陽能電池問世以來，太陽能的成本已大幅下降。圖 18-5 顯示光電模組的價格趨勢，自 1976 年以來每年下降 10%。如表 18-2 所示，即使在最低的碳價格下，太陽能光伏發電的競爭力也絲毫不遜於最經濟的燃料。

我們回頭談綠色創新的雙重外部性問題。低碳技術的投資之所以受到壓抑，原因在於創新的私人報酬低於社會報酬，而由於碳的市場價格低於其真實的社會成本，所以私人報酬又會進一步受到壓抑。

我們對低碳技術的討論顯示，低碳或零碳世界需要像碳捕集

圖 18-5 　將近半個世紀以來，太陽能價格大幅下降

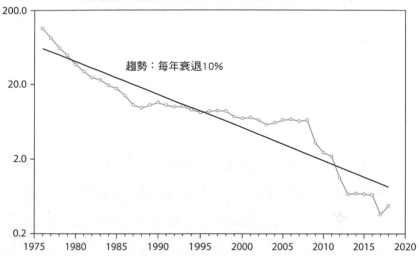

太陽能光電模組（美元／瓦，幣值基準年：2017年）

趨勢：每年衰退10%

資料來源：美國國家可再生能源實驗室（National Renewable Energy Laboratory）

與封存這樣的新技術。碳捕集與封存技術究竟是什麼？以下的描述是根據麻省理工學院的工程師與經濟學家團隊的謹慎研究而來。它的基本概念很簡單。碳捕集與封存技術可以在燃料燃燒時捕集二氧化碳，然後輸送到某個地點儲存，並存放數百年，因而不會進入大氣。

我們以煤碳為例，因為這是最豐沛的化石燃料，也是大規模碳捕集與封存技術部署的主要對治標的。工程師認為，以當今美國的天然氣價格計算，使用天然氣搭配碳捕集與封存技術會更便

宜，不過用於煤碳的基本原則也適用於天然氣。

為了簡化，我們假設煤是純碳。因此，這個基本程序可以用以下這個化學反應來描述：

碳＋氧→熱能＋二氧化碳

因此，燃燒產生我們想要的產出（可用於發電的熱能），以及我們不想要的副產品，也就是二氧化碳。

竅門就是在二氧化碳分子進入大氣之前捕集它們。石油和天然氣田目前都已經在使用二氧化碳分離技術。然而，現有技術的實施規模較小，尚無法為大型燃煤發電所用。

一項前景看俏的技術是搭配二氧化碳捕集的整合氣化複循環（IGCC）發電技術。這個程序的起點是粉煤，將其氣化以產生氫氣和一氧化碳，然後一氧化碳進一步反應，產生高濃度的二氧化碳與氫氣，再用溶劑分離出二氧化碳，然後將其壓縮、運輸並儲存。這一切聽起來很複雜，而它也確實很複雜，不過不會比目前的煤碳發電技術複雜多少。

碳捕集與封存技術的主要問題在於成本和儲存。碳捕集與封存技術對電力成本的影響，見表 18-2 裡的第三個區塊。複循環發電搭配碳捕集與封存技術技術後，成本增加了 63%（從每度 41 美元增加到 68 美元）。

雖然二氧化碳捕集是這個程序的昂貴環節，但是運輸與儲存可能才是爭議性更高的部分。儲存材料的規模就是一個問題。最明顯的儲存地點是多孔地下岩層，例如枯竭的石油和天然氣田。溢漏的風險是另一個問題。這不僅會降低計劃的價值（因為二氧化碳會進入大氣），還會對健康和安全構成危害。我最喜歡的選項是採用深海重力儲存。如果把二氧化碳儲存在深海，由於二氧化碳比水重，就可以在那裡停留好幾個世紀。

碳捕集與封存技術目前面臨許多障礙。我們每年必須去除高達數百億公噸的二氧化碳，才能真正做出實效，而我們現在每年只做到 2,500 萬公噸。也就是說，除碳規模要擴大近一千倍。此外，地下儲存效能的相關數據不足，我們也還需要廣泛的經驗才能確保它在科學和大眾都被接納。畢竟世人害怕大量的二氧化碳可能衝出，會造成不可預見的損害。

就像許多大規模、資本密集技術一樣，碳捕集與封存技術陷入一個惡性循環。有鑑於各種加乘因素構成惡性循環，企業不會大規模投資碳捕集與封存技術。它有財務風險，公眾接受度又低，大規模部署面臨重重監管障礙，而大規模實行碳捕集與封存技術的經驗值又不高。就像其他大規模新能源系統，要打破這種惡性循環，是公共政策的兩難。

這裡的關鍵點在於外部性的價格對創新誘因的影響。假設現在二氧化碳的去除成本是每公噸 100 美元。如果二氧化碳的價格

為零，那麼電廠就會虧損。如果知道二氧化碳的價格會永遠為零，絕對不會有任何一家營利企業會想投資除碳程序。

然而，如果企業認為各國將會實施積極的全球暖化政策——如表 18-2 的最後一欄所示，碳價格預期會在幾年內調升到每公噸 200 美元。在這個價格水準，企業會估算出，經營碳捕集與封存技術電廠能夠獲利。於是，企業將以每公噸 100 美元的成本產出二氧化碳，而實際上相當於以每公噸 200 美元的價格賣給政府。企業會審慎檢視不同的方法，但也會有經濟理由投資這項技術。同樣的邏輯也適用於太陽能、風力、地熱和核能的投資。其實，這個論點也同樣能廣泛適用於綠色創新。

本章的主要結論有三。第一，綠色創新具有雙重外部性。其外部性不只是因為綠色財貨與服務的生產沒有適足的報酬（例如那些快速分解或降低溫室氣體排放量的產品），也因為研究的社會報酬與私人報酬之間存在龐大落差，從而減損從事創新活動以設計或改善綠色流程和產品的誘因。

第二，當代所面臨的許多綠色挑戰都需要深層的技術變革，無論是科學、工程還是體制。我們在檢視零碳電力部門的潛在技術時看到這一點，而在這些領域，大規模的重要技術還沒有被大

規模採用。

第三，實踐綠色目標的進展取決於營利企業的創新，而創新活動的獲利又是企業從事創新的誘因。要做到這點，最好的方法是確保重大外部性的內部化，例如為汙染訂價。比方說，碳價格必須夠高，低碳技術的投資才能獲得具體而可靠的財務報酬。如果碳價格不高，創新者和企業就不會有動機投資低碳技術。因此，確立外部性的補救措施還有一層好處，就是在未來推動更環保的新技術。

我們可以把這些要點放在更廣泛的脈絡下。美國或許有最優秀的氣候科學家，可以發展出最精深的氣候變遷預測；美國或許有一流的材料科學家，可以研究高效率的二氧化碳的輸送管路；美國或許有最出色的金融奇才，可以開發新的金融衍生商品，為這些投資籌措資金。但是，如果碳的價格為零，那麼在一家營利企業，任何有前景、但成本高昂的低碳技術開發專案，都會在送進董事會之前夭折。

第 19 章

綠色世界與個人倫理道德

綠色運動的內涵多半屬於規範（normative）性質。「你應該把你的碳足跡減到最低。我們應該保護重要的棲息地和物種。我相信我們應該要為我們的子子孫孫保存這個自然世界。我們應該做負責任的屋主和投資人。」

這些規範是本書所提出許多問題的骨幹，特別是與企業和投資人責任相關的問題。有鑑於這個倫理面向，我們應該在一開始就退一步問：「綠色倫理的本質是什麼？它的重要假設和準則又是什麼？我們要如何把它應用於不同的領域？」本章的目的就是在解答這些問題。

倫理學是一個浩瀚的領域，它的根源可以追溯至《聖經》和亞里斯多德，有著眾多天主教會出身的思想家，還有啟蒙運動以及現代的重要哲學家。以最廣泛的層次而言，倫理學關乎世人對

於何謂正確與錯誤行為的系統化概念。倫理道德不但涉及一般原則（「不傷害」），也適用於具體議題，例如墮胎、人權與戰爭等等。我們此處的討論，只限於倫理道德適用於經濟、政治與環境議題的情況，至於其他許多重要議題，則擱置不論。[1]

倫理道德的聯邦制

有些倫理學著作和個人的「正確行為」有關，有些則是和公共政策有關。如果我們仔細查看，特別是在像市場行為等領域，倫理道德就變得很複雜，因為它牽涉不同層級的正確行為，這套體系或許可以稱為倫理道德的聯邦制（ethical federalism）。本書稍早以「綠色聯邦制」介紹這個概念，指出倫理道德義務取決於政府、私人機構與個人倫理道德的交互作用。確實，某個層級的倫理道德規範可能會因其他層級的表現而異。

個人倫理是任何倫理結構的基礎，也就是我們身為個人應該如何對待彼此。位於中間層級的是私人機構（如公司或大學）的倫理。最高層級是國家倫理，即我們的政府應該如何制定、執行法律和規範來推動管理良善的美好社會。這些交互作用全都是倫理學最複雜的地方之一，原因就是個人倫理可能取決於當事人是生活在治理良好的國家（如瑞典），還是可怕的暴政之下（如納粹德國）。

這裡的討論主要觸及機構與個人層面的倫理議題。但是，在繼續討論之前，我們也得考慮政府的倫理結構。為了易於掌握，我們假設我們生活在一個管理良善的社會。[2]（第 3 章曾描述這套學說。）回想一下，管理良善的社會旨在促進其成員的福利，並有四個重要支柱，分別是：界定財產權和契約的法律，以利人能公平而有效率地互動；讓人可以交易私人財貨的有效市場；修正重大外部性與提供公共財的法律、規定、支出和稅賦；修正性的稅賦和支出，確保所得、財富與權力公平分配。

倫理道德行動：負面、正面與中性

　　我們每天通常都會與他人有許多互動。有些是透過市場（像是買一雙鞋），有些則更為直接（例如在街上開車）。

　　我們如何判斷我們的行為是否符合倫理道德？以下描述的判斷方法是「後果主義」的標準，衡量的是我們行為的外部效果。根據這個方法，提升他人福利的行為，在倫理道德上為正面行為；損害他人福利的行為則是負面行為；而對他人沒有影響的行為，屬於中性行為。如果某些行為對他人的影響有好有壞，那麼這些行為在倫理道德上的定位就不明確，不過，我們暫且先把這種複雜性放在一邊。

　　首先，我們把這個定義應用於我們日常的市場交易。現代經

濟學的一項重要成果就是「看不見的手法則」，指的是競爭市場的效率。《國富論》有力地表達出這一點：「我們的晚餐靠的不是肉販、釀酒廠或麵包師傅的善心，而是他們對自身利益的考量。」

「看不見的手法則」背後的觀念是，在運作良好的市場經濟中，企業追求利潤、消費者追求滿足，能促成有效率的資源配置。如果我從事買賣，此舉通常會提升與我交易者的經濟福利。「看不見的手法則」意味著，在一個規管完善的社會裡，一個人的市場交易在倫理道德上屬於正面或中性，因為市場通常會提升他人的福利，或是沒有影響。

「看不見的手法則」如果適用，便能大幅簡化我們的倫理道德生活，因為它表示我們可以進行日常經濟活動，而不必擔心我們會傷害他人。行為符合道德的唯一條件就是在市場裡當個負責任的成員：賺錢並付錢，不要偷竊或欺騙。

「看不見的手法則」另一個很少被看重的層面，是它對倫理道德行為的資訊效率。我們不需要了解肉販、釀酒廠或麵包師傅的任何訊息，就可以確信我們的行為在倫理道德是屬於中性或正面。在一個運作良好的價格體系裡，我們沒有必要去蒐集大量訊息，也可以確保行為合乎倫理道德。在我們考量如何處理外部性時，這一點會變得格外重要。

在本段的結尾，我要特別強調「看不見的手法則」的「半滿」性質。經濟學家已經寫出很多書分析引發條件，並指出例外

情況。以本書的目的來說，負外部性的存在是重要條件。不確定性、所得分配不公平、總體經濟的扭曲，以及個人的不理性，也會引發其他重大問題。這些條件我之所以一筆帶過，不是因為它們可以微不足道，而是要凸顯在規範完善的經濟體裡，市場交易在倫理道德的核心意涵。

管理良善的社會與個人倫理道德

我們從亞當・斯密的理想世界起步，現在要走進「看不見的手」失靈的現實世界。本書是棕色現象與綠色政策之書。在現實世界裡，人在負外部性下相互衝撞，有時候甚至會威脅生命、甚至危害社會。無論互動涉及的衝撞是在實體還是虛擬世界，社會都需要防治之道，以減少汙染、全球暖化和戰爭等外部性的危害。

如前所述，管理良善的社會的治理條件之一，就是重大外部性的分析與規範。以駕駛汽車為例，一個管理良善的社會藉由多種法律和風俗習慣來處理汽車的外部性，包括速限、紅燈、交通罰款和規範行為的責任法。

這就是管理良善社會的倫理聯邦制上場的地方。只要政府法規將外部性內部化，個人就可以把駕駛視為倫理道德中性。我必須遵守道路規則、小心駕駛，但是我不需要權衡每個停車號誌的

倫理道德。我不是交通工程方面的專家，所以我讓工程師來決定停車號誌設置的位置。我可以懷疑他們的判斷，但是懷疑交通工程師的資訊和法律負擔龐大到足以讓我選擇遵守社會的交通法規。就像駕駛一樣，許多其他規管完善的外部性也是如此。

以汙染為例，一個管理良善的社會必須將汙染的外部性內部化。要實踐這個目標，可以透過規定、汙染稅或責任原則，至於何者是最佳方法，則取決於技術因素。一個重要例子就是二氧化碳排放引起的氣候變遷。經濟學家認為，減緩氣候變遷最有效的方法是制定一個能夠充分反映二氧化碳排放社會成本的碳價格。

以碳排放為例，倫理道德的關鍵點如後述。假設各國統一課徵接近排放社會成本的碳稅。這麼一來，所有的財貨都內建反映碳足跡的碳費用。碳費用的存在可以取代個人碳足跡的顧慮。若碳定價合理，我們就可以過著從容自在的日常生活，確信個人碳排放在倫理道德上屬於中性。我們為碳排放付款，就像掏錢買鞋子和麵包一樣。

圖 19-1 顯示我們在私有財貨（如麵包）或訂價正確的外部性方面，自身福利與他人福利之間的取捨。兩軸都以共通度量（例如美元或財貨組合）顯示自身和所有其他人的經濟福利。我的排放量多減一個單位時，我的損失完全等於其他人的利得。這是有效率的汙染規範的基本結果。

圖 19-1

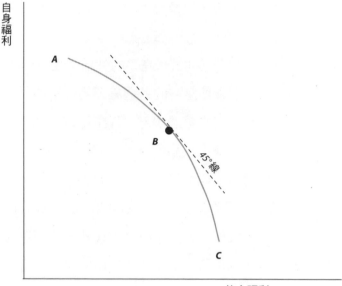

曲線 ABC 代表一個管理良善社會裡自身福利與他人福利的取捨。在市場均衡點 B 的斜率是 −1，代表他人福利與自身福利的替代比例為以 1 換 1。

偏離管理良善的社會：未為規範的外部性

　　要是經濟世界真的這麼單純、我們生活在一個管理良善的社會、政府和市場攜手有效率而公平地管理經濟，那就好了。可惜，我們必須認清現實：沒有一個社會能夠完美實現一個管理良善社會的所有條件。

　　關於自身行為可能對他人產生有害或有益的影響，道德哲學

其實有更細微的研究。如前文所述，經濟倫理學主張，我們應該為自身活動支付全部的成本，否則會對他人造成無法補償的傷害，這是我們對不道德行為的經濟定義。

從這種倫理道德觀出發，對於未為規範的有害外部性，一條可能的道德原則就是：你不應該傷害他人，而你這麼做，就應該補償對方。比方說，你不應該損壞鄰居的車，如果你這麼做，你就應該賠償鄰居的車損。

車損是法律將道德義務內部化的一個例子。加害人負有支付損害賠償的義務。然而，有許多其他情況涉及代價高昂的外溢效果，加害人卻未負有向受害者支付賠償的義務。一個有趣的例子就是交通堵塞。當我開車前往紐約市，在擁擠的高速公路上，我通常會為自己浪費的時間感到煩躁。但是，我通常會忘記，我也在增加交通壅塞，因此浪費其他人的時間。沒有任何機制可以懲罰我浪費別人的時間，其他駕駛人也沒有得到補償。

在壅塞的世界裡，我的倫理道德義務是什麼？我應該待在家裡嗎？走不會塞車的小路，浪費我好幾個小時的時間？據我所知，這是倫理學家尚未觸及的難題。

相比之下，倫理學家有大量關於氣候變遷的著述。造成氣候變遷的因素，駕駛人無疑也有分，也會增添一點損失。

關於未受規範的外部性，個人的道德義務是什麼？我要提出一個切中問題核心且出乎意料的答案。身為公民，我們的主要道

德義務是推動修正外溢效果的法律。例如,我們應該致力確保現行有毒廢棄物規定的落實,或是通過減緩氣候變遷的立法。責任產業裡的企業經理人和董事特別適用於這條原則。例如,汽車和能源公司應該在政治程序裡發揮影響力,說服立法機構通過有效的法律。

在積極公民原則之外,外部性的倫理道德仍處於模糊地帶,因為行動的有效性取決於制度結構和技術。我們接下來要檢視一些兩難困境,以及潛在的解決方案。

不後悔政策

一個有趣的成果來自經濟學,它有助於我們思考如何管理有害的外溢效果或足跡(碳足跡、壅塞足跡、噪音足跡等)。我稱之為「不後悔政策」(no-regrets policy)。在不受規範的外部性下,我們足跡的小幅減少對我們自己的影響非常小,但是卻能大幅減少對他人的傷害。換句話說,你可以藉由採取微小的步驟減少你的外溢效果(也許幅度相當可觀),但是你不會因此有任何遺憾,因為這些措施對你幾乎沒有影響。

接下來以空調為例,說明不後悔政策的基本推論。假設你覺得夏季家裡室內的理想溫度為 70 °F(約為 21.1℃),並把恆溫器設在這個溫度。但是,經過深思,由於你幾乎無法區分 70 °F 和

圖 19-2 三種減少碳足跡做法的影響：不行動，不後悔和完全利他

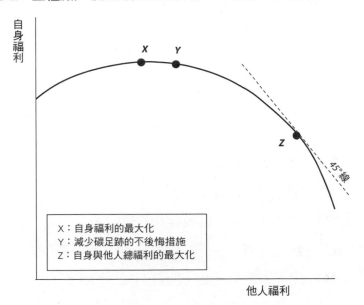

71 ℉（約為 21.7℃）的差異，於是你又把恆溫器調為 71 ℉。你對於個人福利的損失根本沒有感覺，但是這個微小變化對燃料使用卻有很大的影響。一個典型家計單位的用量將減少 10%，從而大幅減少碳足跡與汙染足跡。

圖 19-2 顯示處理對他人所造成外部效應的三種做法。如圖 19-1 所示，兩個軸都以某種共通度量顯示自身與和他人的經濟福利。如果一個人實現自身福利最大化而忽略對他人的影響，那麼這個人的福利就會處於曲線的最頂端，即 X 點。在這個頂點，微小的犧牲會對他人產生可觀的影響，但自身受到的影響很小，如

Y 點所示。之所以能有這個重要的結果，是因為在福利曲線的頂部斜率接近於零。因此，微小的變動對自身福利的影響很小，但是對重大外部性而言，可能會對他人福利產生很大的影響。

如果這個人是純粹的利他主義者，有志於追求最高的人均福利，那麼他會放棄許多福利，讓均衡移到 Z 點。在 Z 點，自身福利多犧牲一個單位，只能增加一單位的他人福利。這裡的重點是，在重大外部性的情況，微小的利他行為對自身的影響儘管很小，卻能對總體福利產生重大影響。

我們用一個例子說明。假設你在空曠的高速公路開車，遇到一對困在路上的老夫婦。他們解釋道，他們不只車子拋錨了，連手機也故障。他們拜託你，能不能打個電話請他們的朋友來接他們？這種幾乎沒有成本的舉手之勞，眼下不但能幫他們一個大忙，甚至能讓他們得到更多助益。實驗證明，人經常會做這種微小的犧牲。因此對於大多數人來說，從 X 移動到 Y 是合理行動。

不過，假設現在對話的走向變得暗黑，這對老夫婦而言，既然你有兩輛車，你應該把你的車給他們，然後他們可以載你回你家，讓你繼續做你一天該做的事，而他們可以分享你有幸擁有兩輛車的好運。在這種情境下，大多數人大概都會無動於衷，也就是說，從 X 移動到 Z 是不太可能發生的行為。因此，依賴「不後悔」方法的環境倫理學的一個重要發現如下：

個人減少外部性足跡的一小步，是提升整體福利、減少他人所受外部影響的一大步。

外部性的倫理道德：以氣候變遷為例

諸如空氣汙染、氣候變遷等重大外部性，若無強而有力的法律和規管措施，就無法解決。但是倫理道德位於法律的守備區之外。身為個人或企業，我們的倫理道德義務是什麼？我們是否應該採取低成本、不後悔的措施，以減少前述的影響？若是，成本多低才算低？

牛津大學的道德哲學家、經濟學家約翰‧布魯姆（John Broome）對這個問題提出思慮周密的解答。他的底線是，我們應該採取個人行動實現「碳中和」。我會在這個段落檢視他主張的優缺點。[3]

布魯姆認為，正義的原則是不傷害他人，而如果你對他人造成傷害，就應該補償對方。布魯姆的正義責任相當符合英美法精神以及常識見解。布魯姆提出幾項符合賠償（或是他所說的「回復原狀」〔restitution〕的條件）。這七項條件是：你對他人造成傷害，你對行為負有責任，傷害嚴重，行為並非偶然，你自行為中受益，其中沒有互惠的利益，回復原狀的代價不高昂。

布魯姆認為，這七項要件溫室氣體排放全都符合。此外，他也認為，排放完全抵銷可以實現恢復原狀，從而實現零碳足跡。根據布魯姆的主張，抵銷的具體行動包括節能、種樹，以及向商業公司購買抵銷額度。

　　舉例來說，假設我決定從紐哈芬市開車往返波士頓，路程大約是 270 英里。我用碳足跡計算器一算，發現二氧化碳排放量大約是 200 磅。我又查看時下的抵銷計劃，例如 TerraPass，發現我可以買一項每公噸 10 美元左右的抵銷計劃，我的旅行成本會因此增加大約 1 美元。如果 TerraPass 為有效計劃（後文會討論這一點），購買他們的抵銷額似乎就是回復原狀的補償之舉。

　　然而，身為倫理學家，我們必須進一步探究。布魯姆的論點有多大的說服力？首先，滿足所有七項條件似乎就是個很高的門檻。他的回復原狀計劃，有一個問題和有效性有關。假設你節約能源的地區設有限額與交易制度，例如歐盟，你的節能不會對排放量或危害產生影響。反之，當你限制排放，其他人的排放量會增加，抵銷你的減排量。所以總排放量其實沒變。

　　這個例子或許看起來過於技術官僚。然而，它反映的是許多外部性所衍生的深層問題。在大多數情況下，個人行動的有效性取決於外部性的技術結構細節。以布魯姆所說的抵銷為例，我認為，在有限額與交易制度的地區，一個人的碳抵銷不會對未來損害產生影響。然而，如果是沒有限額與交易制度的地區，像是美

國，碳抵銷確實會減少排放並減少未來的損害。

布魯姆輕描淡寫帶過的另一個問題是成本效益問題。他提出的七項條件當中，有一項是回復原狀的「代價不高昂」。它是指我們要用「不後悔」做為評量標準？還是只要不會讓加害人破產，我們就可以採取任何行動？

如何減少你的碳足跡

今天，全球暖化是許多人關注的議題，而且他們都願意為減少碳排放付出個人心力。他們閱讀不同的計劃和提案。他們應該怎麼做？碳抵銷的兩難困境點出我們在處理不受規範的外溢效果時所面臨的問題。[4]

第一種可能是住在山洞裡，不過這不是上策，因為不是每個人都喜歡，甚至覺得可行。第二種方法較為妥當，就是減少個人的碳排放，包括購買具有能源效率的汽車和設備、使用節能燈泡、盡可能使用可再生能源，以及為房屋裝設保溫隔熱材。但是，即使是最力行節能的人，也無法將碳足跡降到零。

因此，問題就變成我們是否要從其他地方購買減少碳排放的「抵銷額」，讓抵銷後的總排放量降到最低，甚至歸零。例如，有一家公司在亞馬遜流域種樹木，這些樹木可以吸收一公噸的二氧化碳。於是，你可以透過購買抵銷額，有效減少排放量。

討論到這裡，看起來都沒問題。但是，你怎麼知道排放量實際上有減少？你必須確保這家公司營運健全，確保他們真的有在種樹，有人認證種樹的土地，而且那些樹木會長存。這些看似困難，但是還辦得到。

不過，最棘手的部分是確保減排的「額外性」。或許地主本來就會種樹。或許那些樹木本來要種在鄰地，只是改種到你付費買抵減額的那塊土地上。

有些團體嘗試驗證碳抵銷的所有層面。但是許多經濟學家擔憂，在一個沒有排放限制的世界，要確保抵銷額的額外性質幾乎不可能。制定更好的方法來衡量抵銷額的有效性是高度優先要務。[5]

以個人行動解決外部性的底線是：個人行動要代價低而有效，例如不後悔政策所建議的那些行動。然而，這些行動在本質上就是規模微小，因此不太可能成為重大問題適當的解決方案。它們也屬於無效率行動，因為沒有經過協調，行動的程度最終會因人、因企業而異。回到前述的重點，這些努力都無法代替政府強而有力的集體行動。

綠色倫理學的資訊負荷

大多數倫理道德的決策涉及的都是簡單的議題，幾乎不需要

新資訊。《聖經》〈舊約〉的誡命包括不可偷盜、不可殺人或姦淫。這些行為簡單明瞭。換成今日，我們可能會問：你有沒有撞到停好的車？你有沒有搶銀行？用水管打別人的頭？這裡的倫理道德與法律，黑白分明。若你被監視攝影機拍到你在銀行拿著槍和一個空袋子，你恐怕很難為自己辯白。

牽涉綠色倫理的非個人活動要複雜得多。加重壅塞程度的倫理道德規範是什麼？加重空氣汙染呢？吃肉呢？在這些活動，行動和後果之間的聯繫，距離遙遠得多。

氣候變遷是倫理道德受到資訊嚴重不足影響的重要例子。在我做前述的計算之前，我並不知道我去一趟波士頓的二氧化碳排放量是多少。同樣，我也不知道我的碳足跡總量。我從碳抵銷公司 Carbonfund 的網站得知，我們家的碳足跡是每年 24 公噸。但是它沒有問我的所得、我的航空旅行，或是我的房子大小。這種估算毫無價值，主要是為了銷售抵銷額而設。

然而，假設我們決定藉由購買碳抵銷額來負擔我們的碳足跡。我們可能想知道碳抵銷公司是否真的有減少排放。回到 TerraPass 的例子，我查看它的網站，發現它的投資組合有一部分是風力發電。它是奧克拉荷馬州大微笑風電場（Big Smile Wind Farm at Dempsey Ridge）的部分所有權人。它的複雜之處在於，奧克拉荷馬州有一項自願可再生能源組合標準，建議要有 15% 的電力來自風能等可再生能源。大微笑風電場符合實現這個目標的

資格。我們擔憂的是，大微笑的電力會直接替代另一個風電場產生的電力。若是如此，總排放量就不會減少。但是，由於這個標準是自願性質，也許這是額外的減排，儘管這點在政府若是頒布強制標準後可能會生變，就像許多州的情況一樣。

綠色倫理學的前路

以下謹慎總結。本章的討論無法傳達道德哲學家細膩而深入的研討；目的是簡化兩難的困境，涵蓋繁忙但負責任的公民日常活動。

第一，如果我們遵循綠色精神的結果論架構，在一個管理良善的社會裡，市場交易在倫理道德上屬於中性或正面活動。這個結果大幅簡化了日常市場交易的倫理道德。

第二，環境倫理的主要兩難困境，和具備有害外部效應、又未為法律或風俗習慣內部化的活動有關。這類效應屬於市場失靈，也就是為自身活動所支付的價格，遠低於活動的社會成本。

第三，個人與組織的主要責任是為修正外部性的集體行動而努力。集體行動比未經協調的私人行動更有效。集體行動的實踐管道，可能是提供來自科學家和企業的可靠資訊、制定更完善的汙染防治法律、社會保險與其他社會機制。

第四，一個實用的特殊案例是不後悔政策。當我們遇到未為

規範的外部性時，我們外部性足跡的微幅減少，對自身的影響很小，卻可以大幅減少對他人的傷害。然而，這些行動的規模終究微小，無法替代強而有力的集體行動。

最後再提醒一點，我們發現，採取個人行動來減少外部性（例如減少碳排放），往往會因為體制面、技術面和資訊面等可能阻礙有效行動的因素而變得複雜。由於缺乏知識，個人想要處理具有外溢效果的行為時，也難以判斷最有效的方法為何。

第 20 章
綠色企業與社會責任

「環境、社會與公司治理」（environmental, social, and corporate governance，簡稱 ESG）是當代的重要發展。這項活動有不同的名稱，如企業社會責任（corporate social responsibility，簡稱 CSR）、社會責任投資、永續金融等。但是，以本書的目的來說，我們採用廣泛使用的 ESG。

ESG 分別代表三個核心指標，用於衡量一家企業對社會產生的影響。這是綠色哲學在商業世界中的投射。它的基本觀念是，公司不只是採購鋼鐵、生產汽車的賺錢機器，也不只是讓企業主致富的尖牙利爪。反之，公司愈來愈常被視為負有某些法律、經濟和道德義務的社會成員。ESG 超越遵守法律的層次，涉及企業的自願行動：主動監督並確保自身營運符合法律精神、道德標準，以及國家或國際商業規範。此外，ESC 也體認到，利潤這項

企業的核心目標，有時是會誤導方向的羅盤，需要修正。

本章的主題是企業社會責任，它涉及企業本身的活動。下一章的主題則是社會責任投資所扮演的角色，也就是如何從綠色觀點看金融投資。

社會企業責任

ESG 是過去半個世紀的重要發展。它的基本概念是，企業是強大的經濟與政治實體，如果企業要在民主社會中繼續得到支持，就必須體認到自身更廣泛的影響。關於企業管理，目前經常強調的有三種派別：股東觀點、利害關係人觀點，以及社會觀點。[1]

股東觀點主張，公司唯一的責任就是追求利潤最大化，或者更廣泛地說，是實現股東價值的最大化。這種觀點在部分金融和經濟圈具有影響力，後文會再討論。

利害關係人觀點則是第一種觀點的擴大，除了股東，進一步把所有利害關係人都納入關注範疇。利害關係人指深受企業行動所影響的人，其中有內部利害關係人（如股東、員工和顧客），也有外部利害關係人（如社區）。這個觀點主張，公司應該在股東價值與對其他利害關係人影響之間取得平衡。

社會觀點則強調企業在廣大社會裡的定位。它與利害關係人

的觀點的主要不同之處，就是進一步擴大利害關係人的範疇，納入整個社會。因此，這個觀點主要是將企業也視為公民。

定義的跨度非常廣泛，從所有權人狹隘的經濟利益到整體社會的福利，無所不包。大多數企業責任的倡議者都主張，企業應該做得比最低限度的要求更多。然而，企業無論是對廣大的公共利益負有義務，還是只限對受它們影響最大的利害關係人負責，或是兩者的某種組合，都是辯論的主題。

追求利潤最大化的社會責任

有了整體概觀之後，我們先從企業責任的極端觀點開始討論，也就是傅利曼擲地有聲的論點。

傅利曼主張，傳統的企業社會責任其實是不負責任。世人經常帶著質疑的眼光看他，把他視為自由市場基本教義派，但是我們來看看實際上他說了什麼：「只要遵守遊戲規則，也就是參與公開、自由的競爭，沒有欺騙或詐欺，企業唯一的社會責任就是運用它的資源，從事為了增加利潤而為的活動。」[2]

傅利曼的觀點已經構成所謂的「價值最大化」策略，成為商學院普遍的教學內容。哈佛商學院的邁可・詹森（Michael Jensen）是價值最大化最有影響力的支持者之一。根據他的論述，價值最大化表示管理者做的所有決策都是本於增加公司長期

的總市場價值。總價值是公司所有財務權利的總和，包括股權、債權和其他可以主張的權利。[3]

詹森的論點與傅利曼的論點類似，不過他添加了幾個轉折。他以傅利曼賦予利潤的社會角色為出發點：「兩百年的經濟學與財務金融研究顯示，當經濟體裡的所有公司都達成公司總價值最大化時，社會福利就會達成最大化。」[4]詹森也極力反對把公司行為擴大解讀，納入「利害關係人」利益。他認為這個概念過於模糊，不能當做管理目標。如此一來等於容允管理階層過多的自由裁量權，從原本應該投資的計劃那裡挪用資金，轉而投資於他們個人偏愛的計劃。

這種芝加哥學派的推論有一些隱含的假設，而主張廣泛 ESG 觀點的人士也對這些假設提出挑戰。在現實世界裡，「看不見的手法則」的條件不太可能成立。最重要的失靈包括谷歌或臉書等科技巨頭所擁有的市場力量、諸如汙染等因素造成的外部性，還有所得與財富的不均。其他引發重大問題的原因包括市場不存在（尤其是未來的市場）、不確定性、總體經濟的扭曲，還有不理性的個人決策。[5]

傅利曼的觀點或許適用於經濟學教科書裡單純的完全競爭市場。那裡的人需要密切關注利潤，否則就會破產。然而，現代企業並不是完全競爭市場裡的小角色。它們在管理營運上有很大的自由裁量權。此外，隨著全球化程度升高、管制逐漸鬆綁，政府

對企業活動的控制也已愈來愈低。ESG 運動可以解讀為對企業自主權增強的回應；它要求企業提升自我管理。企業應該考慮的廣泛目標包括環境影響、勞工實務、教育實務、財報透明以及適當的投資報酬。

傅利曼主張，「遵守遊戲規則」是企業責任的條件。傅利曼所說的規則究竟是什麼？他指的究竟是什麼遊戲？這些規則是否只涉及遵守法律條文、不鋃鐺入獄就好？或者還涉及法律尚無規定的外部性？公司是否應該忽視金融的外部性，例如關閉工廠對勞工與社區造成的嚴重傷害？在美國，有些重大的外部性（例如與二氧化碳排放相關的外部性）其實並未內部化。此外，公司有很大的自由可以參與政治活動、在攸關其獲利的領域影響科學研究和公眾輿論。因此，「遵守遊戲規則」這樣的指引實在過於模糊，難有實用性。[6]

在傅利曼的理論之外，還有些人主張，上市公司必須實現利潤最大化。有什麼法律這樣規定？在美國，一般認為亞馬遜或通用汽車等上市公司的董事必須為公司的最佳利益採取作為。但是，這並不表示他們要一心追求利潤最大化。美國最高法院就明確指出：

雖然營利企業的核心目標確實是賺錢，但是現代公司法並沒有規定營利事業定得為了追求利潤，不惜犧牲其他一切，而且也

有許多公司並沒有這樣做。在所有權人的准許下，營利公司支持各式各樣的慈善訴求。只要所有權人同意，營利公司可以採納超出法律規定的昂貴汙染控管和節能措施。[7]

然而，追求價值最大化有一層內涵值得強調，那就是避免短期主義，即避免聚焦於短期目標。人總是難以抵抗著眼於短期目標的誘惑，例如季度獲利或每股盈餘。這些短期因素通常是管理獎勵措施的根據，因此構成管理階層做出短視決策的誘因。詹森和其他人強調，開明的價值最大化（enlightened value maximization）能鼓勵管理者以創造性從長遠思考利害關係人的角色，不過同樣是以追求公司市值最大化為目標。

ESG 與法律不完備

政府無法規範每一項社會弊病。也許是因為監管成本高於弊病所造成的損害。又或許是因為在許多情況下，代表公共利益的一方，其政治影響力不敵私人利益。在政治體系裡，人會為了短期目標（如贏得下一次選舉）而犧牲未來。此外，實際說來，立法機關的時間有限，立法無法萬全齊備。

由於法律無法涵蓋所有的市場失靈或社會失能，結果就是法律不完備（legal incompleteness），意指法律沒有涵蓋所有可能出

現的意外情況。威廉・蘭德斯（William Landes）與理查・波斯納（Richard Posner）如此解釋這種症候群：[8]

由於人類眼光的侷限、語言的模糊性以及立法審議的高成本，大多數的立法勢必嚴重不完備，而把許多不確定的領域留給法院。

法律的不完備有兩種解決策略。其中之一是補缺，使法律結構更加完備。補缺策略的運用重點是集體行動最重要、爭議最小的領域。例如，由於網路犯罪與隱私侵犯的案件迅速增加，這顯然是一個世紀前的立法機關沒有預料到的情況，因此改善這些領域的法律結構是當務之急。同理，全球暖化的因應也需要在國家與國際層級採取集體行動。

然而，我們必須體認到，許多領域的法律可能仍然不完備。在填補法律的空白方面，ESG 扮演著重要的角色。

克里斯多福・史東（Christopher Stone）在其鉅著《法律的盡頭：公司行為的社會控制》（*Where the Law Ends: The Social Control of Corporate Behavior*）一書裡，分析了法律不完備所引發的問題。[9]他的出發點與綠色思想的精神大致相同，所關注的是當市場「看不見的手」無法讓企業符合社會期望時，法律在這方面的侷限。在民主社會，如果大多數政治主體認為現行法律不足以限制企業活動，他們可以制定更嚴格的法律。但是，正如我

們在綠色政治各章裡所強調的，民主並不完美：政府的行動遲緩、反應遲鈍，而且經常不具代表性。在全球化的時代，國家政府對於全球市場的管轄權有限。史東認為，由於法律沒有、也無法做為社會全面而完備的指引，因此企業組織需要改造，以弭平社會目標與不完備法律體系之間的落差。

因此，史東對 ESG 的觀點是重新設計企業出發，讓企業能夠修補法律體系的缺漏。例如，理想而言，應該對二氧化碳排放課稅，或是限制二氧化碳排放，以減緩全球暖化。如果政府未能遏止二氧化碳排放，採取限制排放政策的社會角色就落在企業頭上。

假設我們接受史東的觀點，認同企業應該填補市場中那些無效率、政府行動又失靈的坑洞，結果會怎麼樣？由社會責任衍生出來的觀念，涵蓋的潛在活動範圍非常廣闊，因此我們很難有定論。ESG 要從哪裡融入這片廣闊的領域？企業的支出應該是多少？它們應該留在母國或母公司，還是接近最有需要的地區？利害關係人有哪些？而最重要的又是哪些？

最後，每當我們以 ESG 約束企業時，都必須比較企業的無效率與市場的無效率。具體來說，你可以想一下 ESG 對你最喜歡的財貨或服務的潛在影響。你願意企業為了投注更多資源於 ESG 而減緩創新嗎？ESG 會比智慧型手機的提升更重要嗎？如果是更快速的 Wi-Fi 服務呢？又或是引進更有效的疫苗？ESG 的任務是確

保經濟繼續生產高品質的財貨和服務,同時減少生產過程的外溢效果。

因此,這裡的基本觀點是,在市場和政府都失靈之處,ESG應該介入,確保重要的私有與公共財貨和服務的提供能夠達成效率水準。

企業責任:處理外部性

由於 ESG 的潛在目標繁多,我們這裡的討論聚焦於外部性,以此做為判別 ESG 活動是否適當的尺規。外部性的發生是因為一項活動的成本外溢到他人身上,而這些遭受損害的人卻沒有得到補償。

一如第 4 章的討論,外部性有兩種形式:技術和金融。本書中、甚至經濟學裡,大部分的討論都著眼於技術面的外部性。這些是交互作用發生在市場之外的外溢效果,例如汙染。

另外一系列的外溢效應是金融外部性,這些是透過市場間接發生的效應。金融外部性的出現,是因為經濟行為影響價格和他人的所得。

一家公司關閉緬因州的伐木廠,並自加拿大採購價格較低廉的木材,就會出現金融外部性。類似的決策可能會降低建築成本、提高數百萬人的生活水準。但是,工廠關閉等於沒收數百名

工人的工作，他們的所得會因此陡然下降。這種交互作用是透過市場發生，稱為金融外部性，而不是像汙染或壅塞那樣，位於市場之外。

這兩種外部性都可以用 ESG 來解決。由於政治程序沒有適當保護、補償受害者，所以企業可能需要出手。科學的不確定性、政治的障礙、國際的搭便車心態，或是社會安全網的薄弱，都會造成社會保護的缺乏。

在技術具不確定性的情況下，ESG 變得特別重要。DDT、石棉、二氧化硫、二氧化碳、低劑量輻射，以及耗臭氧化學物質，危害程度有多高？企業若是生產含有或排放這些物質的財貨，通常要對其影響承擔法律責任。它們也是、或應該是最了解這些影響的一方。

所以，我們總結如下：當一家企業以合乎法令的方式汙染在地社區、透過勞工實務或工廠停工而傷害工作者時，ESG 在這些領域成為議題是再自然不過的事。因此，為了更適於本書的目的，我們將 ESG 定義修改如下：

環境、社會和公司治理（簡稱 ESG）涉及減緩公司所造成的金融或技術外部性。最重要的是對諸如員工、在地社區等利害關係人的影響，以及在社會的效應特別重大的影響，還有公司在其中擁有專業與特有知識的影響。

面對 ESG 與利潤之間的取捨

　　ESG 的核心議題是利潤與社會責任行為之間的潛在衝突。有些策略是雙贏行為（win-win，以〔W，W〕代稱），不但有利於社會（第一個 W），也能增加獲利（第二個 W）。目光長遠的企業或許會明白，從長遠來看，有些 ESG 活動其實有利可圖；或許是增進企業的聲譽，而增加營收或降低成本。對於獲利短空長多的（W，W）活動，沒有一個負責任的董事會反對。這種企業行動是追求開明的利潤最大化（enlightened profit maximization），而 ESG 是複雜而可獲利的商業實務。這裡沒有真正的取捨。

　　ESG 的困境大多都和「輸或贏」（win-lose，以〔W，L〕代稱）的行為有關。這些行為會增加非公司所有權人的經濟或社會福利，但是會降低獲利和股東價值。一家公司若是減排超標、拉長國內工廠的營運期，或是改善工作條件到超越競爭的水準，可能會損害其長期獲利，因此這是一種（W，L）情況。

　　圖 20-1 說明了這一點。圖中顯示不同水準的 ESG 活動或綠色活動下，股東價值或獲利的情況。A 點為零 ESG 活動。採取這種行為模式的企業，在社會及財務面都是不負責任。A 點的獲利水準其實低於 B 點，而後者還部署多項增加獲利的 ESG 活動，例如提升員工的健康，或是標示綠色產品。

　　從 A 點移到 B 點的行動，內涵是符合股東價值利益的活動。

圖 20-1　企業責任的四項策略

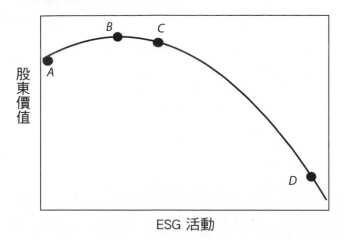

這些活動能吸引顧客、阻擋杯葛、降低資金成本，並培養良好的公共關係。從 A 到 B 的行動，讓人難以提出異議反對。沒錯，如果有人說服傅利曼，阻斷地方汙染或培訓勞工可以獲利，他一定會支持這類 ESG 活動。只不過，他會說這些是獲利活動，而不會提及任何 ESG 動機。

現在我們從 B 點多走一小步到 C 點，這一步所從事的 ESG 活動也屬於（W，L）類型的活動。把營運所在城市的汙染降到標準以下或許會增加一些成本，但是能增進工作者與其家人的公共衛生。身為負責任的公民，企業超越開明自利以達致 C 點，牲獲利以創造公共利益。股東的年報酬率水準略微降低。

但是，C 點也是不後悔政策的表現。也許公司只比規定多減

少一些排放量，或者讓一家勉強維持的工廠繼續營運，或者開設員工的日間托育中心，或者設立一項鼓勵員工儲蓄的退休金計劃。每一項計劃可能都會消耗一點利潤，但是對於利害關係人的福利都會有可觀的貢獻。

我們也可以設想企業採取極端 ESG 行動，就像 D 點：或許是決定收購一家潦倒的企業，或是登上火星。這些行動把企業推向無利可圖的境域。很少有經理人或利害關係人會支持這種策略，因為這麼一來，企業很快就會關門大吉。

無獲利 ESG 行動的原則

企業應該從事無利可圖的（W，L）活動嗎？在這個主題，ESG 的相關文獻眾說紛云。在思考 ESG 是否會降低利潤時，支持者信手捻來就可以提出好幾個原因，說明為什麼 ESG 其實並非無法獲利，因此屬於（W，W）行為。然而，有些 ESG 活動真的是（W，L）活動，會降低企業利潤。面對這類有輸贏取捨的行為，有哪些原則可循？

文獻裡的明確指導方針寥寥無幾，不過我會提出三項建議如後。ESG 的第一條指引就是，即使活動不符合私人的成本效益原則，也應該符合社會的成本效益原則。因此，如果企業的汙染外部性會造成 100 美元的社會損害，那麼它或許可以付出 100 美元

來減少汙染。但是，如果耗費公司（和社會）200 美元的資源來減少 100 美元的社會損害，就沒有意義。根據第一條指引，我們可以把許多活動明確排除在社會責任活動之外。

然而，無庸置疑，還是有大量專案符合社會成本效益，其中包括非洲的教育補助或是在貧困社區設置醫療診所。面對各式各樣候選的 ESG 專案，企業要如何做選擇？以下這兩條進一步的指引，可助企業進行評估。

第二條指引是，企業應將資源集中在資訊或經濟上具有相對優勢的領域。例如，企業對自家的產品或流程相關的危險通常具備專業知識，由它們來研究自身活動，可以有效確認危害，並採取措施以預防危害。採取這條路線的企業，化工公司杜邦（DuPont）就是一例。杜邦推出氯氟烴（耗臭氧物質）的替代產品，可能或多或少會損及獲利，但是氟氯化碳產品卻能因此更成功地步入淘汰。企業經常反其道而行。車廠對新技術裹足不前，然而有些技術事後證明非常成功，例如汽車安全氣囊。隱藏資訊最具破壞力的案例之一就是臉書：它全面利用顧客的資訊獲利，對外欺瞞自身的活動，還幫助素行不良者影響選舉，劣化公眾風氣。

第三條指引所關注的 ESG 活動以嘉惠利害關係人為主，不過社會的效益成本比較高。像是前文提到的企業員工托兒服務和健康計劃就屬於此類。企業可能會考慮修改它們與勞工的隱性契

約，以改善勞工的經濟與社會條件。一家企業或許會一反常態，不願意關閉利潤微薄的工廠。這種以利害關係人為本的觀點，是將企業視為一個微型社會而非營利機器。企業應該是這個微型社會的積極參與者，尤其要照顧勞工、社區和長期顧客。

這些指引是立基以下這樣的體認：企業了解它們的業務和社區，但是在判斷什麼合乎公共利益方面卻缺乏專業知識。它們的專業在於它們的市場。車廠知道如何設計安全氣囊、如何有效減少排放，但是在公共衛生、成本益分析以及各項健康與安全法規的比較價值方面，車廠的經理人通常沒有受過相關的訓練。因此，最後一點要強調的是，ESG 應該涉及企業具有特殊專業或責任的領域。

企業失責的第九層地獄

商學院和學術著述多半以企業責任為著墨的焦點：這個要做、那個要做、這個要衡量、那個要報告。在此，我要著眼「企業失責」（corporate irresponsibility），從另一種觀點為本章做結。KLD 社會評等資料庫（KLD Social Ratings Database）是受到廣泛採用的評等指標。該評等包含不負責任的行為類別，包括環境問題（如釋出危險廢棄物）、公司治理（例如經理人的薪酬過高），以及有爭議部門的生產（如酒精、菸草以及化石燃料）。

如同 ESG 績效的許多衡量指標，我們沒有簡單的方法可以從這類資料建構單一的整體指標。

企業許多極其惡劣的不當行為，都與提供產品與流程的誤導或欺偽資訊有關。這類行為對公眾構成只有企業能夠理解的風險。這種欺騙比單純的偷竊更惡劣。這是最內行的人利用自身的知識誤導公眾，因此為害尤劇。

但丁（Dante）在《地獄》（*Inferno*）裡如此描述最底層的第九層地獄：這是背叛者、背叛賓客的主人所待的地方。

> 由於他動邪心起惡念，
>
> 我因信靠他而困坐牢籠，
>
> 而後葬送生命。
>
> ——《地獄》，第 35 首

位於第九層的企業也是如此。當我們相信邀請我們進入展示間的惡意企業時，我山們確實就淪為囚徒。這些企業了解自家產品的危險，卻隱瞞這些知識，為了貪圖自身狹隘的商業利益而變造科學，葬送顧客的生命。

最近令人震驚的一個例子就是福斯汽車，它不僅隱瞞了柴油車的排放量、捏造檢測結果，還設計出偽造結果的設備。它這麼做是為了節省「潔淨」柴油引擎的生產資本。有多少人因此送命？有多少人買福斯汽車是因為相信它是綠色產品？這些問題雖

然沒有答案，但是這種行為不僅違法，還是第九層地獄的企業失責。

以下是一些地獄第九層企業的例子：

● 福斯汽車設計偽造排放測試的設備
● 菲利普莫里斯（Philip Morris）隱藏顯示吸菸致命的研究
● 埃克森美孚（ExxonMobile）壓制氣候變遷科學言論，並資助否認氣候變遷存在者
● 約翰曼菲爾（Johns Manville）在訴訟查明真相之前，對石棉的危害知之多年，卻予以否認
● 普渡製藥歪曲羥考酮（OxyContin）藥物的成癮性
● 臉書歪曲個人資訊的處理與對世界各地銷售商的販售，包括在其他國家從事離間活動的俄羅斯人

希望影響大學投資政策的學生，可以全面挖掘、評估這些最惡劣的失責活動，藉此達成目的。

結語

企業責任的相關文獻，混雜著各種主題和觀點。然而，如果我們退一步綜觀全局，會發現四個關鍵要點。

第一，ESG 的相關討論很多，但鮮少有共識。標準的 ESG 指標付之闕如，也缺乏總成各項指標為單一整體指標的公認方法。企業經常在 ESG 獲得（或聲稱獲得）高分，但是他們的公開報告往往流於表淺，因此無法供個人自行判斷績效。此外，許多做 ESG 評等的公司並沒有公開評等制度的內涵，是以我們也無從判斷ESG分數實際代表什麼。ESG的實際衡量標準仍是霧裡看花。

第二點幾乎可見於本書討論的每個領域，那就是企業應該避免短期主義。換言之，企業的結構應該要具備寬廣而長遠的視野，展望能夠提高長期獲利能力與股東價值的事物。要實現這個理想，就要建構能避免以短期報酬為重的管理誘因。企業最好對自己的企業文化以及所在社區採取廣泛觀點。挹注資源改善員工的生活、產品的可靠性，可能是明智的長期投資。

第三，切記不後悔原則。企業協助修正外部性，能夠以獲利的微幅犧牲換取對利害關係人和社會的重大貢獻。這項原則適用於許多追求行為最適化的領域，而微幅偏離最適行為，對內部的影響微小，卻能產生可觀的外部影響。

此外，一個實用做法是企業績效的檢視者對挹注於 ESG 的資源應該要有一套更好的衡量標準，並把 ESG 支出與公關支出分開看待。企業用於建立商譽的社會支出，我們還是應該要保持懷疑的態度。經過紐約林肯中心的人都會看到大衛科赫劇院（David H. Koch Theater）。科赫兄弟對藝術的支持或許可以轉移大眾對

他們破壞環境法規的批評，但是對於清潔環境或達到環境標準幾乎無濟於事。

最後，在當今這個技術錯綜複雜的經濟體裡，企業在提供關於其產品和流程潛在風險的相關資訊上，角色特別吃重。企業對此具備深厚的知識。它們有責任對顧客誠實，不能隱瞞危險，或是誤導政府主管機關。企業明知產品有危險或瑕疵，卻任產品致人於死，最是惡劣至極。這種企業應該受到最嚴厲的制裁。

第 21 章

綠色金融

我們探討了以行為規範與外部監督確保企業營運善盡社會責任的困難。一個耐人尋味的替代方案是上市公司的所有權人堅持要求這些企業恪遵社會責任。這是前一章所討論的 ESG 原則的另一種應用，有時候會被稱為社會責任投資（socially responsible investment）或道德投資（ethical investment），但是它愈來愈常與其他領域結合，跨入 ESG。

什麼是 ESG 金融？簡單來說，就是將 ESG 因素納入決策評估的金融投資。ESG 可以成為企業邁向綠色營運的有力指引，因為所有權人擁有決定公司決策的法定權力。付錢給吹笛者的人可以點曲子。

近年來，ESG 的發展迅速。一項調查顯示，2018 年，美國專業託管資產有高達 12 兆美元（約四分之一）的投資採用 ESG 標

準。[1] 備受矚目的領域有氣候變遷、菸草、衝突風險、人權與透明度。

在我家附近，大學受到敦促，要將捐贈基金投資於社會責任企業。在更早的時期，則是有些大學敦促企業不要在南非設置營運據點，還有些大學甚至不投資菸草股票。今日，一場聲勢浩大的運動主張大學應賣掉生產或配銷化石燃料的公司的股票，因為它們助長全球暖化。

促進綠色投資的運動面臨許多關於社會責任企業議題。什麼是社會責任？我們要如何定義和衡量？它的主要內涵是否為確保長期獲利能力、避免短期主義？它是否是為了把來自企業決策的外部性內部化而生，例如氣候變遷？綠色投資會是對投資人的懲罰嗎？也許最重要的問題是，它有效嗎？

什麼是社會責任投資？

ESG 金融與前一章所分析的社會責任企業的定義密切呼應。但是，兩者有一個主要差異：綠色金融特別關注的是企業的產出，而企業責任主要檢視的是生產方法。

在此茲舉一例。埃克森美孚是當今化石燃料的生產商與銷售商。分析師會問，埃克森美孚身為一家責任企業，是否採行公平的勞動實務、披露產品與環境的影響，並為其碳足跡制定高遠的

目標。如果你發現埃克森美孚在過去幾年榮獲多個獎項，在好幾個領域都被選為最佳社會責任企業，你可能會對這家公司留下好印象。

但是，從金融的角度來看，埃克森美孚是許多道德投資倡議者的箭靶，因為它生產和銷售石油和天然氣，因而加劇氣候變遷。另一群被道德投資倡議者拒之門外的企業是製造槍枝、菸草、酒類與軍用武器的企業。這些企業可能會被稱為「罪惡企業」，但不是因為它們的營運方式罪惡（它們可能像埃克森美孚一樣，是守法的模範企業），而是因為它們銷售的產品有害。

為什麼要善盡社會責任？開明利潤

投資人和社會責任企業面臨相同的兩難和取捨。其中一個目標是選擇行動符合所有權人長期利益的企業；要達成這個目標，企業必須在追求最高股東價值時考量社會趨勢。大型退休金與基金管理公司 TIAA 的 ESG 使命宣言，就非常有代表性：

市場惡化和資產價格下跌，身為資金提供者的長期投資人會是最大的輸家。因此，這些投資人會利用他們的影響力並借力使力，促進優良的公司治理以及市場的有效運作，這點至關重要。我們的參與者和客戶期望我們成為他們儲蓄的守護人，並協助保

障他們的財務安全。[2]

這項聲明不帶一絲利他主義精神，對投資的外部性也隻字未提，只顧及長期的財務報酬。

另一個投資業的巨無霸投資者是加州公共退休基金（California public pension system, CalPERS），它所管理的資產規模超過 3 千億美元。它最近告知基金經理人，要求他們把 ESG 目標納入策略規劃。以下是 2015 年的一份報告對投資經理的聲明：

CalPERS 必須考量風險因素，例如氣候變遷與自然資源可得性，這些因素在漫長的時間裡以緩慢的速度浮現，但是可能對公司或投資組合的報酬產生重大影響。[3]

仔細玩味這項指示就會發現，它之所以主張氣候變遷應該納入投資分析，是因為它會影響投資組合的報酬，而不是因為公司的行為導致氣候變遷。因此，這項分析顯然是以長期獲利能力做為主張 ESG 投資策略的理由。

為什麼要善盡社會責任？公共目標

雖然這兩家大型退休基金只著眼於財務報酬，還是有其他道德投資者考量到他們投資的公共影響。

我們從個人投資者開始探討社會目標更為廣泛的 ESG。個人的利他目標不受法律或經濟的限制，也不用面對股東抗議的問題，這一點與公司有別。如果有個像彼得‧辛格（Peter Singer）一樣的激進功利主義者想要傾家蕩產，追求全球的邊際滿意度達成均等——那是他的錢，他說了算。如果自由主義哲學家羅伯特‧諾齊克（Robert Nozick）反駁，說他沒有義務幫助他人，那也沒有人可以強迫他把退休金拿去投資綠色基金。因此，只要符合法律規範，個人可以自由設定自己的投資理念。

企業的營運則受到更嚴格的規範所約束。在更早的時代，公司是否可以進行慈善捐款，答案並不明確。現時，法律已經確立，公司的慈善捐款不受限制。然而，公司必須考慮到章程、董事和所有權人。因此，儘管公司可以採取降低股東價值的行動，也可以將 1% 的利潤用於社區活動，但如果公司捐出 99% 的利潤，所有權人一定會反抗。

大多數投資公司的 ESG 政策通常有模糊空間，對投資者提供的資訊或指引很少。前述的 TIAA 和 CalPERS 的聲明就是典型的語言。我們幾乎不可能找到公司願意為了促進社會公義而損失報酬的明確聲明。

耶魯大學的道德投資政策

　　儘管大多數財務金融經理人對於他們的 ESG 目標都含糊其辭，但是我任職的大學對於它的投資方法卻有清楚的說明。接下來，我會以耶魯大學的投資理念做為討論的素材，因為我對耶魯大學很熟悉，而且它對目標也有很明確的闡述。

　　耶魯大學的投資核心政策，是由傑出的耶魯大學法學院教授約翰・西蒙（John Simon）和兩位同事所撰寫的一份開創性的報告所發展出來的。這套方針有兩個重要前提。第一，「大學選擇、保留受贈證券以最高經濟報酬為唯一標準」。

　　第二，在一些少數情況下，大學會為了社會目標而犧牲投資組合的報酬。[4]如果公司造成「社會傷害」，大學會依循股東決議而採取裁撤投資措施。這些情況指的是「對消費者、員工或他人……造成有害影響」的公司活動。重要的是，它還特別納入了「違反、阻礙執行旨在保護個人免於被剝奪健康、安全或基本自由的國內或國際法規的活動」。

　　因此，大學根據兩項標準把投資標的排除在投資組合之外。第一，投資造成社會傷害（換句話說，這是某種外部性）；第二，該活動會違反或阻礙保護個人的國內或國際法律。以 ESG 指引來說，第二項限制並不常見，因為它的焦點狹隘，著眼於非法活動，而非不道德的活動。

多年來，耶魯大學曾就南非的種族隔離、菸草公司以及在南蘇丹經營石油和天然氣公司採取行動。對於氣候變遷則採取謹慎的措施，鼓勵揭露排放以及分析氣候變遷對投資績效的風險影響。由於這些行動的範疇有限，耶魯大學捐贈基金的報酬（長期報酬率在各主要大學之間居冠）不太可能因此受到影響。

耶魯採行投資規則的不尋常之處，是它對法定汙染和其他廣泛的外部性所採取的立場。如果這些活動是單一一家企業的錯，或許就會受到制裁。然而，如果是產業普遍的外部性，該報告擔心，單一一家公司會因為成為制裁或撤資的目標而處於競爭劣勢。那些領域需要政府行動，例如禁止突擊步槍或是限制排放。

在需要政府採取行動的情況，像是產業普遍的汙染，大學的作為只限於「與公司管理階層溝通，敦促公司向適當的政府機構尋求必要的行動」。在這條規則下，大學不會對個別的化石燃料公司撤資，但是會要求這些公司努力尋求強有力的政府政策。

正是在關於產業普遍的社會傷害這一點上，耶魯大學校方的指導方針與許多學生主張的指導方針出現分歧，而這點確實也異於其他大學的指導方針，後者希望大學也對合法生產化石燃料、槍枝和菸草的公司撤資。

社會責任投資實務

　　我們可以檢視一些最重要的 ESG 基金，理解它們的理念。先鋒（Vanguard）的社會指數基金（Social Index Funds）是規模最大的基金之一。以下是它的投資理念：

　　本指數基金不納入在（1）環境影響、（2）人權、（3）健康與安全，或（4）勞工標準有違反或爭議情事的公司，也不納入（5）不符合多元化相關標準的公司。本指數基金也排除涉及（1）武器、（2）菸草、（3）博奕、（4）酒類、（5）成人娛樂或（6）核電的公司。

　　請注意，先鋒基金同時納入合法活動和非法活動。我們並不清楚部門列入或不列入投資標的的原因。該基金的持股確實涵蓋石油、汽車、化學品、銀行服務業者，還有其他可能引人反感的產業裡的公司。此外，有些人可能會想知道先鋒為什麼要排除核電廠商，畢竟它們能減少溫室氣體的總排放量。

　　第二個重要的例子是 TIAA-CREF 的社會精選權益基金（Social Choice Equity fund）。以下是它的聲明：

　　本基金的投資須遵守一定的 ESG 標準……所有公司必須達到或超過 ESG 績效標準的最低門檻，才有資格被納入本基金。評估

程序有利於 ESG 績效領先同業的公司。

從事「生產和銷售酒類、菸草、軍用武器、槍枝、核電和博奕產品」的公司會被扣分，但不會自動被排除。聲明裡仍然沒有對 ESG 標準的確切定義提出解釋。

綠色投資組合實務

我們現在要跳脫辭藻，直接觀察行為，也就是檢視不同綠色基金實際的投資組合。規模最大的兩個 ESG 投資組合是先鋒和 TIAA，前文才引用過它們的投資標準。現在，我們將這兩個綠色投資組合的持股內容與一檔涵蓋整體美國市場的標準指數基金做比較。[5] 表 21-1 顯示的是在市場投資組合裡占比前 20 名的公司（市值最大的公司）。表中也顯示這 20 家公司在兩個重要 ESG 基金的持股占比。

表中呈現幾個要點如後。首先，個股在綠色投資組合裡的權重通常更高，因為整體市場裡有很大一塊都被排除在它們的投資標的之外。例如，微軟在先鋒社會基金的權重為 5.8%，高於在整體市場基金的 3.9%。

第二，選股內容看起來可能讓人摸不著頭緒。以亞馬遜和臉書為例。兩家公司的 ESG 得分都屬於平均水準。然而，TIAA 投

表 21-1 市場基金最主要的成分股，與 TIAA-CREF 社會精選基金、先鋒社會精選基金的成分股對照

公司	總體市場	TIAA	先鋒
微軟	3.86%	4.10%	5.77%
蘋果	3.56%	4.00%	5.98%
亞馬遜	2.63%	2.40%	
臉書	1.62%		2.44%
伯克夏海瑟威（Berkshire Hathaway）	1.42%		
摩根大通	1.34%		2.11%
Alphabet	2.64%	3.00%	4.04%
嬌生	1.23%		1.87%
寶鹼	1.10%	1.50%	1.64%
Visa	1.09%		1.65%
埃克森美孚	1.01%		
AT&T	0.99%		
美國銀行	0.92%		1.40%
家得寶（Home Depot）	0.90%	1.30%	1.37%
英特爾	0.88%	1.30%	1.33%
威訊通訊（Verizon）	0.88%	1.30%	
萬事達（Mastercard）	0.88%		1.32%
迪士尼	0.82%		1.21%
聯合健康保險（UnitedHealth）	0.81%	1.00%	1.27%
默克（Merck）	0.78%	1.20%	1.19%

資料來源：各投資組合的成分股資料取自各基金網站，時間為 2019 年 11 月。

資亞馬遜，但沒有投資臉書，先鋒則相反。埃克森美孚的 ESG 分數較低，因為它是化石燃料生產商，雖然它在 2019 年之前的得分很高。TIAA 排除了銀行與信用卡公司，但是先鋒沒有，這點也讓人費解。TIAA 持股人可能會感到驚訝，TIAA 居然排除米老鼠之家（迪士尼）。[6]

這個簡單練習有個耐人尋味的發現，那就是投資標的的排除似乎是任意而為，並取決於投資基金經理人的偏好。從財務角度來看，投資排除大部分頂尖企業會降低分散程度與報酬。出於任意的排除則反映我們在本章和前一章中一再看到的，衡量企業 ESG 績效的系統化方法仍付之闕如。

綠色投資組合的成本幾何？

雖然有些道德命題是絕對的原則，但大多數議題都需要權衡成本與效益。大多數投資人都會問，排除某些企業或產業要付出多少成本。

當今標準的投資建議是持有廣泛分散化的證券組合。例如，典型的指數基金可能會納入最大的 500 家公司。也就是標準普爾 500 指數的成分股。這是一種「被動」基金，因為不需要任何人決定投資標的。這種方法可以降低基金的營運成本。

廣泛的投資組合也是分散化的投資組合，降低對單一公司的

曝險。比方說，如臉書的股價波動率是標準普爾 500 指數的兩倍
多。

　　因此，持有綠色投資組合的成本有二。第一，你得花錢請人
決定如何排除投資標的；第二，由於投資組合會排除部分公司或
部門，因此分散化程度較低。在此用一個簡單的例子說明綠色投
資的成本。[7]

表 21-2　綠色基金的報酬

投資組合	報酬	費用	淨報酬
市場	6.00%	0.04%	5.96%
先鋒社會	5.93%	0.18%	5.75%
TIAA-CREF 社會	5.81%	0.22%	5.59%
一般 ESG	5.80%	0.93%	4.87%

說明：本表顯示兩檔綠色基金、一檔假設的高成本基金排除部分個股對風險或
預期報酬的影響。最後一欄顯示，報酬的減損可能相當可觀。

　　表 21-2 顯示限制投資組合對 TIAA 和先鋒綠色基金、一般
ESG 基金的預期影響。[8] 第一欄是預期報酬（經過風險校正）。
社會精選基金的預期報酬率略低，這是因為它們的分散化程度較
低。在大多數基金，報酬減損可能不高，每年為 0.1% 到 0.2% 之
間。

　　然而，主要成本是較高的費用率，如第二欄所示。先鋒和
TIAA 的年報酬率總減損約為 0.4%，但是一般 ESG 基金的報酬

減損幅度高得多。一個不小心，6 個百分點的報酬就會減損 1 個百分點。

這些結果意在說明 ESG 排除投資標的對報酬的影響。針對 ESG 基金實際報酬的研究，結論互有出入。原因之一是許多研究著眼於事後或歷史報酬，內含純隨機與一次性因素。綠色基金的報酬減損通常超過表 21-2 中的微小數字，但原因不明。績效不佳的原因可能是綠色基金經理人的投資選擇不當。

此外，有些研究檢視排除個股的影響，而結果顯示，如果只排除單一個股，影響確實很小。例如，「FossilFreeU」的支持者可能會做同樣的分析，計算排除埃克森美孚對前五百大企業投資組合報酬的影響。如果以表 21-2 所用的方法來計算，預期報酬率會從 6.000% 下降到 5.997%，顯然微不足道。報酬減損之所以如此低，是因為埃克森美孚在投資組合裡的占比很低。相較之下，如果這檔基金排除能源公司、銀行、車廠、公用事業、在中國等有疑慮的國家營運的企業以及化工公司，報酬減損會高得多。

綠色投資人的投資策略

我們在這裡學到哪些綠色投資的課題？以下是幾個要點。

第一，無論你是否對綠色投資有興趣，都一定要關注眼光長遠的企業。避開那些管理階層自私自利而短視的公司。

第二，我們可以把不後悔原則應用於綠色金融。如果投資組合從一開始就追求最適化，那麼即使投資組合排除一小部分標的，對報酬的影響也是微乎其微。因此，如果一檔基金只排除少數幾家公司或一個小型部門，長期報酬的減損也會很微小。

第三，如果你決定要讓投資組合染綠，請謹慎選擇標的。如果你想持有最潔淨的投資，你的報酬可能會承受相當的減損。這表示你應該檢視基金實際的成分股。如果排除範圍很廣，或者難以理解，或者不符合你的理念，那麼也許你該另尋標的。

還有，請密切注意基金的各項費用。如果大意，這些費用可能會吃掉你的報酬。永續影響基金 X（FundX Sustainable Impact）的管理費率高達 2.1%，是費率最貴的基金之一。有些基金甚至會加收銷售費。以先鋒基金 0.20% 的管理費率和 0.00% 的銷售費來說，你的投資績效會更好。

PART 5

全球綠色議題

第 22 章

綠色星球？

　　截至目前為止，我們所討論的綠色主義大部分都屬於個人、地方或國家層面。然而，有些最棘手、最危險的外部性屬於全球層面。我們在前面的章節曾討論到一種重要的全球危害，也就是流行疾病。本章與下一章要來評述全球暖化所凸顯的全球綠色主義。

氣候變遷是全球外部性

　　氣候變遷是特別難處理的外部性，因為它是全球的外部性。當今人類面臨的許多關鍵問題，如全球暖化和臭氧耗竭、COVID-19、金融危機、網路戰和核武擴散等，其實都是全球問題，而且不受市場和國家政府的控制。這種影響遍及全球、無法

分割的外部性並不是什麼新鮮事，但是在快速的技術變革與全球化進程下卻變得愈來愈重要。[1]

由於全球暖化涉及許許多多的活動，因此可說是各種外部性裡的歌利亞巨人。它影響整個地球數十年、甚至數百年，卻沒有單一個人、甚至也沒有單一國家可以靠著單獨行動而減緩變遷的腳步。

長期以來，全球外部性一直是各國政府的挑戰。在之前的幾個世紀，各國面臨宗教衝突、軍隊掠奪、天花與鼠疫的流行傳播。在現代世界，正如我們在 COVID-19 大流行裡所見——過去的全球挑戰並沒有消失，而新的挑戰已經出現——不只是全球暖化，還有核武擴散、毒品走私以及國際金融危機等威脅。

進一步深思就會發現，在處理全球經濟外部性的協議方面，各國實現的成就有限。兩個成功案例是國際貿易爭端的處理（現在主要是透過世界貿易組織），以及限制使用氯氟烴物質（會破壞臭氧層的）的協議。哥倫比亞大學經濟學家史考特‧巴瑞特是環境條約經濟面研究的開創者。他與其他學者認為，這兩項條約之所以能夠成功，是因為收益遠高於成本，而且設有具效能的機構，促進國家之間的合作。[2]

治理是處理全球外部性的核心議題，因為有效的管理需要主要國家同心協力採取行動。然而，根據現行國際法，沒有任何法律機制可以讓大多數沒有利害關係的國家要求其他國家分擔管理

全球外部性的責任。此外，當說服各國採取合作行動成為關鍵，像是武力等法律以外的方法，幾乎都不在考慮之列。

我們必須強調，全球環境問題所引發的治理議題，與國家層級的環境問題完全不同，例如空氣和水汙染。以一國的公共財來說，問題的癥結大多在於如何讓國家政治機構對一國分散的公共利益做出回應，而不是迎合集中的私人利益。但是，在全球公共財，問題之所以出現，是因為個別國家只能享有其行動效益的一小部分。換句話說，為了自身利益而不合作的國家，即使是最民主的國家，也會採取最低限度的行動，因為大部分的利益都會被其他國家坐享其成（外溢效果）。只有透過多國合作性政策的設計、實施與執法，才能確保各國的政策有效。

本章會討論氣候變遷在科學與經濟上的背景。下一章則探討如何以全球機制（我稱之為「氣候俱樂部」或「氣候公約」）因應全球外部性的管理缺乏誘因的問題。

變遷中的氣候變遷科學

如果你有在讀報紙、聽廣播或看看 Twitter，你幾乎一定會接觸到關於全球暖化的報導。以下是取自各種資訊來源的例子：

「過去十年是有紀錄以來最熱的十年。」

「全球暖化的概念是中國人為自己創造出來的，目的是讓美國製造業失去競爭力。」

「北極熊可能會在一個世紀之內絕跡。」

「格陵蘭冰層的融化速度已經破紀錄。」

顯然，今日全球暖化已經廣泛引起關注。但是，同樣擺明在眼前的是，關於氣候變遷是否真實存在、是否重要，以及它對人類社會的意義，世人也各持所見。對這個主題有興趣的公民，該怎麼從這些相互矛盾的說法做出結論？如果答案是全球暖化真實存在，那麼這件事有多重要？在我們所面臨的種種問題當中（例如持續的貧富不均、流行病和核武擴散），全球暖化應該排在第幾順位？

簡單回答，全球暖化是對人類和自然界的重大威脅。這是綠色政策的終極挑戰，可能會讓地球變成一顆棕色星球。

我把氣候變遷比喻成一座大賭場。我的意思是，經濟成長正在對氣候和地球體系造成意想不到但危險的變化。這些變化會造成無法預見而且可能危害重大的後果。我們正在擲氣候的骰子，結果會有驚奇，其中有一些也可能危機四伏。這些章節的訊息是，我們可以放下氣候骰子，走出賭場。

全球暖化是我們這個時代決定性的問題之一，與流行病、經濟蕭條並列，一直到看不見盡頭的未來都會是塑造人類和自然景

觀的一股力量。全球暖化也是複雜的課題，涵蓋從基礎氣候科學到生態學、經濟學等領域，甚至包括政治學和國際關係。

氣候的基本觀念

本書不可能以幾章的篇幅涵蓋氣候變遷的龐大範疇。本書的討論會側重相關的重大問題，解釋氣候變遷是地球的威脅，並說明這些問題與本書整體綠色哲學之間的關係。[3]

我們對於氣候變遷的理解以地球科學為起點。氣候科學是一個活潑的領域，但是它的根本內涵是在上個世紀由地球科學家發展而臻至。全球暖化的根源是煤、石油和天然氣等化石（或碳基）燃料的燃燒所排放的二氧化碳。二氧化碳等氣體稱為溫室氣體，會在大氣中積累，並留存很長的時間。

大氣中溫室氣體的濃度升高，會導致陸地與海洋的表面升溫。最初的升溫經由大氣、海洋和冰層的反饋效應而放大，引發的影響不只是氣溫的變化，還包括極端溫度、降水模式、風暴位置與頻率、積雪、逕流量、可用水量與冰層的變化，每一個變項都會對氣候敏感的生物和人類活動產生深遠的影響。

過去的氣候——從無冰到冰封的地球，都是由自然原因所驅動。當前的氣候變遷卻愈來愈多是由人類活動所引起的。全球暖化的主要驅動力是化石燃料燃燒產生的二氧化碳排放。1750 年

時，大氣的二氧化碳濃度為 280ppm，如今已超過 410ppm。根據模型預測，除非採取有力的措施減少化石燃料的使用，否則到了 2100 年，二氧化碳濃度將達到 700 至 900ppm。氣候模型顯示，在這種二氧化碳濃度水準下，到了 2100 年，全球平均升溫幅度為 3 到 5℃，之後會有更進一步的大幅度暖化。因此，我們若是不祭出鐵腕，抑制二氧化碳的排放，我們可以預期，二氧化碳排放會在大氣裡持續累積，也可以預見由此而來的全球暖化以及伴隨的種種後果。

這一切都是科學家為了替自己熱衷的專案找資金而編出的幻想嗎？這種誤導的酸民觀點不僅是對這個領域優秀人才的侮辱，也是漠視他們提出的有力證據。一項關鍵證據如圖 22-1 所示，也就是過去 80 萬年來大氣二氧化碳濃度的紀錄。從圖中可見，冰河時期的二氧化碳濃度上下波動。寒冷時期是二氧化碳急遽下降的時期（可能是因為進入深海），而溫暖時期有大量的二氧化碳釋放。在前工業化時期，二氧化碳的濃度變化介於 170ppm 左右的低點到 280ppm 左右的高點之間。在最近一次的冰河時期，全球氣溫比今日低約 5℃，大氣中的二氧化碳濃度處於最低點，約為 180ppm。

然後，1750 年左右，隨著人類開始砍伐森林、燃燒化石燃料，二氧化碳濃度開始上升，在 1950 年左右打破 80 萬年來的記錄，而在 2020 年達到 410ppm。碳循環模型顯示，濃度的升高是

圖 22-1　取自冰蕊與截至 2020 年歷史紀錄的二氧化碳濃度

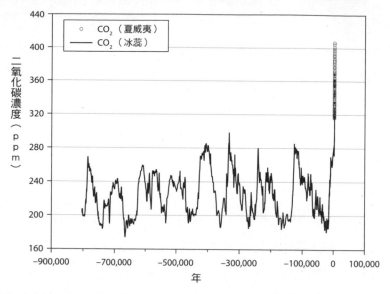

長實線的資料取自從南極等大片冰層採樣的冰蕊，自 1957 年開始的圓圈表示在
夏威夷用儀器記錄的資料。

由工業排放造成的，上個世紀的排放約有一半留在大氣中，而且
可能會繼續停留一個世紀或更長的時間。

累積中的二氧化碳以及其他溫室氣體正導致氣溫升高以及其
他伴隨的氣候效應。上個世紀期間，全球氣溫上升了超過 1℃。
如果排放量繼續沒有限度地增加下去，氣候模型顯示，到了本世
紀末，全球氣溫將再上升 2 到 4℃。有些地區的升溫幅度會更劇
烈，例如北極。不過，氣溫只是二氧化碳濃度所帶來影響的一小
部分，其中有許多影響，我們的理解還不透澈。其他影響包括陸

圖 22-2　過去 40 萬年來的全球氣溫變化估計值（實線），
　　　　以及未來兩個世紀氣溫變化的模型估計值（圓圈）

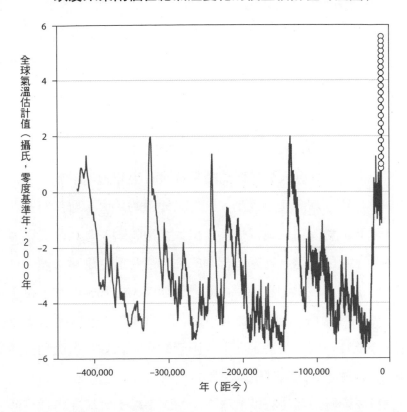

塊中央地區的乾旱、風暴增強、冰川和積雪縮小、野火更為常
見，以及變動的季風形態。

　　圖 22-2 是以南極洲冰蕊數據重建全球氣溫過去 50 萬年的變
化情況。圖中的數據經過常態轉化，以目前的氣溫為基準零度。
在沒有減緩氣候變遷政策下，最右邊的點與線是對未來氣溫升高

的預測。如果全球暖化持續未為控制，未來的氣溫很快就會打破過去 50 萬年歷史最高紀錄。

對於氣候變遷所造成的影響，氣溫上升本身並不是我們主要的顧慮。更重要的是風暴、大冰層與季風體系對人類和自然體系的衝擊。衝擊分析的核心概念之一是體系是否能夠做應變管理。高所得國家的非農部門都有嚴密的應變管理，至少在未來的幾十年內，能夠以相對較低的成本適應氣候變遷。

然而，有許多人類和自然體系都沒有應變管理措施，或是根本無從應變管理，極易受到未來氣候變遷的影響。雖然有些部門或國家可能會受惠於氣候變遷，但大多數的國家都會是受害者，與氣候敏感的實體系統密切相關的部門都會遭受嚴重破壞。潛在損害可能會高度集中在低所得與熱帶地區，如熱帶非洲、拉丁美洲、沿海社區與印度次大陸。容易受害的體系包括雨水灌溉農業、季節性積雪、受海平面上升影響的沿海社區、逕流和自然生態系。這些是可能受到嚴重衝擊的領域。

科學家特別關注的是地球系統的臨界點：系統在跨越門檻值時，會發生突然或不可逆的變化進程。許多系統的運行規模龐大到已經超越人類現有技術的有效管理範疇。四個重大全球臨界點是巨大冰層（如格陵蘭島和南極洲）快速融化；洋流大規模的變化，例如墨西哥灣流；永凍層的融化；季風模式的重大變化。這些臨界點之所以特別危險，是因為它們一旦觸發就不容易逆轉。

證據顯示，氣候變遷的影響有非線性和累積性的特質。例如，氣溫一開始升高 1℃ 或 2℃ 不太可能產生會嚴重破壞農業的影響，特別是如果暖化是一個漸進的過程，農民還可以調整他們的技術。然而，隨著全球暖化的升溫幅度突破 3℃ 或 4℃ 大關，溫度、降水和水資源可用性的變化，可能會嚴重破壞大多數的農業體系。

氣候變遷否定說

重大環境議題的科學和經濟學引發了激烈論戰，引發問題的一方以及自身利益會因緩解政策而受損的一方，有時候甚至會否認問題的存在。我們已經看到，當年瑞秋‧卡森向世界發出警訊，指出 DDT 與其他殺蟲劑的危害時，被主要化學公司列為頭號敵人。同理，在能源公司、尤其是生產或銷售化石燃料的公司眼中，嚴格的氣候政策也是它們獲利的威脅。破壞力最強的參與者是因意識形態或競選獻金而反對綠色政策的政治人物。公司有錢，但是政治人物有選票和權力。

我研究氣候科學長達幾十年，我認為它不但扎實而且可信。但是，還是有人對氣候科學抱持懷疑。許多人對這些議題有所誤解。一些有影響力的政治人物對主流氣候科學的有效性提出質疑。受影響的產業詆毀科學，並誇大減緩暖化政策的成本。以下

是一些爭議對話的例子：

川普總統說：「全球暖化的概念是中國人為自己創造出來的，目的是讓美國製造業失去競爭力。」

美國參議員詹姆斯‧英霍夫（James Inhofe）著作的書名：《最大的騙局：全球暖化的陰謀如何威脅你的未來》（*The Greatest Hoax: How the Global Warming Conspiracy Threatens Your Future*）

威廉‧哈伯（William Happer）博士（見後文）：「我相信更多的二氧化碳對世界有益，因為世界已經在二氧化碳飢荒裡度過數千萬年。」

俄羅斯總統普丁的一位重要顧問表示：「二氧化碳排放與氣候變遷之間沒有明確的關聯。」

類似的言論繁多不及備載。雖然這些辯論看起來很有趣，但是由於它們對公眾輿論造成影響，因而構成嚴峻的挑戰。這些主張值得我們檢視並驗證。

媒體要求報導要「公平」，就連遇到扎實的理論，也經常要引用一些出乎尋常的觀念來做「平衡」報導。氣候變遷就屬於這種情況。今天有一小群高分貝唱反調的科學家主張，氣候變遷的共識缺乏根據，而減緩暖化政策不具正當性。

在此以《華爾街日報》2012 年由「16 位科學家」發表的文章〈不必為全球暖化而恐慌〉為例，解釋這種否定論是如何散播的。這裡持異議的科學家往往不是在這個領域活躍的研究人員，但是因為肩負著科學的使命，而且經常在其他領域有重要貢獻，所以具有影響力。檢視這篇文章有助於理解氣候否定論，因為它包含許多常見的批評。

這篇文章的基本訊息就是地球沒有暖化、二氧化碳無害。他們有兩項主張是氣候否認論的常見觀點，茲分析如後。

（1）氣候變遷否認論者的第一個主張是地球沒有暖化。這 16 位科學家寫道：「也許最難以打發的一個事實就是，我們已經超過十年沒有看到全球暖化。」

這裡很容易迷失在枝微末節裡。今天股市下跌並不表示它普遍而言不會上漲。檢視實際的溫度測量記錄會有幫助。我們的最佳測量顯示，全球平均氣溫自 1900 年以來上升了 1.3℃，而且從 1980 年起出現加速趨勢。

此外，關於人類引發氣候變遷的證據，氣候科學家已經拓展蒐證範圍，跳脫全球平均氣溫的範疇。科學家們發現幾個指標，顯示人類是地球暖化的主因。這些指標包括冰河和冰層的融化；海洋熱含量、降雨模式、大氣濕度與逕流的變化；平流層冷卻；以及北極海冰的縮小。只注意全球氣溫趨勢的人，就像調查人員

只採用目擊者報告而忽略指紋與 DNA 證據。然而，反對者卻繼續使用過時的技術和數據，反覆重播他們的主張。

（2）反對者最奇怪的說法之一是第二個論點：「事實上，二氧化碳不是汙染物。」這是什麼意思？據此推論，這或許表示在我們可能遭遇的濃度範圍內，二氧化碳本身對人類或其他生物體並沒有毒性，而且更高的二氧化碳濃度其實還可能有益。

然而，在美國法律或標準經濟學裡，這不是汙染的意義。美國《潔淨空氣法案》將空氣汙染物定義為「任何空氣汙染物質或此類物質的組合，包括任何透過排放或以其他方式進入環境空氣的……物理性、化學性、生物性、放射性物質。」美國最高法院在 2007 年曾就這個問題做出裁決：

二氧化碳、甲烷、一氧化二氮和氫氟烴屬於「排放……進入環境空氣的……物理性〔與〕化學性……物質」，這點毫無疑問……溫室氣體完全符合《潔淨空氣法》對「空氣汙染」的廣泛定義。[4]

在經濟學中，汙染是一種負面外部性，也就是經濟活動的副產品，會對無辜旁人造成損害。這裡的問題是，在現在及未來，二氧化碳和其他溫室氣體的排放，是否會造大大小小的損害。關於二氧化碳濃度上升的影響，以及隨之而來的地球系統變化，幾

乎所有研究的結論都認為有淨損害、損害很大,而且升溫超過1℃時,損害會急遽攀升。簡單來說,由於二氧化碳是經濟活動的有害副作用,所以它確實是汙染物。

反對者的其他說法,內容從荒謬(這是中國人為了減損美國製造業的競爭力而編造的騙局)到深奧(雲能拯救地球免於災難性暖化),包羅萬象,應有盡有。

氣候變遷的經濟學

我們現在從科學轉向經濟學。減緩氣候變遷的策略一直是經濟學家關注的主題。最有希望的是策略是減緩(mitigation),也就是減少二氧化碳和其他溫室氣體的排放。遺憾的是,這種方法很昂貴。研究顯示,即使以有效的方式實施緩解,達成國際氣候目標的成本大約是全世界所得的 2% 至 6%(以今日的所得水準計算,每年約為 2 兆至 6 兆美元)。雖然我們可以想見,神奇的技術重大突破終會問世,能大幅降低成本;但專家們認為,這樣的技術不會在不久的未來出現。新技術需要數十年的開發與部署,尤其是發電廠、結構體、道路、機場與工廠等投資金額龐大的能源系統。[5]

氣候變遷的經濟學相當直觀。我們燃燒化石燃料時,無意間把二氧化碳排放到大氣裡,導致剛才討論的有害影響。一如本書

在其他地方所解釋的，這種過程屬於一種外部性：產生排放的人沒有支付費用，遭受到損害的人沒有得到補償。經濟學的一個重要課題就是，未為規範的市場無法有效率地處理廣泛的有害外部性。未為規管的市場會產生過多的二氧化碳，因為二氧化碳排放所造成的外部損害價格為零。

經濟學直指氣候變遷政策最重要的核心真理。這個真理實在太重要，值得一再重申。任何政策要有效，就必須提高二氧化碳和其他溫室氣體排放的市場價格。排放訂價可以修正市場對外部性的低估。規定可容允排放量的可交易限額（限額與交易），或是對碳排放課稅（碳稅），排放的價格就會上升。

經濟史的一個重要課題是誘因的力量。以土地價值為例。在土地稀缺、地價高的地方，例如曼哈頓，住宅面積小，建築高聳入雲。在土地價格低的地方，例如新墨西哥州南部，土地成本很少成問題，因此房屋與穀倉四處錯落。

如果把這個道理應用在我們這裡的主題，我們要問的是，如何利用誘因減緩氣候變遷。這裡要做的是讓每個人都有誘因，以低碳活動取代目前由化石燃料驅動的消費。要做到這種改變，需要動員數百萬家公司與數十億人、耗費數兆美元採取行動。

促成轉型最有效的誘因是高碳價。提高碳價格能達成四個目標。第一，向消費者發出訊號，顯示哪些是碳密集的財貨與勞務，應該審慎使用。第二，對生產者提供資料，顯示哪些是碳密

集生產要素（如煤碳和石油）、哪些是低碳生產要素（如天然氣或風能），引導企業轉向低碳技術。第三，對發明者、創新者和投資銀行家提供市場誘因，促進低碳新產品與流程的發明、籌資、開發與商業化。第四，碳價格能夠為這些目標的達成精省資訊成本。

經濟學家對於氣候變遷政策的主要問題進行了廣泛研究：各國二氧化碳和其他溫室氣體排放的減排幅度應該多大？減排的時間表應該如何？減排量在產業與國家之間的分配應該如何？哪些政策工具最有效——課稅、以市場為基礎的排放限額、法規還是補貼？以下是一些研究發現。

根據氣候歷史或生態原則而訂定剛性的氣候目標，是一個難以抗拒的選擇。一個常見的目標就是將全球升溫幅度限制在 $2^{\circ}C$ 以內；近來，科學家認為，如果要保護許多生物進程並避免危險的臨界點，應該以 $1.5^{\circ}C$ 為上限。然而，有鑑於目前的排放軌跡，以及有力政策的推行速度緩慢，這些高遠的目標可能不可行。

經濟學家經常倡議成本效益分析法，在求取成本和效益的平衡之下選擇目標。由於氣候變遷及其影響所涉及的機制如此複雜，經濟學家與科學家開發出電腦化的綜合評估模型，以預測趨勢、評估政策，並計算成本與效益。以下是一些主要發現：[6]

- **盡快**實施減排政策。
- 第二項出乎意料的發現是協調氣候政策的重要性。這需要各地減少排放的邊際成本達到等化。同樣，在市場脈絡下，這意味著每個部門和每個國家的碳價格都應該要相同。
- 有效政策應該要盡可能擴大**參與度**；也就是說，盡快有最多的國家和部門加入。搭便車的行為不應該受到鼓勵。
- 最後，一項有效的政策是**逐步加碼**，好讓世人有時間適應高碳價世界，給企業關於未來投資經濟環境的訊號，並把碳排放的螺絲釘愈栓愈緊。

大多數專家都同意這些核心原則——普遍參與、在某一年之前讓所有用途的邊際成本或碳價格達到均等、充分參與，以及隨著時間增加法規的嚴格程度。然而，專家對政策的嚴格程度各持異議。我研究的模型顯示，當前的碳價格水準約為每公噸二氧化碳 40 美元左右，並隨著時間而升高。這項政策最後會讓氣溫比工業化時期之前大約高 3℃。

然而，如果要達成升溫限制在 2℃ 內這個最雄心勃勃的政策目標，就需要更高的碳價格，在短期內拉高到接近每公噸二氧化碳 200 美元的水準。然而，其他價格則與其他溫度軌跡、參與率和折現率等因素一致。如果成本低、參與率高、對未來經濟影響

的折現率高，那麼較低的價格就屬適當。較高的價格適用於高成本、低參與率與低折現率的情況。

然而，無論政策是以升溫 2℃、3℃ 還是 4℃ 以內為目標，我們都必須務實地意識到，世界距離實現這些目標還很遙遠。無論是在主要國家還是整體世界，現行都沒有落實有效的政策。與目前每公噸二氧化碳 40 美元的碳價目標相比，2020 年全球實際的碳價接近每公噸 2 美元。美國和其他大多數國家的碳價幾乎為零，因此現實與全球目標之間存有很大的落差。

相較於許多國家環境政策（例如汙染、公共衛生和水質），全球氣候變遷政策為什麼如此無效？為什麼《京都議定書》和《巴黎協定》等具有里程碑意義的協議未能扭轉排放趨勢？接下來就要討論全球公共財面臨的困難，以及潛在的解決方案。

第 23 章
保護地球的氣候公約

　　氣候變遷是終極的綠色挑戰，因為它是全球外部性。一如前文的討論，全球外部性不同於其他經濟活動，因為能夠效率與效能兼具地處理全球外部性的經濟和政治機制，不是薄弱不堪，就是根本不存在。我們將會看到，對於減緩氣候變遷，我們目前只跨出最小的一步。本章會重新介紹、建構我的一個激進提議——氣候公約或氣候俱樂部，它們有潛力克服國家主義，以及搭便車心態所帶來嚴峻障礙。

搭便車症候群

　　全球暖化減緩進展緩慢的主要原因之一，就是各國傾向尋求自己國家的福利。川普政府強調「美國優先」政策，但是其他國

家也有類似的取向。此外，當行動不涉及境外，一國政府施政只要以公民利益至上，而不是採取利益狹隘的政策，往保護主義關稅或監管鬆綁的遊說團體靠攏，就能達成優良治理。

然而，為追求自身最大利益而犧牲其他國家利益的國家主義政策（有時稱之為以鄰為壑政策），是解決全球問題的下策。針對關稅、海洋漁業、戰爭與氣候變遷的不合作國家主義政策，會讓所有人都成為輸家。

有些競賽是零和賽局，像是各國參加奧運。有些是負和遊戲，像是國家交戰。然而，許多全球問題是合作賽局，如果各國放棄國家主義政策，轉而採取合作政策，各國的總所得或總福利就會提高。國際合作最重要的例子就是條約和聯盟讓戰爭致死數急遽下降（請看圖 14-1）。在綠色政治章節討論的另一個重要例子就是大多數國家採取低關稅制度（圖 14-4）。消除貿易壁壘，所有國家的生活水準都得到提升。

在這些正面成效之外，還有一系列的全球合作失靈，如各國未能阻止核武擴散、海洋過度捕撈、太空垃圾和流行病。在這類失靈中，不乏搭便車症候群的蹤影。

集體安全是受到搭便車現象影響的關鍵國家問題。一定會有些國家（尤其是被友善、和平的鄰國包圍的國家）對於和平解決國際爭端的貢獻微乎其微。例如，七十年來，北大西洋公約組織成功地保護成員國免受攻擊。每個國家都投入國內資源，對這個

共同的軍備計劃有所貢獻。但是，在這個成功的結盟結構裡，還是有許多搭便車的小國，沾了最大成員國（美國）的光。2016年，美國花費了 6,640 億美元，占北約支出總額的 72%。許多國家的國防開支只占 GDP 的一小部分，盧森堡就是一個極端的例子，只有 2 億美元，不到 GDP 的 0.5%。對多方協議貢獻不高的國家，搭了其他國家高額支出的便車。

搭便車現象是解決全球外部性的主要障礙，也是氣候變遷對策失靈的核心因素。沒有一個國家有大幅減少二氧化碳排放的誘因。此外，如果協議達成，各國就有強烈的誘因不參與。如果他們參與，也會有放棄高遠目標的誘因。在賽局理論裡，這就是非合作的搭便車均衡——與當前國際政策環境的處境非常類似：很少有國家採取強而有力的氣候變遷政策。各國高談闊論，但是沒有嚴格的作為。

以氣候變遷而言，還有其他因素對強而有力的國際協議構成障礙。當前的世代有一種傾向，就是把因應氣候變遷的成本遞延給後來的世代。代間搭便車現象之所以會發生，是因為今日做減排要付出高昂的代價，但是大部分的利益卻要在未來的數十年才會顯現。

因此，全球氣候變遷政策有兩種搭便車障礙：一是各國希望依賴其他國家的努力；二是當代人想要延遲採取行動，讓後代人承擔成本。

利益團體提出對氣候科學和經濟成本的誤導分析，進一步加劇了雙重搭便車障礙。異議者強調反常現象以及未解決的科學問題，卻忽略了驗證氣候變遷背後科學的有力證據。在美國，有效政策的障礙特別高——科學問題愈來愈嚴重，但是意識形態的反對力量愈來愈強。為了領略這些阻力，在此將反對氣候變遷政策的論述摘要如下（用我自己的話引述）：

反論者否認全球正在暖化。當這個論點站不住腳，他們就說暖化是自然資源所造成的。此外，他們還說，就算全球在暖化，也對人類有益，因為有這麼多寒冷的地區，而二氧化碳也是農業的肥料。但是，即使可能存在危害，他們又說，減少排放也會破壞經濟。還有，政策會提高生產成本並傷害出口，這也會成問題。其他諸如此類的說法。

國際氣候協議簡史

目前為止，我們的討論都聚焦於氣候變遷的科學和經濟學，還有搭便車症候群如何破壞強而有力的國際協議的落實。現在，我們要轉向氣候變遷國際談判的實際歷史。

1994 年簽署的《聯合國氣候變遷綱要公約》（*United Nations Framework Convention on Climate Change*）承認氣候變遷的風

險。該約指出:「最終目標……是實現……穩定大氣中的溫室氣體濃度,保持在能防止對氣候系統造成危險人為干擾的水準。」

公約執行的第一階段是 1997 年的《京都議定書》。高所得國家同意在 2008 至 2012 年預算期間把排放量限制在比 1990 年低 5% 的水準(各國目標不同)。《議定書》不但確立了重要的制度特質(例如報告要求),還引入了一種計算各項溫室氣體相對重要性的方法。最重要的創新是以排放交易的國際限額與交易體系,做為協調各國政策的憑藉。(回想第 14 章關於硫排放總量限額與交易的討論。)

《京都議定書》是個高瞻遠矚的嘗試,旨在構建一個能夠有效協調不同國家政策的國際架構。但是,各國不認為它能帶來經濟上的優勢。美國很早就退出了協定。議定書沒有吸引到任何來自中等所得國家和發展中國家的新參與者。結果就是,《京都議定書》的排放涵蓋範圍大幅削減。此外,未涵蓋國家的排放增長更快,特別是像中國這樣的發展中國家。1990 年,《京都議定書》中的國家占全球二氧化碳排放量的三分之二,但是到 2012 年,這個比例下降到只有五分之一。2012 年 12 月 31 日,它終於安靜地壽終正寢,哀悼者寥寥。《京都議定書》的排放規定設計拙劣,結果證明,它是一個沒有國家願意加入的俱樂部。

繼《京都議定書》是 2015 年的《巴黎協定》。該協議訂定的氣候變遷目標是全球氣溫比工業化時代之前高不超過 2°C。《巴黎

協定》要求所有國家透過「國家自決貢獻」盡到最大的努力。

例如，中國宣布在 2030 年實現碳密集度比 2005 年低 60% 到
65% 的目標，相當於碳密集度每年下降 1.7% 到 2.0%。歐巴馬執
政時期的美國承諾在 2025 年之前，溫室氣體排放量比 2005 年減
少 26% 到 28%。川普政府宣布美國退出協定時，這些措施全都
被破壞了，雖然美國正式退出的時間是 2020 年 11 月。

重點在於，《巴黎協定》下的國家政策既不協調，也非自
願。說它們不協調是因為即使各國按照政策執行，這些效策的疊
加結果並不是一套能將氣候變遷控制在 2℃ 的政策。此外，雖然
各國同意盡最大努力，但是就算有國家退出協議或不履行義務，
也不會有任何罰則。

因此，世界會繼續處於一種狀態：即使認知到氣候變遷的危
險，卻沒有採取必要的減緩或遏止政策。這還只是 1990 年代第
一項國際協議的處境。國際協議的處境至今仍然沒有改變，只是
世界已經變得更熱，大氣的二氧化碳存量比第一項條約簽署時多
了 4 千億公噸。

氣候政策的有效性

在國際協議的簽署歷經四分之一個世紀之後，我們應該退一
步檢視過去的國際協議成效究竟如何。我們可以檢視參與率、覆

表 23-1 全球經濟脫碳率

期間	世界	中國	中國以外的世界
1980-90	−1.9%	−3.9%	−2.1%
1990-2000	−2.2%	−5.6%	−2.1%
2000-10	−0.8%	−0.6%	−1.6%
2010-17	−2.0%	−4.7%	−1.7%
1980-2017	−1.7%	−3.6%	−1.9%

蓋率、目標和時間表的分析,但是成效才是真正的答案所在,尤其是生產的碳密集度(前文裡中國的目標)。碳密集度衡量的是二氧化碳排放量與產出比的趨勢。例如,2010 年,美國的二氧化碳排放量是 57 億公噸,實質 GDP 為 14 兆 8 千億美元,也就是說每千美元 GDP 的碳密集度為 0.386 公噸的二氧化碳。到了2015 年,碳密集度降到 0.328,平均脫碳率為每年 3.1%。

有三大機制可以改變碳密集度:改變燃料組合(以風力代替煤碳);改變產出組合(如電信服務之類的低碳消費,而不是高碳的駕駛);改變能源使用效率(如更省油的汽車)。氣候政策可以影響這各項機制。

如果政策有效,那麼碳密集度的走勢應該會在《綱要公約》或《京都議定書》等協定成立之後急遽下降。表 23-1 顯示過去 40 年的脫碳率。由於中國已經成為排碳大國,因此為了實用,我們要分別檢視全世界、中國以及中國以外地區的情況。在簽署協

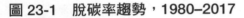
圖 23-1　脫碳率趨勢，1980–2017

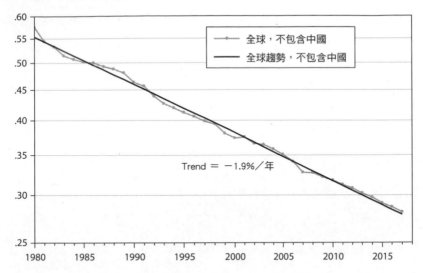

議之後的這段期間，全球的年平均脫碳率平均 1.7%，中國是 3.6%，而中國以外的地區則為 1.9%。

　　請看表 23-1 的最後一欄。如資料所示，全球脫碳率基本上沒有改善。事實上，過去二十年的脫碳趨勢比之前的數十年略為緩慢。圖 23-1 是除中國之外的全球脫碳趨勢和年度資料。在三個指標年分（1994 年的《綱要公約》、1997 年的《京都議定書》，以及 2015 年的《巴黎協定》），趨勢都沒有出現轉折。雖然我們無法斷言趨勢如此持恆的原因為何，但是趨勢確實沒有重大的變化。

　　排放趨勢持恆的原因之一是承諾不足。我們用美國與中國的

承諾對照趨勢來說明。中國的承諾其實低於它最近的趨勢。以目前每年 4% 的脫碳率走勢來看，中國會在 2030 年左右實現它所承諾的目標。因此，中國只需保持目前的水準。至於美國，目標稍微高遠了些。過去十年，美國的脫碳率是每年 2.8%，可是要達成它的目標，年均脫碳率的門檻值是 3.4%。

更重要的是對照當前的脫碳率與達成理想升溫控制目標的進程。圖 23-2 顯示碳密集度的歷史軌跡，以及使用氣候與經濟動態綜合模型（dynamic integrated model of climate and the economy model，簡稱 DICE）模擬的四種未來走勢。[1] 基準線是當前趨勢的延伸，模擬結果顯示，到了 2100 年會升溫 4℃以上，而且在此之後還會進一步升溫。

其他三條路徑分別代表三種不同溫度限制水準下的脫碳率走勢。請注意，由於政策的導入，在 2020 年期間（從世界幾乎沒有氣候政策可言的狀態出發），碳密集度立即急遽下降。例如，要實現當前 2℃的目標，未來 20 年的脫碳率必須達成每年 10% 的水準（而不是目前的 2%）。更艱鉅的是，要達成升溫限制 2℃的目標，我們就必須在本世紀中之前實現二氧化碳零排放。

這裡的課題是，截至目前為止，我們所採取的政策不但不足以達成減緩氣候變遷的國際目標，而且還差得很遠。

圖 23-2　碳密集度率趨勢，1980–2017

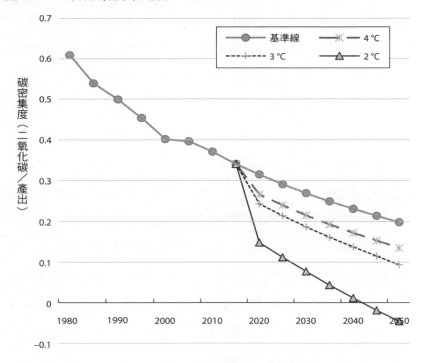

以氣候公約克服搭便車行為

　　無論採用什麼樣的國際機制減緩氣候變遷，如復辟的《京都議定書》，或是更新版的《巴黎協定》，都必須面對各國的搭便車傾向。各國有強烈的誘因宣告高遠的目標……然後無視這些目標，行為一切照舊。當國家經濟利益與國際協議發生衝突時，國家就很難逃離規避、掩飾和退出的誘惑。

一方享有公共財利益而不必承擔成本，就是搭便車。以國際氣候變遷政策來說，各國有依賴他國減排、自己不承擔高昂代價進行減排的誘因。《京都議定書》的失敗、建立有效後續機制所面臨的困難，癥結多半在於搭便車心態。

　　加拿大是一個有趣的例子。加拿大是《京都議定書》的早期熱衷支持者。它簽署了減排 6% 的協議，也通過條約。然而，隨後幾年，由於亞伯達省（Alberta）的油砂產量迅速成長，加拿大的能源市場發生了劇烈的變化。到了 2009 年，加拿大的排放量比 1990 年高出 17%，遠高於它在《京都議定書》裡承諾的目標。最後，2011 年 12 月，加拿大退出了《京都議定書》。加拿大除了挨了環保人士的罵，沒有承擔任何負面後果。加拿大的經驗點出，《京都議定書》和後續協議有個嚴重缺陷——它們都沒有強制執行機制，因此是個無用的條約。骨子裡，參與屬自願性質。《巴黎協定》很可能會落入類似的結果。

　　有鑑於《京都議定書》的失敗，我們很容易就能得出結論：國際合作注定失敗。不過，這是個錯誤的結論。儘管有潛在的搭便車障礙，但各國其實已經藉由國際協議化解許多跨國衝突和外溢效應。各國簽訂協議是因為聯合行動可以把參與者之間的外溢效應納入考量。這些協議是一種「國家公約」，我們將在後文描述。[2]

　　一個特別有趣的例子是自由開放貿易體系的發展，我們在綠

色政治那一章曾經詳述。一項重要成就是世界貿易組織的俱樂部結構，參與各國享有權利、也盡有義務，而一項重要義務就是降低關稅。在種種情況下，搭便車傾向都可以透過條約的機制解決。

那麼，什麼是俱樂部（club）或公約（compact）組織？雖然大多數人都會參加俱樂部，但是我們很少會去思考這種組織的結構。俱樂部是一個團體，成員共同分擔生產共享財貨或勞務的成本，藉此互惠。一個成功的俱樂部能產生足夠的利得，讓會員願意支付會費、遵守會規以享有會員的利益。

成功的俱樂部或公約組織的主要條件包括：可共享的公共財型資源（軍事聯盟的利益，或是享有來自全世界各地的低價商品）；每個成員都能受惠的合作安排，包括會費；訂定規則，能讓會員以相對低的成本排除或懲罰非成員；沒有成員想要離開，因此會員資格能維持穩定。

那麼，氣候公約又是什麼樣的概念？重點是如果各國採納俱樂部或公約模式，而不是目前的自願模式，國際氣候協議就能取得進展。氣候公約指的是經由參與國相互協調而達成的減排協議，但若是參與國不履行它們的義務，就會受到懲罰。這裡提議的公約是以國際目標碳價格為核心，這是協議的重點條款。例如，各國可能同意實施碳訂價政策，把國內碳價格訂在至少每公噸二氧化碳 40 美元。

氣候公約的重要特點是政策的架構以目標碳價格為中心，而不是減排量（像是《巴黎協定》和《京都議定書》的情況）。之所以聚焦價格而非數量，成本效益結構是其中一個原因。但是，更重要而不尋常的原因，和這兩種方法的維度有關。

　　已故哈佛經濟學家馬丁‧威茨曼曾深入探討這個主題。他的研究顯示，相較於一組數量限制，就單一碳價格談判不但比較不會扭曲，也更容易實行。這個理論很直觀，雖然證明繁複困難。對價格進行投票時，各國可以逕自協商一個接近自己的最佳價格。因此，假設所有其他國家都參與，美國可能會投票支持接近每公噸 40 美元的價格。對於各個價格，各國家都要投贊成或反對票。或許得到 50% 或 75% 選票的那個價格就會勝出。[3]

　　至於數量，投票就複雜得多。不僅有全球總量，還有國家限額。因此，美國會傾向投票支持較低的全球排放總量和較高的國家排放限額。每個國家都是這樣選擇。由此而來是不斷變動的結盟之間無止盡的角力，各方都想要犧牲別人以謀取自身的利益。排放量限制之所以如此困難，癥結之一就是單一變項（統一價格）和多重變項（國家限額的數量）之間的差別。

　　公約機制的關鍵環節（這也是與所有當前提案的主要區別之處），就是非參與者會受到懲罰。可以考慮的懲罰措施雖然多樣，但是最簡單而最有效的方法是對進口到公約地區的非參與者徵收單一稅率的關稅。氣候公約構成一種策略賽局，由於誘因結

構使然，為了自利而行動的國家會選擇加入公約，採取積極的減排措施。為了理解誘因和策略的本質，我要討論賽局理論在國際環境公約的應用。

理論和歷史都顯示，一項個別參與者要付出成本、但是利益及於整體的協議，需要有某種對非參與者的制裁，才能引導各國參與。制裁形式可能是一國政府退出或是威脅退出貿易或金融關係。這裡分析的氣候公約制裁的一個關鍵層面，是讓實施制裁方受惠，讓受制裁方受損害。這種形態與許多情況呈對比：許多制裁是為制裁與被制裁雙方都帶來成本，因而引發誘因相容性的問題。

有少數文獻分析了氣候公約的有效性，並與沒有制裁的協議進行比較。結果顯示，納入貿易制裁而設計精良的公約，能讓各國有一致的誘因，加入需要嚴格積極減排的公約。

距離氣候公約的採行，或是任何能挽救地球走上氣候變遷這條不歸路的安排（如圖 23-1 與圖 23-2 所示），國際社會都還有很長的路要走。途中的障礙包括人的無知、反環境的利益團體與和政治金主對民主的扭曲、即使是追尋自利的國家也有的搭便車心態，以及貶低未來利益的短視者。

氣候變遷及其嚴峻的後果是綠色世界最重大的威脅，也是最艱鉅的挑戰。全球暖化是個非常問題，需要非常解決方案，而人心、思想與選票都會是激烈的爭奪戰。

今日可以追求的四項要件

如果氣候變遷是終極的綠色挑戰，那麼關心這項議題的世界公民現在可以做些什麼？我要強調四項可以關注的具體條件。

首先，世界各地的人需要了解並相信，全球暖化對人類和自然界影響的嚴重性。從科學和生態學，到經濟學和國際關係，科學家們必須繼續從各方面緊密研究。了解問題的人必須直言不諱，揭穿散布錯誤、偏頗論述的反論者。反論者會去尋找氣候政策的負面結果，或是提出各種可以等數十年再採取適當措施的理由，對於他們捏造的說法，人人應保持警覺。

第二，各國必須制定政策，提高二氧化碳和其他溫室氣體的排放價格。儘管這些措施會遇到抗拒，但是要遏制排放、促進創新與低碳技術的採納，還有讓地球免於脫韁的暖化威脅，這些是基本要素。

第三，行動必須是全球行動，而不只是國家或地方的行動。雖然政治可能具地緣性，雖然有反對採取有力措施以減緩暖化的民粹勢力，但是減緩氣候變遷需要協調一致的全球行動。最有希望可以有效協調的是氣候公約，這是承諾採取有力措施以減少排放的國家聯盟，並對不參與的國家設有懲罰機制。雖然這是一項激進的新提議，但是要落實強而有力的國際行動，目前沒有任何公共議程藍圖比此提議更具有潛力。

第四，能源部門的快速技術變革顯然轉型為低碳經濟的核心。如果要以當前的低碳技術替代化石燃料，勢必要對碳排放祭出實質的經濟懲罰。開發全新且具經濟效益的低碳技術，則需要公眾對科學技術的實質支持以及高碳價的誘因。新技術能加速低碳經濟的轉型，並降低實現氣候目標的成本。因此，政府和民間部門必須積極追求低碳、零碳甚至負碳技術。

　　提高公眾接受度、適當定價、協調的行動與新技術——這些是全球綠色主義以及其他重要領域的要件。

PART 6

評述與省思

第 24 章

綠色懷疑論者

　　本書已經在許多領域探究綠色思想的樣貌。在我們進入最後一章之前，一個有幫助的主題是討論那些異議觀點。有些人可能會認為，本書的綠色提案過於畏縮。有些人會覺得，綠色思想是個錯誤主張，或是會破壞我們的經濟。

　　圖 24-1 顯示各種立場構成的光譜。最左邊的是「深綠」。這一派人士看重生物中心與環境價值，而輕視人類偏好。最右邊的是「深棕」，這一派是心存懷疑的商賈，重視自身利潤勝於社會福利。

　　中間偏右的是自由市場環境主義，以芝加哥學派保守派經濟學家傅利曼為代表。這一派對公共財的價值存疑，也對政府對經濟的效率監管能力有所疑慮。

　　最後是本書所代表的綠色精神。一如本書的討論，綠色運動

圖 24-1　綠色思想光譜

深綠　　　　　　　綠色精神　　自由市場　　　　　　　深棕

主張社會的法律、規定和價值觀要向綠色傾斜，也就是把人類的需要和慾望放在核心，但也考量其他價值。我們會淺談一下深棕思想和深綠思想，而把主要篇幅用於談論自由市場環境主義的貢獻。

深棕思想

　　光譜的最右端是深棕思想。這個群體可以委婉地稱為別有用心的懷疑論者。這些人或企業出於經濟或政治誘因，對綠色思維的科學、經濟學或倫理學抱持懷疑態度。

　　例如，如果一家企業賺取高額利潤，但是汙染環境，甚至違反法規，它就會有強烈的動機反對限制性法規。它可能會蒐集一些偏狹的想法，或是雇用渴望的學者為它的活動背書。這些團體可能認為，購買政治支持的成本低於減排的成本。

　　一個知名的例子就是科赫兄弟和科氏企業的活動。科氏工業集團（Koch Industries）是一家私人企業，旗下公司的營運對環境影響重大，2017 年，該集團的營收約為 1,150 億美元。公共誠

信中心（Center for Public Integrity）的報告顯示，美國環保署對戴奧辛的規定會嚴重衝擊到科氏集團所持有的喬治亞太平洋公司（Georgia-Pacific），報告寫道，科赫介入「各種監管程序，以緩解或中止對幾種可能影響其獲利的有毒副產品提高規管，包括戴奧辛、石棉和甲醛等，而這些物質全都與癌症有關。」[1] 綠色和平組織表示：「從 1997 年到 2018 年間，科氏家族基金會花費了 1 億 4,555 萬 5,197 美元，直接資助 90 個攻擊氣候變遷科學與政策解決方案的團體。」[2]

有時候，政黨也會被指為環境政策的深棕反對勢力。這種情況在 1980 年後的美國共和黨尤其明顯。部分原因是反對勢力的資金來自富有金主的獻金，而這些富者能自寬鬆的環境法規得利。此外，以共和黨的例子來說，環境政策需要積極的政府，而共和黨愈來愈傾向於小政府、限制聯邦政府權力。最令人不安的是出現一種憤世嫉俗的態度，把對強力環境政策的反對變成攻擊，歪曲這些政策背後的基礎科學。我們看到政客的荒唐論述，把氣候科學抹黑成「騙局」，甚至打「中國牌」，把氣候變遷的起源和責任都歸到中國頭上，或者把 COVID-19 貼上「功夫流感」（Kung Flu）的標籤，即使它並不是流感。

前文在討論企業責任時曾提到，這類活動有時會淪落到企業不負責任的第九層地獄。那裡的企業或彼此串謀的個人，在自身的專業領域欺騙公眾。最近登上新聞頭條的案例就是福斯汽車：

它們精心設計縝密的騙局，透過安裝軟體，提供福斯柴油車的錯誤排放讀數。揭穿別有用心的懷疑論者論點是重要活動，不過這個主題要另闢園地再談。本章的目的是與中規中矩的綠色懷疑論者對話交流。

深綠思想

最左邊是深綠思想。這一端包括環保主義者和科學家，他們認為自然保育應該放在第一位，在經濟與政治領域，人類的價值觀被嚴重過度抬舉。我要強調的是，深綠與深棕絕對不等於道德立場。然而，這兩種派別的特點都是提升單一價值（一是私人利潤，一是自然的重要性），而不承認相互競爭的目標之間有平衡的需要。

深綠思想涵蓋許多團體和哲學。其中最有趣的是深層生態學、無政府原始主義和生態抵抗團體。

深層生態學在之前的章節曾廣泛討論。它主張所有形式的生命都擁有不可剝奪的權利，就生存或地球資源的使用而言，人類並沒有優先權。這一派的人士通常認為人口與工業活動過多，需要減少，以利非人類生命能夠蓬勃發展。深層生態學的主要原則是增加非人類物種種群，加強保護荒野和生物多樣性，在地球上留下輕微的足跡（或是根本不留足跡）。最極端的深層生態學幾

乎是重塑地球最激進的提案之一。此外，它與核心綠色運動的某些主張一致。但是，在目前和可預見的未來，它無法爭取到足夠的選票（無論是人類還是動物的），讓選舉結果對自己有利。

另一個支系是無政府原始主義。這個運動源自農業浪漫主義，就像梭羅筆下的世界——他頌讚道：「生命是野性的組合。最狂野的生命最是旺盛。」在現代，無政府原始主義是與現代文明疏離。以下是新盧德派人士柯克帕特里克·塞爾（Kirkpatrick Sale）的陳述，其中涵蓋許多無政府原始主義的要素：[3]

> 人類中心主義以及它在人文主義與一神論中的體現，是西方文明的主導原則，它必然與生物中心主義原則相左⋯⋯全球主義以及它在經濟與軍事的體現，是西方文明的指導策略，它必然與地方主義策略對立⋯⋯工業資本主義的經濟體，建構於對地球的剝削以及地球的惡化，是西方文明的生產和分配體制，它必然與生態與永續經濟實踐敵對。

要是真讓批判者拆除所有剝削和惡化的體系，人類文明幾乎不復存在。

此外，深綠思想還包括以抗議、公民不服從、甚至暴力來推動理念的行動分子。這些團體包括綠色和平組織、善待動物組織（People for the Ethical Treatment of Animals，PETA）和地球優先！（Earth First!）。綠色和平組織可能是其中最為著名的團體。

它會發布氣候變遷、有毒廢物、基改生物、核武、核能、保護物種和生態系統、捕鯨等相關報告。當它與汙染者發生衝突，有時候會登上新聞頭條。例如，綠色和平組織試圖登上俄羅斯的鑽井平台，抗議它在北極進行石油鑽探。俄羅斯扣押了一艘綠色和平組織的船隻，並以海盜的罪名逮捕船員。此一事件引發了激烈論戰，為綠色和平組織帶來許多正面宣傳，儘管北極的鑽探形態並沒有因此發生什麼改變。

傅利曼與自由主義傳統

綠色精神最有影響力的批評者是傅利曼，堪稱自由市場環境主義深具說服力的倡導者。其基本觀念是自由市場不但是提高生活水準的基要條件，也具有綠色的本質。

傅利曼著述的核心前提是自由與自由市場之間的關係：[4]

歷史證據異口同聲證明了政治自由與自由市場之間的關係。就我所知，無論在什麼時間地點，只要是高度政治自由的社會，沒有一個不是採用某種相當於自由市場的方式來組織大部分的經濟活動。

傅利曼強調市場交易共同彰顯的優勢，並譴責伴隨政府行動而來的威迫。但是，傅利曼不是無政府主義者。他主張有限的政

府，而不是叢林的混亂。以下是他對政府行動合理性的闡述：

顯然，在有些事項上，有效的〔市場體系〕並不可得。我和你不可能各自如願得到不一樣的國防量。對於這些不可分割的事務，我們可以討論、爭辯、投票。但是一旦決定，我們就必須遵從。正是這種不可分割事項的存在（保護個人和國家免受脅迫顯然是最基本的事項），我們無法完全透過市場，依賴個人行動。

傅利曼認為有必要採取政府行動的其他領域包括：（1）法律制度和財產權的建立與執法；（2）貨幣體系的運作；（3）自然壟斷的控管；以及（4）鄰里效應的處理。最後一項與外部性的處理有關，我們來進一步思考。

傅利曼承認鄰里效應的存在，他把它定義為「對第三方的影響，而無法對其收費或補償」。這非常接近我們對外部性的定義。此外，傅利曼在他討論國防時所說的「不可分割的事項」，則類似所謂的公共財。

傅利曼以國家公園為例，說明他對適當處理鄰里效應的看法。傅利曼認為，鄰里效應「不足以支撐黃石國家公園或大峽谷等國家公園存在的合理性」。他解釋如下：「〔如果〕公眾想要這種活動到願意支付費用，私人企業會有充分的誘因提供這樣的公園……我自己想不出任何鄰里效應或重要的壟斷效應，可以證明政府活動在這個領域正當性。」

傅利曼的觀點過於狹隘，因為他忽略了公園與類似環境資產的非專屬性。我們所說的非專屬性是指私人所有權者無法輕易攫取的活動。傅利曼基本上認為國家公園就只是一座遊樂園。換句話說，國家公園的服務只有遊客受惠，而私人所有權者可以徵收通行費，有效攫取這些利益。按照這個邏輯，如果有家採礦業者或開發商認為它的價值更高，我們就應該讓它買下黃石公園，禁止公眾參觀，經營一座廣大的露天礦場以提煉鈾料。

傅利曼對公園的觀點與現代環境思潮對國家公園和其他珍寶的看法背道而馳。許多地方對人來說都珍貴無比，例如威尼斯之於藝術家、黃石國家公園之於自然學家，又如新墨西哥州的隱士峰之於我和我的家人。聯合國教科文組織的《世界遺產公約》有一套珍貴遺產登錄程序。根據聯合國教科文組織的說法，這些遺產是「無價而無可替換的資產，不只是一國的資產，也是整體人類的資產」。世界遺產名單目前登錄了世界各地 1,092 處遺址，包括宗教、生態與建築古蹟。美國有 24 個，黃石公園和大峽谷都在其列（但是沒有隱士峰）。

世界遺產的評選準則不只是溫馨的感覺或光鮮的圖片。評選標準包括：涵藏極致的自然現象，或是具有特殊自然美和美學重要性的領域；代表人類匠心獨運的傑出創作；文化傳統或文明的獨特證明，或至少是特殊的證明；或是建築物、建築物群、技術累聚的傑出代表作。在他們（以及大多數美國人）的眼中，黃石

公園和大峽谷都符合這些標準。

黃石公園是公共財

傅利曼對於鄰里效應的處理，問題出在哪裡？用經濟學的話來說，他的方法忽略了屬於公共財而非私有財的外溢效果。回想一下公共財的關鍵特質，一是非敵對性，也就是增加服務人數的成本為零，二是非排他性，意即無法排除他人享用。

前文曾以燈塔做為公共財來分析，黃石公園也同樣具有許多公共財的特質。根據世界遺產中心的標準，它的重要特點如後。它擁有世界一半已知的地熱特質與世界上最大的間歇泉群。它是地球北溫帶少數幾個完整的大型生態系之一。它也是稀有與瀕危物種繁衍不息的野生生態系。這些利益廣及世界各地並跨越到未來，但是參觀公園的費用不太可能反映這些利益。

由於黃石公園是以公共資產來管理，因此可以保留這些獨特點，也能確保環境品質，遠道而來的人也可以欣賞。這些價值的衡量非常困難，但是合理推論應該高到足以讓它保持公有，而不是交給私人開發商。

傅利曼對汙染費的觀點

傅利曼在後來與妻子蘿絲的著作裡，更加嚴正看待汙染問題。他們體認到，汙染有時候有危險，但是法規可能過於嚴格，而且設計不當。他們寫道：「大多數經濟學家都同意，要控制汙染，相較於目前具體的規管與監督，一個遠遠更好的方法是透過課徵排放費，引入市場紀律。」排放費（例如碳稅）的優勢在於透明而且運作有效率。請注意，雖然他們為市場方法說好話，但並沒有為它背書。

自由市場的道德問題

自由市場環境主義者對創新的綠色本質有個有趣的觀察。他們的基本觀念是市場力量能穩定提高生活水準。他們認為，技術變革在本質上屬於綠色，因為減少對環境的影響對私人企業而言具有成本效益。傅利曼夫婦在《選擇的自由》（*Free to Choose*）中寫道：

如果不看辭藻，只看事實，與一百年前相比，整體而言，今天的空氣更乾淨、水更安全。當今世界先進國家的空氣也比落後國家更乾淨，水更安全。工業化引發新的問題，但是也為過去的

問題提供解決辦法。汽車的發展確實增添一種汙染──但是也終結了另一種遠遠更不討喜的汙染。[5]

　　我們可以用汽車這項受到許多環境主義者厭惡的產品，說明技術變革在提升環境上所扮演的角色。19 世紀晚期，各大城市都因馬匹排泄物而汙穢不堪。當時，紐約有 10 萬隻馬匹做為主要交通工具。牠們每天要排 300 萬磅的糞便和 1 萬加侖的尿液，至於每年要處理的 2 萬 5 千具馬屍，就不用提了。

　　汽車在發明並普及化後取代馬匹，成為城市運輸的主要交通工具。當時的公衛專家奉汽車為健康和福利的救星，而他們是對的。城市有時候會禁止馬匹上街，而如今馬匹的用途主要是紐約中央公園的馬車，做為浪漫插曲的道具。根據自由市場的觀點，汽車的新技術完全是利潤對亨利‧福特和其他數百名實業家的誘惑所驅動。這點清楚說明為什麼自由市場論述會主張經濟成長符合綠色價值。

　　第 10 章曾詳細討論照明史，說明技術如何在提高生活水準的同時改善環境。在幾乎整部人類歷史上，從明火到油燈，能源效率的提升都有如蝸步，可能是每年提高 0.005%。然後，特別是隨著電燈的問世，照明的能源效率顯著提高，每 12 年就增長一倍。有了新技術的加持，人類不只可以讓鯨魚倖免於死，還可以逐步減少化石燃料造成的汙染。從 1970 年到 2018 年，每單位光

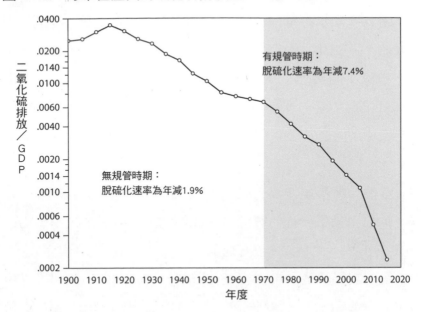

圖 24-2　每單位產出的硫化物排放量，1900–2015

二氧化硫排放／GDP

無規管時期：
脫硫化速率為年減1.9%

有規管時期：
脫硫化速率為年減7.4%

照的用電汙染以每年超過 7% 的速度下降。

　　這類的環境改善列也列不完。退一步看，有兩個顯而易見的結論。第一，自由市場環境主義者是對的：私人市場與公眾對知識的支持是提高生活水準的強大引擎，而在許多情況下，環境效率也是如此。例子包括馬、汽車、照明與電子產品。

　　然而，沒有規範的市場無法把每一件事都做對。雖然自由市場減少了用於照明的鯨油，但也引進了照明電力，而電力自燃燒煤碳產生，伴隨著硫汙染。第 14 章談到硫政治時曾提及，二氧化硫排放是現代最具破壞性的汙染物之一。在 1970 年之前，硫

排放基本上不受監管，之後才受到愈來愈嚴格的限制。

圖 24-2 顯示每單位 GDP 的二氧化硫排放量走勢。早期，排放量的下降主因是發電效率的提高，以及從煤碳轉為其他能源來源。1970 年開始進入規管時期，排放量下降更快。脫硫率從 1970 年之前年減 −1.9% 下降到 1970 年之後的年減 7.4%。因此，雖然自由市場是先汙染天空，然後協助清潔天空，但是規管的助力更大。[6]

當然，規管並非沒有成本。就 1975 年至 1994 年的減排成本，政府蒐集了詳細的數據。在此期間，汙染減排成本平均占 GDP 的 1.7%，這個比率沒有趨勢。

有一點很清楚：規管並沒有破壞經濟。此外，我們的綠色 GDP 討論顯示，若是我們的經濟會計能正確處理健康利益，以經過適當衡量的產出來看，環境規管其實是增進成長，而不是減緩。

規管的金髮姑娘原則

我們如何調和自由市場倡導者的見解與規管歷史的現實？我們可以應用金髮姑娘的原則：規管既不能太緊，也不能太鬆，要剛剛好。換言之，我們得在無規管和嚴格規管之間找到適當的平衡點。

圖 24-3

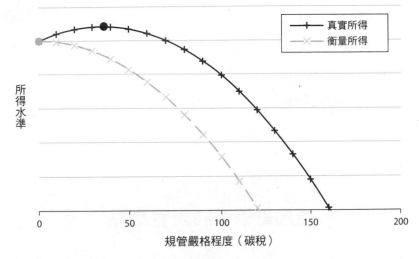

環境規管的金髮姑娘原則就是控管應該在無作為與做過頭之間找出皆大歡喜的
中庸之道。請注意，雖然傳統方法衡量的所得在無減排下達到最高水準，但是
真實所得是在邊際利益等於邊際損害的「金髮姑娘」點達到最大。

　　圖 24-3 以碳稅為例，說明規管對真實所得（true income）的
影響，也就是經過外部性有害影響修正後的所得。衡量所得
（measured income）是傳統 GDP，包括減汙的成本，但是不包括
減汙的利益。真實所得則包括減排成本和損害。此外，在小圓點
所標示的碳稅水準下，兩種方法所得出的所得分別達到最大。

　　衡量所得（如標準 GDP）不包括避免的損害，在零稅收與零
減排時為最大。真實所得在碳價格為每公噸 40 美元的最適稅率
下達到最大。因此，在適當的衡量標準下，如果環境政策得宜，

也就是符合金髮姑娘水準時，真實所得會最大化。

　　因此，自由市場環境主義者給我們的實用訊息是：綠色狂熱不要做過頭。規管可能太緊，也可能太鬆。規管太緊，會扼殺創業精神。容許汽車發展雖然會產生汙染，總是好過禁止汽車、雇用大批人手清理馬匹的排泄物。不過，規管最好還是從輕為宜，就像傅利曼的堅持，把市場工具運用到淋漓盡致，讓創新精神得以蓬勃發展。

芝加哥學派的規管觀點

　　擁市場派人士對環境激進主義者構成雙重批判。第一重是對環境惡化所帶來的損害提出質疑。懷疑論者可能看到氣候變遷的趨勢，但是質疑氣候變遷的影響是否真如科學家所聲稱的那樣可怕。有些人甚至主張，二氧化碳濃度上升是有益的現象，因為二氧化碳是一種肥料，可以提高農業生產。關於損害衝擊效應的質疑論並未得到最近研究的驗證，但是我們必須密切關注。

　　對綠色主義的第二重攻擊是強調政府失靈。政府選擇的政策（例如能源補貼）導致無效率的結果，就是政府失靈。當利益團體成功遊說干預措施，以增進自身利益而不是公共利益時，也是政府失靈。

　　芝加哥學派的規管觀點對於經濟規管別具影響力，像是限制

航空公司、卡車貨運和發電等產業競爭的規則。例如有大量經濟研究顯示，經濟規管經常是價格居高不下的原因。多年來，貨運公司與航空公司都必須獲准才能降價或進入新市場。

　　環境規管也會出現政府失靈嗎？答案是肯定的，只是方式不同。大衛・安霍夫（David Anthoff）與羅伯・韓（Robert Hahn）兩位學者檢視了環境規管的政府失靈，指出規管可以大幅改進之處。[7] 以下是一些重要例子：

● **限制排放造成的所得損失**。政府通常會免費核發許可給產業的現有業者以限制汙染。兩個重要例子是美國的二氧化硫和歐洲的二氧化碳。對產業提供免費許可或許能減少政治阻力，卻會損失寶貴的稅收，同時減損稅收制度的效率，一如綠色稅賦那一章裡所解釋的。此外，這種方法往往會鎖定既有的企業和技術。

● **拙劣的分析**。環境法規分析的黃金標準是成本效益分析。這種分析方法能確保邊際成本與邊際損害保持平衡，這是滿足金髮姑娘原則的條件。成本效益分析受到的限制有時候是因法律條文使然，但是更多時候是因為行政管理者不願意嚴正看待成本與效益，結果制定了一堆不是太 鬆、就是太嚴苛的環境法規。

● **忽視公共資源的稀缺**。第三個問題的出現是因為許多稀

缺的公共資源被當成免費。重要例子包括古地下水、道路和機場,更明顯的是潔淨的空氣和水。道路壅塞的訂價是重要的一大步,一方面可以限制民眾因為陷在車陣裡而浪費的大把時間,另一方面可以籌措資金,修繕殘破的基礎建設。

● **全球公共財**。另一個普遍的失靈發生在全球公共財,例如氣候變遷。在這個議題上,個別國家有搭便車的強烈誘因,致使全球減排水準過低。

對於實現綠色目標來說,環境規管為什麼是不完美的工具,以上只是眾多例子的一部分。這裡的啟示並不是我們應該放棄努力,而是強調我們需要冷靜分析目標,並審慎關注實現綠色目標的方法。

碳稅的自由市場

關於輕規管足跡,最好的例子莫過於減緩氣候變遷的政策。全球綠色主義的分析討論到氣候變遷的威脅。自由市場的環境主義者會如何看待氣候變遷政策?以下是一名假想的環境主義導向保守派人士對這個問題的沉思。[8]

「身為一個保守派,我希望有個高效率、平等而且容允最高

個人自由的政治與經濟體系。然而，我也渴望為我的子孫留下一個更美好的世界。我不是大型石油公司或企業不負責任行為的捍衛者，我不認為我們應該容允有人以犧牲他人為代價而掠奪地球。對此，我認為美國保守派總統雷根的表達堪稱非常貼切：

如果說我們在過去的幾十年裡有記取到任何教訓，或許最重要的一課就是保護我們的環境不是黨派的挑戰；這是常識。唯有我們全體共同努力，成為自然資源深思熟慮、高效能的管家，才能維持我們的身體健康、我們的社會幸福和我們的經濟福祉。[9]

於是，我戴上保守派的帽子，從閱讀科學分析開始。抱著開放的心態閱讀科學資料之後，我的結論是氣候變遷科學背後的證據令人信服。裡頭有很多『如果』、『但是』和條件。然而，如果說有大批來自世界各地的科學家串謀起來，聯手編織一個大騙局，或者說氣候變遷是中國為了提振中國製造業而為的陰謀，這種說法實在愚蠢。

接著，我研究關於氣候變遷影響的文獻。這裡的證據更加詭譎難測，因為我們要根據瞬息萬變的未來社會做不確定的氣候預測。但是，我發現這些預測令人坐立難安。我或許會有一座漂亮的海濱別墅，但是我讀的資料顯示，它可能會被沖入大海。我讀到數百萬人被迫遷徙，我想知道他們是否會流入我的城鎮、州和國家。我還讀到，氣候變遷正在破壞世界上許多我希望能和我的

孫兒一起造訪的自然奇景。

　　最後，我轉向政策制定層面。把問題交給市場解決如何？我很快就體認到，我們絕對不能依賴純粹的『自由市場』解決方案，也就是不限制碳排放。要減緩全球暖化，政府干預措施有其必要。

　　環境運動人士看似偏好『限額與交易』的方法，也就是設定二氧化碳的排放限額，並將額度分配給應得的各方。活躍人士顯然想對汽車、發電廠、電器和燈泡實施規管。有一位我很喜歡的保守派脫口秀主持人譴責說，這是『燈泡社會主義』，這話說得既有趣又準確。許多環境主義者和政府目前所青睞的做法，監管足跡深重，而且並非那麼有效。

　　這件事，經濟學家怎麼說？我自然要從我的英雄傅利曼的觀點開始看起。他贊成收排放費。許多經濟學家都提倡所謂的『碳稅』，也就是對二氧化碳和其他溫室氣體的排放課稅，以提高二氧化碳排放價格、彌補社會成本。

　　保守派經濟學家又怎麼看？我拜讀了保守派經濟學家馬丁・費爾德斯坦（Martin Feldstein，雷根總統的首席經濟學家）、邁克爾・博斯金（Michael Boskin，老布希總統的首席經濟學家）、葛雷格・曼昆（Greg Mankiw，小布希總統的首席經濟學家）、凱文・哈塞特（Kevin Hassett，川普總統時期的經濟顧問委員會主席）、亞瑟・拉佛（以拉佛曲線聞名）和蓋瑞・貝克（Gary

Becker，芝加哥學派的諾貝爾獎經濟學家）等人的主張。他們都偏好課徵碳稅，認為這是減緩全球暖化最有效率的方法。

他們認為，燃燒化石燃料的人等於享有經濟補貼——他們其實相當於在全球公地上吃草，卻沒有為他們的消費付費。碳稅可以修正對使用碳燃料的隱含補貼，從而提高經濟效率。

我的結論是，對於真正的自由市場保守派來說，碳稅是一項理想的政策——他們不但關心如何保育我們美麗的星球，也希望能以市場導向的誘因以及政府最低的干預來達成這個目標。碳稅和類似的市場導向政策，是綠色主義和自由市場環境主義的倡議者所認同的方法。」

一位自由市場環境主義者如是說。

總評綠色懷疑論者

我們要如何總評綠色懷疑論者的觀點？首先，這個群體包含許多不同的觀點。有些人或許因為自己是煤碳公司的老闆、或是從事汙染的產業，不過是為了維護自己的獲利與私人利益而發聲。雖然我們可以分辨他們的立場，但是我們不應該把私人利益與公共利益混為一談。

此外，我們必須認識自由市場哲學在應用上的有效性。經濟史顯示，創新與技術變革通常符合綠色精神，因為新技術耗費的

能源較少，而耗能較少通常意味著汙染較少。

工業革命以降，大部分的時期幾乎沒有或根本沒有實施汙染規管。自 1970 年以來，政府對於大多數主要汙染物（溫室氣體除外）的控制日益積極。以美國來說，汙染控制成本接近 GDP 的 2%。詳細的分析顯示，控制汙染的效益高於成本，所以真實所得以及實質成長其實因控管而增加，而非降低。[10]

因此，就算是最狂熱的環境主義者也應該認真看待自由市場環境主義者的論點。有效的環境政策有賴健全的科學、成本與效益的謹慎平衡，以及有效的政策實行機制設計。中央計劃經濟的歷史證明，過度熱心的中央集權制度有死亡之手的問題，而氣候變遷政策的失靈則凸顯無作為這另一個極端的危險。環境主義與市場導向的交集就在效率政策，如碳稅、公共資源拍賣，以及把命令與控制型規定的角色縮限到最小。

第 25 章

綠色精神之旅

　　我們的綠色星球之旅在此進入尾聲。這趟旅行介紹我們人類
與自己、與其他物種、與自然生態系的互動。這種互動開創出驚
人的經濟進步，也伴隨著我們不樂見的衝撞與蔓延。

　　在早前的時代，當第一批歐洲定居者抵達我的家鄉康乃迪克
州時，他們最重要的問題是如何因應大自然的種種。伐林開墾農
地、在冬天的嚴寒裡保持溫暖、與可怕的疾病奮戰，都填滿生活
的日常。鄰居是保衛行動的必要角色。

　　當洲陸和世界滿滿是人、工廠、道路和汙染，鄰居同時既是
傷害也是保護的來源。從汙染、浪費、壅塞、垃圾、物種耗竭、
過度捕撈，還有最凶險的氣候變遷裡，我們都可以看到棕色正在
排擠綠色。

　　這些都是擁擠的世界可能出現的嚴重問題，如果忽視，可能

就會失控。在最樂觀的估計下，技術進步與國際貿易所帶來的效益，超過汙染和其他外部性所造成的損害。但是，政治或市場都沒有鐵則可以保證漲勢能持續下去。

本書的分析與倫理觀點以**管理良善的社會的目標**為立足點，而這個社會的存在是為了提升其成員的福祉。管理良善的社會有四根基柱，分別是定義財產權和契約的法律，以利人能公平而有效率地互動；從事私人財貨交換的有效市場；修正重要外部性和提供公共財的法律、規範、支出與稅賦；修正性的稅賦和支出，以助確保經濟福利的分配達成適當的公平。

為了因應**成長的不良副作用**，我們必須體認市場與政府適當的角色。市場和政府都無法單獨解決所有的社會問題。市場本身無法有效遏阻氣候變遷；政府本身無法有效分配麵包或油。尋找市場力和政府力的正確組合是經濟和環境政策最傷腦筋的問題之一。如何在改善生活水準與控制汙染兩者之間維持平衡，市場與政府都是核心要角。

本書探討綠色思想，一個核心主題就是**效率**的角色。效率是經濟學家的主食，效率指的是以最有效的方式運用社會資源，以滿足人的需求。雖然我們經常頌揚運作適當的市場所展現的效能（例如供應挽救生命的疫苗），但是我們也體認到，市場會有失靈的時候，例如汙染或傳染病等負面的外部性。具有負面外部性的活動會導致未為想見的外溢效果，而受害者無法得到受惠者的

補償。

　　說到**負面外部性**，我們的假設前提是，在沒有規管的市場，資源會配置錯誤，以致於棕色活動過多，綠色活動過少。有些領域的外部性相對輕微，我們選擇容忍。例如每年浪費數十億小時的交通壅塞。雖然經濟學家設計出精巧的壅塞訂價方案，但是大多數國家卻決定繼續抱怨壅塞、忍耐壅塞，而不是採取訂價行動。有些領域的外部性，例如燃煤造成的致命空氣汙染，各國則已採取措施，阻斷最嚴重的危險。

　　綠色思想的核心原則之一是強調**永續性**。在永續的經濟之路上，未來的每個世代都能擁有像先前世代過得一樣富裕的選擇。但是，我們不堅持在每個面向（每一種財貨和勞務，以及每一種享受）都一樣富裕。一個經濟學核心方法強調消費可替代性，消費者能夠以降價的財貨替代稀缺性升高的財貨，以滿足他們的需求。在永續發展的脈絡下，這表示我們的主要關注應該是人在食物、居所、醫療保健等方面的生活水準，而不是些財貨或勞務的生產方式。例如，與其重視商品能否回收再利用，不如重視商品在使用壽命結束時能否迅速分解成無害物質。雖然這個原則也有例外，如黃石公園等獨特且無可替換的資產，但是資源的價值通常取決於它們的效用，而不是它們的本質。

　　永續概念在綠色國民會計帳找重要的應用之地。標準經濟帳（如國內生產毛額，即 GDP）多半忽略了外部性的影響，如汙染

對健康造成的損害。考量這種外部性的經濟效應，對產出水準會有相當的影響。根據現有研究而做的估計顯示，缺漏經修正後，美國的產出會減少約 10%。

然而，矛盾的是，經過外部性修正的真實產出，「成長率」通常會增加，至少在過去半個世紀的美國是如此。這是因為相對於整體經濟而言，大多數汙染物的排放量一直在下降。因此，抱怨環境法規對經濟成長造成衝擊的人，抱怨的其實是衡量方法，而不是實際的影響。

綠色政策通常與汙染或壅塞的防治有關。然而，傳染病也有類似於經濟活動和全球化所產生有害外部性的症候群。雖然它們需要不同的工具，例如政府指示的治療和疫苗，不過它們仍然是必須修正的有害外溢效果的例子。

此外，疫疾全球大流行是一種致命的厚尾（fat-tailed）災難症候群，也就是機率低微、後果嚴重的事件。這些尾部事件因為罕見，特別具有挑戰性。我們無法準確預測厚尾事件的頻率或嚴重程度，而這一點又回過頭來讓我們難以辨識它們的出現，也同樣難以提前做準備。

一個相關重點是我們要體認到，外部性的修正成本高昂。最起碼，以政府和公司經理人來說，他們在權衡取捨各項事務之餘，還必須為此投入寶貴的時間。從經濟觀點來看，大多數干預行動都是以命令與控制類型的監管程序來實踐（「做這個，不要

做那個」）。有規管，就有必要的遵法成本（例如安裝汙染控制設備），此外還有超額成本，因為防治設備的設計難以完美，甚至難以達成合理的效率。由於規管有超額成本，政府更加有必要在各項棕色問題裡做取捨，選擇哪些問題要著手防治，哪些不予理會。同樣重要的是，政策應該採用最有效率的工具。

關於環境政策的設計，有前景的一項新趨勢是利用**市場機制控管外部性**，特別是課徵汙染稅。事實證明，這些機制對於減少傳統的空氣汙染極為有效，例如二氧化硫。許多經濟學家認為，減緩氣候變遷的最佳單一工具是實施高碳價，例如透過碳稅的課徵，以抑制二氧化碳的排放，並為低碳創新提供誘因。

接下來的一系列議題，與**缺陷決策**（行為經濟學的主題）的反常效應有關。也許人最常犯的錯是忽略生命週期成本，而只注意期初成本。能源使用決策就是一個鮮明的例子（燃料使用量過高，節能期初成本投資過低）。期初成本偏誤與折現率過高有關，也是因為過度放大近期成本，而傾於忽略遠期成本。許多行為反常（尤其是過高的貼現率）會對環境產生不利影響，因為綠色計劃通常涉及期前的資金成本（權重高）與未來的環境效益（權重低）。行為問題的修正方法與外部性的修正不同，有時候是提供更好的資訊，有時候要制定法規，有時候需要新技術。

本書也評析**綠色哲學**在政治、創新、企業責任與投資等重要領域的**應用**。每個領域的核心都有一個兩難困境，衍生自決策者

利益和廣大社會目標之間的權衡取捨。在所有領域，決策者都必須警惕，無論是利潤、報酬，還是社會福利，都要避免短期主義，並在考量如何改善長期結果時擴大觀點，廣納各項因素。此外，每個機構都有自己的專業，而專業負有重大責任。企業、大學、投資人和政府都得善用自身的專業，而以企業來說，就是確保它們對於產品和流程的安全性，提供明確而公允的資訊。

關於綠色行動的實踐，一個重要概念就是**不後悔原則**。如果我們的行為會產生有害的外溢效果，那麼外部性的微幅減少，對我們自身的福利影響非常小，卻能大幅降低對他人的傷害。換句話說，我們只要舉手之勞，就可以降低我們的外溢效果，而我們或許根本不會感到後悔，因為這些舉動對我們幾乎沒有任何影響。這條原則可以應用於減少碳、汙染和壅塞等棕色足跡。

綠色原則的應用中，**環境稅**是沒碰上兩難困境的一個領域。綠色稅賦利用財政工具把汙染等負面外部性內部化。環境稅是近年來潛力最雄厚的創新之一。綠色稅賦是公共政策的聖杯，集三種特質於一身：為有價值的公共服務付費；以效率實現環境目標；沒有扭曲效果。潛力最雄厚的是碳稅和汽油稅，密切相關的是對酒類、菸草、槍枝和博奕課稅的罪惡稅。我們可以這樣看它：「對厭惡財（bads）課稅，而不是正面財（goods）。」這句話簡練、直觀、而且正確。

檢視當今經濟體所面臨的許多挑戰，我們會發現，解決方案

通常需要技術變革。舉個歷史上例子，人員與貨物的運輸產生堆積如山的馬匹排泄物，這個問題最後的清理者不是清道夫，而是汽車。最近，二氧化硫排放急遽下降，原因就是經濟誘因，還有進步的制度與技術創新。邁向低碳世界的轉型之路取決於技術進步，以替換我們現在依賴化石燃料的技術。

前述討論側重綠色創新活動所面臨的強勁阻力。**環境財貨與勞務的創新面臨著一項特殊挑戰，也就是所謂的雙重外部性。**一方面，綠色產出訂價過低；二方面，創新的私人報酬低於公共報酬。因此，第一重外部性是汙染的私人成本和社會成本之間的差距。然而，創新的社會報酬和私人報酬之間又進一步存在著另一重差距。兩者加乘之下，足以消除營利企業追求環境親善創新的誘因。修正汙染的外部性是重要的一步，可以彌補汙染與外部性之間的差距，但是仍然無法修正創新的報酬差距。汙染外部性的內部化之所以如此迫切，其中一個原因就是它有助於化解綠色創新的雙重外部性。

最後一個前沿議題是全球環境，也就是**全球公共財**。儘管有許多全球威脅存在，但氣候變遷是最終極的綠色挑戰。全球綠色議題的章節涵蓋四項重要發現。首先，全球公民必須了解並接受全球暖化對人類和自然界影響的嚴重性。否定論者會找出一些關於綠色政策的負面結果資訊，或是舉出種種理由，主張氣候變遷可以等到數十年以後再來採取適當措施——對於這些捏造的說

法，人人應提高警覺。

此外，各國必須制定政策，提高二氧化碳與其他溫室氣體排放的價格。儘管專家體認到碳訂價的重要，但以全球規模而言，幾乎沒有達成任何進展。我們需要確保綠色行動是全球行動。雖然政治具地方性質，還有對於採取強力措施以減緩暖化持反對立場的民粹態度，但是減緩氣候變遷仍然需要協調一致的全球行動。

在國際層次，最可望有效協調的是氣候公約，這是一種國家聯盟，致力採取強力措施以減少排放，並對不參與的國家設有懲罰機制。

———

經常有人問我，實現綠色目標的進展如此緩慢，我是否為此感到氣餒。一個進步政府所投注的心血，到了下一任政府，遭受贊成汙染的腐敗官員打擊。歐巴馬政府努力實施強而有力的氣候變遷政策，但是川普政府把栽下的樹苗全部連根拔起，還宣稱氣候變遷是中國為了自己的製造業發展而編派的騙局。之後，歷史再次翻開新頁：拜登政府上任，在許多層面都有環境、經濟和公共衛生的危機要面對。

看到當今國家領導人如此無知貪婪，人很容易變得憤世嫉

俗。個人微不足道的行為,可能會為社會帶來危及地球的後果。歷史學家芭芭拉‧塔奇曼(Barbara Tuchman)恰如其分地描述這種症候群:[1]

愚蠢是自欺的根源,它在政府裡扮演著吃重的角色。根據先入為主的僵固觀念評估情況,忽略或摒棄任何相反訊號,這是愚蠢在作祟。行動隨心所欲,不肯服於事實而轉向,這也是愚蠢在作祟。在所有統治者中,西班牙國王菲利普二世的愚蠢超凡絕倫,而有位歷史學家對他的評述具體點出愚蠢的典型:「任何政策失敗的經驗,都無法撼動他對政策卓越本質的信念。」

今日,否認氣候變遷、挑起貿易戰爭,有如在先前的時代否認吸菸的危害、發動伊拉克戰爭,都是危及地球及地球居民的愚蠢行為。

對於綠色未來所面對的威脅,我們的因應能力如何,我們可能可以樂觀,也可能悲觀。一方面,我們確實正在航進未知領域,耗竭大量資源,同時以不可逆的方式改變其他資源,並與我們的地球體系、未來的氣候對賭。人類喜歡爭執,也為爭端的復仇設置了極度有效的武器。

另一方面,我們的科學知識和能力遠比過去強大。對於伴隨著經濟成長而來的致命外溢效果,日益蓬勃的綠色精神能為對治政策提供科學基礎與公眾支持。

人類有爭吵和汙染的傾向，也有推理與計算的能力，在兩者的競賽裡，哪一方會勝出？答案仍懸而未決。但是，如果我們能夠本著智識的誠實與長遠的眼光面對未來，我們就會有實現綠色地球夢想的工具和資源。

注釋

第 2 章

1. 引述自潘橋的著作：*A Primer of Forestry*, U.S. Department of Agriculture, Division of Forestry, Bulletin No. 24, vol. 2 (Washington, DC: Government Printing Office, 1903–1905)。

2. John Muir, *A Thousand-Mile Walk to the Gulf* (Boston: Houghton Mifflin, 1916), http://vault.sierraclub.org/john_muir_exhibit/writings/a_thousand_mile_walk_to_the_gulf.（繁中譯本《墨西哥灣千哩徒步行》，馬可孛羅出版，2021 年）。關於短吻鱷的引言，取自：John Muir, *John of the Mountains: The Unpublished Journals of John Muir*, ed. Linnie Marsh Wolfe (Madison: University of Wisconsin Press, 1979); John Muir and Michael P. Branch, *John Muir's Last Journey: South to the Amazon and East to Africa: Unpublished Journals and Selected Correspondence*, vol. 52 (Washington, DC: Island Press/Shearwater Books, 2001), https://catalog.hathitrust.org/Record/004179556。

3. 關於生物中心主義和深層生態學的兩本重要著作為：Bill Devall

and George Sessions, *Deep Ecology* (Salt Lake City: G. M. Smith, 1985) and Paul Taylor, *Respect for Nature: A Theory of Environmental Ethics*, Studies in Moral, Political, and Legal Philosophy (Princeton, NJ: Princeton University Press, 1986)。

4. 保羅・泰勒是倡議生物中心思想的領導者之一（著作：*Respect for Nature*）。又稱「深層生態學」，這個詞彙來自：Arne Nass, "The Shallow and the Deep, Long-Range Ecology Movement. A Summary," *Inquiry* 16, no. 1–4 (January 1, 1973): 95–100, doi:10.1080/00201747308601682。社會偏好納入動物的這段歷史，可追溯至邊沁（Jeremy Bentham）與彌爾（John Stuart Mill）所提倡的功利主義（utilitarianism，又稱效益主義）思想的開端。

5. Taylor, Respect for Nature, 13.

6. Muir, *A Thousand-Mile Walk to the Gulf*（《墨西哥灣千哩徒步行》）, 98, 139.

7. Garrett Hardin, "The Tragedy of the Commons," *Science* 162, no. 3859 (December 13, 1968): 1243–48, doi:10.1126/science.162.3859.1243.

8. 同前注，1244。

9. 同前注，1248。

10. 同前注，1244。

11. Rachel Carson, "Undersea," *The Atlantic Monthly*, September 1937, 322.

12. Rachel Carson, *Silent Spring*, ed. Lois Darling and Louis Darling (Boston: Houghton Mifflin, 1962), https://archive.org/stream/fp_Silent_Spring-Rachel_Carson-1962/Silent_Spring-Rachel_Carson-1962_djvu.txt.

13. Carson, "Undersea," 266.

14. 關於卡森在催生甘迺迪政府的環境政策上所扮演的角色，以下文

獻記述了一段有趣的歷史：Douglas Brinkley, "Rachel Carson and JFK, an Environmental Tag Team," *Audubon*, May/June 2012。

15. Daniel C. Esty, *A Better Planet: 40 Big Ideas for a Sustainable Future* (New Haven, CT: Yale University Press, 2019).

16. Esty, *Better Planet*, essay 7.

17. John Maynard Keynes, *The General Theory of Employment, Interest and Money*（凱因斯，《就業、利率與貨幣的一般理論》）, (New York: Harcourt, Brace, 1936), 383–84.

第 3 章

1. 美好社會的經濟概念出現在許多著述裡。一個與當前研究緊密相關的好例子是：Francis Bator, "The Anatomy of Market Failure," *Quarterly Journal of Economics* 72, no. 3 (August 1958): 351–79。

2. 關於秩序良善的社會，這裡的討論取自羅爾斯的幾項著述，包括：*A Theory of Justice* (Cambridge, MA: Harvard University Press, 1965); "Justice as Fairness: Political Not Metaphysical," *Philosophy and Public Affairs* 14, no. 3 (1985): 223–51; "Reply to Alexander and Musgrave," *Quarterly Journal of Economics* 88, no. 4 (1974): 633–55, doi:10.2307/1881827。

第 4 章

1. 「效率」（efficiency）的定義以及「看不見的手」法則的討論主要引用自作者與薩謬爾遜合著的《經濟學》（*Economics*, 19th ed., Boston: McGraw-Hill Irwin, 2010）。

2. Adam Smith, *An Inquiry into the Nature and Causes of the Wealth of Nations*, vol. 2 (London: W. Strahan and T. Cadell, 1776), 35.

3. 這部奠基之作的初版為《財富與福利》（*Wealth and Welfare*; London: Macmillan, 1912）。改版後更名為《福利經濟學》（*The Economics of Welfare*; London: Macmillan, 1920）。該書共歷經

四版，而 1932 年版為最新版，可在下列網址找到：https://www.
econlib.org/library/NPDBooks/Pigou/pgEW.html。皮古的生平與
其時代的詳細傳記，可參閱：Ian Kumekawa, *The First Serious
Optimist: A. C. Pigou and the Birth of Welfare Economics* (Princeton,
NJ: Princeton University Press, 2017)。

4. 這段引述取自皮古所著《福利經濟學》的第二部第九章第三節，
稍微縮節，以求清楚明瞭。

5. Francis M. Bator, "The Simple Analytics of Welfare Maximization,"
American Economic Review 47, no. 1 (1957): 22–59.

6. 公共財與私有財的區分、網路效應的處理，以及燈塔的討論，都
取自作者與薩謬爾遜合著的《經濟學》一書。

7. 工作流失的經濟效應研究，取自：Steven J. Davis and Till von
Wachter, "Recessions and the Costs of Job Loss," *Brookings Papers
on Economic Activity*, no. 2 (2011): pp. 1–73。

第 5 章

1. 如果你研讀經濟學，你應該已經遇見「邊際」（marginal）這個
名詞很多次了。關於「邊際」這個概念，這裡是一個簡單的解釋。
假設你在田裡種番茄，一旦種下去，你的主要成本就是你的時
間。假設你花 10 個小時種得 10 顆番茄、花 11 個小時收穫 12 顆
番茄、12 個小時得到 13 顆番茄，而由於所有有用的事都已經做
了，所以花 13 個小時還是得到 13 顆番茄。在這裡，所謂的「邊
際番茄產出」（marginal tomato output，MTO）就是每增加一個
小時所增加的番茄收穫量。所以，在這個例子裡，從 10 個小時
到 11 個小時的 MTO 是 2 顆番茄；從 11 個小時到 12 個小時的
MTO 是 1 顆番茄；而從 12 個小時到 13 個小時的 MTO 是 0 顆番茄。
如果你認為你每個小時的價值是 0.5 顆番茄，那麼你會只工作 12
個小時，因為那第 12 個小時的 MTO 是 1 顆番茄，而時間成本
是 0.5 顆番茄。工作 13 個小時不合理，因為第 13 個小時的邊際

產出是 0。這個經濟學的基本觀念是，邊際利益（在這裡就是番茄）應該至少與邊際成本相當（在這裡是工作）。同樣的觀念套用於汙染控制，就是邊際利益（健康改善）應該至少與邊際成本（勞動、資本和其他投入）齊平。

2. 表 5-1 以跳躍的方式顯示汙染趨近最適水準的進程。在最適水準則提供較細微的資料。最後一欄顯示，淨利益在趨近最大值時幾乎沒有什麼變化。這很類似一個概念：當你站在緩丘頂上，無論你往哪個方向走幾碼，海拔高度的降減都微乎其微。

第 6 章

1. George W. Downs and David M. Rocke, "Conflict, Agency, and Gambling for Resurrection: The Principal-Agent Problem Goes to War," *American Journal of Political Science* 38, no. 2 (1994): 362–80, doi:10.2307/2111408.

第 7 章

1. On fairness and justice, see Michael J. Sandel, *Liberalism and the Limits of Justice*, 2nd ed. (Cambridge: Cambridge University Press, 1998) and Amartya Sen, *The Idea of Justice* (Cambridge, MA: Belknap Press of Harvard University Press, 2009).

2. James J. Heckman, *Giving Kids a Fair Chance*, Boston Review Books (Cambridge, MA: MIT Press, 2013).

3. 關於汽油燃料稅的事件研究，取自：Antonio M. Bento, Lawrence H. Goulder, Emeric Henry, Mark R. Jacobsen, and Roger H. von Haefen, "Distributional and Efficiency Impacts of Gasoline Taxes: An Econometrically Based Multi-market Study," *American Economic Review* 95, no. 2 (2005): 282–87, doi:10.1257/000282805774670536.

4. U.S. Environmental Protection Agency, *The Benefits and Costs of the Clean Air Act, 1970 to 1990, Prepared for U.S. Congress by U.S.*

Environmental Protection Agency (October 1997), https://www.epa.gov/sites/production/files/2017-09/documents/ee-0295_all.pdf.

5. 參閱：Michael Ash and T. Robert Fetter, "Who Lives on the Wrong Side of the Environmental Tracks? Evidence from the EPA's Risk-Screening Environmental Indicators Model," *Social Science Quarterly* 85, no. 2 (2004): 441–62。

6. 關於自拍照，更多資訊可參閱：https://en.wikipedia.org/wiki/Monkey_selfie_copyright_dispute。

7. On pain in crabs, see Robert W. Elwood and Mirjam Appel, "Pain Experience in Hermit Crabs," *Animal Behaviour* 77, no. 5 (May 1, 2009): 1243–46, doi:10.1016/j.anbehav.2009.01.028.

8. Dwight D. Eisenhower, "Chance for Peace" (speech), April 16, 1953, Miller Center, University of Virginia, transcript, https://millercenter.org/the-presidency/presidential-speeches/april-16-1953-chance-peace.

第 8 章

1. 以下是涵蓋許多重要觀念的綠色經濟學概述：Miriam Kennet and Volker Heinemann, "Green Economics: Setting the Scene: Aims, Context, and Philosophical Underpinning of the Distinctive New Solutions Offered by Green Economics," *International Journal of Green Economics* 1, no. 1–2 (2006): 68–102, doi:10.1504/IJGE.2006.009338。

2. Michael Jacobs, *The Green Economy: Environment, Sustainable Development and the Politics of the Future* (Vancouver: UBC Press, 1993).

3. 同前注，72。

4. 於永續發展的這段引述，取自：World Commission on Environment and Development, *Our Common Future* (Oxford: Oxford University Press, 1987), 2, 43。

5. 這段引述以及關於索羅的觀點的討論，取自："An Almost Practical Step toward Sustainability: An Invited Lecture on the Occasion of the Fortieth Anniversary of Resources for the Future"(lecture, Washington, DC, October 8, 1992)。

6. 這裡的討論參考作者的論文："Is Growth Sustainable?," in *Economic Growth and the Structure of Long-Term Development: Proceedings of the IEA Conference Held in Varenna, Italy*, ed. Luigi L. Pasinetti and Robert M. Solow (Houndmills, Basingstoke: Macmillan, 1994), pp. 29–45。

7. 關於長期預測資料，國會預算辦公室（Congressional Budget Office，www.cbo.gov）是個很不錯的查詢起點。CBO 的疫後展望裡，沒有預測長期重大衰退。與此相仿，聯準會預測，疫後實質 GDP「更長期」的年成長率，比疫前預測減緩 0.1%。

8. Peter Christensen, Ken Gillingham, and William Nordhaus, "Uncertainty in Forecasts of Long-Run Economic Growth," *Proceedings of the National Academy of Sciences of the United States of America* 115, no. 21 (May 22, 2018): 5409–14, doi:10.1073/pnas.1713628115.

9. 這裡有一個重要限制條件：一如這一節稍早提及，標準衡量指標排除了對外部性的修正，像是汙染對健康的影響。下一章會檢視這項修正潛在的規模。

10. Solow, "Almost Practical Step toward Sustainability."

11. Jeffrey Sachs, "Sustainable Development: Goals for a New Era" (lecture, Pontifical Academy of Sciences and the Pontifical Academy of Social Sciences, Vatican, Vatican City, Rome, May 2014).

第 9 章

1. 本章開始所引用年輕激進派那句觸動思考的話語，開啟了國民綠色會計一項早期研究：William Nordhaus and James Tobin,

"Is Growth Obsolete?," in vol. 5, *Economic Research: Retrospect and Prospect*, NBER Book Chapter Series, no. c7620, ed. William Nordhaus and James Tobin (Cambridge, MA: National Bureau of Economic Research, 1972), pp. 509–564。

2. Paul Samuelson and William Nordhaus, *Economics*, 19th ed. (Boston: McGraw-Hill Irwin, 2010)，依據上下文而有幾處改寫。

3. 由威茨曼所發展的納入外部性的國民會計理論：Martin L. Weitzman, "On the Welfare Significance of National Product in a Dynamic Economy," *Quarterly Journal of Economics* 90, no. 1 (1976): 156–62, doi:10.2307/1886092。

4. National Research Council, *Nature's Numbers: Expanding the National Economic Accounts to Include the Environment* (Washington, DC: National Academies Press, 1999).

5. 關於資料來源與研究方法，參閱表格下方說明。

6. 礦藏資產修正影響的估計值，主要來自：Bureau of Economic Analysis, *Survey of Current Business*, April 1994，以及以下文獻的討論：National Research Council, *Nature's Numbers*。史蒂夫‧蘭德斯斐（Steve Landefeld）是美國資源會計研究工作的開拓者，他是美國經濟分析局前局長，是美國國民經濟帳現代化的重要推手。

7. 空氣汙染成本的估計，取自：Nicholas Z. Muller, Robert Mendelsohn, and William Nordhaus, "Environmental Accounting for Pollution in the United States Economy," *American Economic Review* 101, no. 5 (2011): 1649–75, doi:10.1257/aer.101.5.1649。估計值後來由 Nicholas Z. Muller 更新："Boosting GDP Growth by Accounting for the Environment," *Science* 345, no. 6199 (2014): 873–74, doi:10.2307/24917200。

8.

第 10 章

1. 早期生活水準的估計值取自：Angus Maddison, *Contours of the World Economy, 1–2030 A.D.: Essays in Macro-economic History* (Oxford: Oxford University Press, 2007)。最近的資料取自國際貨幣基金（International Monetary Fund）。最早時期的估計值取自：Brad de Long, "Estimates of World GDP, One Million B.C.–Present," *DeLong: Long Form* (blog), 1998, https://delong.typepad.com/print/2006101_2LRWGDP.pdf；並採用最早期維持生存產出水準的估計值。

2. 此處講述的照明歷史是根據我的一篇論文："Do Real-Output and Real-Wage Measures Capture Reality? The History of Lighting Suggests Not," NBER Book Chapter Series, no. c6064 (Cambridge, MA: National Bureau of Economic Research, 1996)。我在本章已經更新那項研究的估計值。

3. Louis Stotz, *History of the Gas Industry* (New York: Press of Stettiner Bross, 1938), 6.

4. 以下部落格的引用：*Elon Musk News* (blog), https://elonmusknews.org/blog/elon-musk-spacex-mars-quotes。

5. Ross Andersen, "Exodus," *Aeon*, September 30, 2014, https://aeon.co/essays/elon-musk-puts-his-case-for-a-multi-planet-civilisation.

6. Adam Morton, *Should We Colonize Other Planets?* (Cambridge: Polity Press, 2018); Sydney Do, Andrew Owens, Koki Ho, Samuel Schreiner, and Olivier de Weck, "An independent Assessment of the Technical Feasibility of the Mars One Mission Plan—Updated Analysis," *Acta Astronautica* 120 (2016): 192–228.

7. 生物圈 2 號的相關嚴謹研究非常少。重要文章如下：Joel E. Cohen and David Tilman, "Biosphere 2 and Biodiversity: The Lessons So Far," *Science* 274, no. 5290 (1996): 1150–51, doi:10.1126/science.274.5290.1150。以下文獻則是熱衷而多半是過於樂觀

的 記 述：John Allen and Mark Nelson, "Overview and Design: Biospherics and Biosphere 2, Mission One (1991–1993)," *Ecological Engineering* 13 (1999): 15–29。

8. 會計處理所用的估計值大部分取自：Cohen and Tilman, "Biosphere 2 and Biodiversity," 1150–51。

第 11 章

1. 關於疫疾全球大流行的歷史和傳染病學，我在耶魯大學的同事古樂朋所寫的傑作裡有相關描述：Nicholas Christakis, *Apollo's Arrow* (New York: Little, Brown Spark, 2020)。

2. 資 料 取 自：Pasquale Cirillo and Nassim Nicholas Taleb, "Tail Risk of Contagious Diseases," *Nature Physics* 16 (2020): 606–13, doi:10.1038/s41567-020-0921-x。

3. 參閱 CDC 的報告：*Coronavirus Disease 2019 (COVID-19)*, https://www.cdc.gov/coronavirus/2019-ncov/cases-updates/commercial-lab-surveys.html。COVID-19 的全球大流行之所以特別危險，是因為它有四個特質。前兩個是高致死率和高傳染力，一如圖 11-2 所示。不過，另外兩個特質也很關鍵。第一個是它很容易人傳人。但是，這個關鍵事實是在 1 月下半時才發現的。

4. CNN, "Fauci Says the WHO's Comment on Asymptomatic Spread Is Wrong," https://www.cnn.com/2020/06/09/health/asymptomatic-presymptomatic-coronavirus-spread-explained-wellness/index.html.

5. Office of Management and Budget, *Budget of the U.S. Government, Fiscal Year 2021*, https://www.govinfo.gov/app/collection/budget/2021.

6. J Joseph A. Schumpeter, "The Crisis of the Tax State" in *International Economic Papers* 4, eds. A. T. Peacock, R. Turvey, W. F. Stolper, and E. Henderson (London and New York: Macmillan, 1954): 5–38 [translation of "Die Krise des Steuerstaates", *Zeitfragen aus dem*

Gebiet der Soziologie 4 (1918): 1–71].

7. John Witt, *The Legal Structure of Public Health* (New Haven, CT: Yale University Press, 2020).

8. U.S. Homeland Security Council, *National Strategy for Pandemic Influenza: Implementation Plan* (May 2006): 4.

9. Bob Woodward, *Rage* (New York: Simon and Schuster, 2020).

第 12 章

1. 參考以下文獻，並根據此處上下文微幅編修：George Loewenstein and Richard H. Thaler, "Anomalies: Intertemporal Choice," *Journal of Economic Perspectives* 3, no. 4 (1989): 181–93, doi:10.1257/jep.3.4.181。

2. David Laibson, "Hyperbolic Discount Functions, Under Saving, and Savings Policy" NBER Working Paper 5635 (Cambridge, MA: National Bureau of Economic Research, June 1996), https://doi.org/10.3386/w5635.

3. 期初成本偏誤有許多名稱。它也稱為能源—效率缺口（energy-efficiency gap）以及能源矛盾（energy paradox）。有人對此抱持質疑，可參閱：Hunt Allcott and Michael Greenstone, "Is There an Energy Efficiency Gap?," *Journal of Economic Perspectives* 26, no. 1 (2012): 3–28, doi:10.1257/jep.26.1.3。也有人強烈主張缺口存在，麥肯錫顧問就是一例，請參閱：*Unlocking Energy Efficiency in the U.S. Economy* (2009), www.mckinsey.com。

4. 參 閱：Richard Thaler and Cass R. Sunstein, *Nudge: Improving Decisions about Health, Wealth, and Happiness* (London: Penguin, 2009)。（繁中版《推出你的影響力》，時報文化出版）

第 13 章

1. 後文內容取自以下文獻，並根據上下文而有一些更動：Paul

Samuelson and William Nordhaus, *Economics*, 19th ed. (New York: McGraw-Hill, 2010)。

2. 關於責任法的實用綜論，請參閱：Robert D. Cooter, "Economic Theories of Legal Liability," *Journal of Economic Perspectives* 5, no. 3 (1991): 11–30, doi:10.1257/jep.5.3.11。

3. Mancur Olson, *The Rise and Decline of Nations: Economic Growth, Stagflation, and Social Rigidities* (New Haven, CT: Yale University Press, 2008).（簡中版《國家的興衰》，上海人民出版社）

第 14 章

1. 關於戰爭死亡數，參閱：Center for Systemic Peace, http://www. systemicpeace.org。

2. Kevin P. Gallagher and Throm C. Thacker, "Democracy, Income, and Environmental Quality" (PERI Working Papers, No. 164, 2008).

3. Douglas A. Irwin, *Clashing over Commerce: A History of U.S. Trade Policy*, Markets and Governments in Economic History (Chicago: University of Chicago Press, 2017, Kindle), location 8425.

4. 關稅率資料取自：*Historical Statistics of the United States: Millennial Edition* (Cambridge: Cambridge University Press, 2006), table Ee430。更新資料來自美國國際貿易委員會（U.S. International Trade Commission）。

5. 引述取自：Irwin, *Clashing over Commerce*, location 8424–25。

6. 汙染造成的死亡率資料，取自：Aaron J. Cohen et al., "Estimates and 25-Year Trends of the Global Burden of Disease Attributable to Ambient Air Pollution: An Analysis of Data from the Global Burden of Diseases Study 2015," *Lancet* 389, no. 10082 (2017): 1907–18, doi:10.1016/S0140-6736(17)30505-6。Neal Fann, Charles M. Fulcher, and Kirk Baker, "The Recent and Future Health Burden of Air Pollution Apportioned Across U.S. Sectors," *Environmental*

Science and Technology 47, no. 8 (2013): 3580–89, doi:10.1021/
es304831q; E. W. Butt et al., "Global and Regional Trends in
Particulate Air Pollution and Attributable Health Burden over the
Past 50 Years," *Environmental Research Letters* 12, no. 10 (2017):
104017, doi:10.1088/1748-9326/aa87be。

7. <?> 2002 年的硫化物排放邊際損害估計數據，取自：Nicholas Z.
Muller, Robert Mendelsohn, and William Nordhaus, "Environmental
Accounting for Pollution in the United States Economy," *American
Economic Review* 101, no. 5 (2011): 1649–75, doi:10.1257/
aer.101.5.1649。較晚近年分的資料根據與 Nicholas Z. Muller 的個
人通訊內容而來。

8. 估計值根據作者與 Nicholas Z. Muller 的個人通訊而來。

9. Celine Ramstein et al., *State and Trends of Carbon Pricing: 2019*,
World Bank, 2019, doi:10.1596/978-1-4648-1435-8.

第 15 章

1. 歷史學家對新政有廣泛的研究。以下文獻對此有精采的簡史描
   述：William E. Leuchtenburg, *Franklin D. Roosevelt and the New
   Deal* (New York: Harper, 1963)。關於這段時期的歷史，權威論
   述當屬伯恩斯（James MacGregor Burns）研究小羅斯福總統的
   兩冊著作。（注：作者指的是以下兩書：*The Definitive FDR:
   Roosevelt: The Lion and the Fox (1882–1940) ; Roosevelt: The
   Soldier of Freedom (1940–1945)*）

2. 聯邦支出資料來自經濟分析局：Bureau of Economic Analysis,
   www.bea.gov，特別是表 3.9.5。

3. 做此主張的經濟史學家，以下就是一例：Robert J. Gordon and
   Robert Krenn, *The End of the Great Depression, 1939–41: Policy
   Contributions and Fiscal Multipliers*, National Bureau of Economic
   Research, no. w16380, 2010, doi:10.3386/w16380。

4. 參閱：Rolf Czeskleba-Dupont, Annette Grunwald, Frede Hvelplund, and Henrik Lund, *Europäische Energiepolitik und Grüner New Deal: Vorschläge zur Realisierung energiewirtschaftlicher Alternativen* [European energy policy and Green New Deal: Proposals for the realisation of energy-economic alternatives] (Berlin: Institut für Ökologische Wirtschaftsforschung [IOEW], 1994)。

5. Thomas L. Friedman, "A Warning from the Garden," *New York Times*, January 19, 2007, and "The Power of Green," *New York Times*, April 15, 2007.6.

6. New Economics Foundation, *A Green New Deal*, 2008, https://neweconomics.org/2008/07/green-new-deal.

7. 關於眾院決議文的文本，參閱：Recognizing the Duty of the Federal Government to Create a Green New Deal, H.R. 109, 116th Congr. (2019), https://www.congress.gov/bill/116th-congress/house-resolution/109/text?q=%7B%22search%22%3A%5B%22Green+New+Deal%22%5D%7D&r =1&s =2。

8. EIA, *Annual Energy Outlook*, eia.doe.gov.

9. Steven J. Davis et al., "Net-Zero Emissions Energy Systems," *Science* 360, no. 6396 (2018): eaas9793, doi:10.1126/science.aas9793.

第 16 章

1. 摘自："Laudato Si': On Care for Our Common Home", encyclical letter, *Vatican Press*, w2.vatican.va。

2. Milton Friedman and Rose Friedman, *Free to Choose: A Personal Statement* (Boston: Houghton Mifflin Harcourt, 1990), 234, Kindle.

3. Steve Forbes, "Why the Left Should Love Big Profits," *Forbes*, May 7, 2014, https://www.forbes.com/sites/steveforbes/2014/05/07/profit-is-indispensable-for-prosperity/#4dc8455323b8.

4. 利潤與資金的數據來自經濟分析局（Bureau of Economic Analysis,

BEA），特別是以下這項文獻：Sarah Osborne and Bonnie A. Retus, "Returns for Domestic Nonfinancial Business," *Survey of Current Business* 98, no. 12 (2018), www.bea.gov。政府債券的實質收益是十年國庫券利率減去通膨率。在定義上，報酬資料只涵蓋國內非金融企業，排除金融利潤和國外所有權的獲利。更為大眾所熟悉的盈餘和股價資料為公開上市公司的資料，像是標普500指數成分股的相關資料，包括金融公司和外國盈餘，也包括BEA估值排除的盈餘項目（像是資本利得）。

5. Nicholas Z. Muller, Robert Mendelsohn, and William Nordhaus, "Environmental Accounting for Pollution in the United States Economy," *American Economic Review* 101, no. 5 (2011): 1649–75, doi:10.1257/aer.101.5.1649.

第 17 章

1. George Washington, "Washington's Farewell Address" (speech), September 19, 1796, The Avalon Project, Yale Law School, transcript, https://avalon.law.yale.edu/18th_century/washing.asp.

2. Jimmy Carter, quoted in "Tax Reform: End the Disgrace," *New York Times*, September 6, 1977.

3. George H. W. Bush, "Acceptance Speech," delivered at the Republican National Convention, August 18, 1988, published December 4, 2018, by NBC News, https://www.nbcnews.com/video/1988-flashback-george-h-w-bush-says-read-my-lips-no-new-taxes-1388261955924.

4. Oliver Wendell Holmes, quoted in Compania De Tabacos v. Collector, 275 U.S. 87 (1927).

5. Markus Maibach, Christoph Schreyer, Daniel Sutter, H. P. van Essen, B. H. Boon, Richard Smokers, Arno Schroten, C. Doll, Barbara Pawlowska, and Monika Bak, *Handbook on Estimation of*

External Costs in the Transport Sector (Holland: CE Delft, 2007); "Internalisation Measures and Policies for All External Costs of Transport (IMPACT)," *Handbook on Estimation of External Costs in the Transport Sector*, version 1.1 (Holland: CE Delft, 2008).

6. 環境稅收的估計值來自：Organisation for Economic Co-operation and Development (OECD), *Towards Green Growth? Tracking Progress,* OECD Green Growth Studies (Paris: OECD, 2015), doi:10.1787/9789264234437-en。

7. 效碳稅率的估計值取自：Celine Ramstein et al., *State and Trends of Carbon Pricing: 2019*, World Bank, 2019, doi:10.1596 /978-1-4648-1435-8。

8. Gilbert Metcalf, "A Distribution Analysis of Green Tax Reforms," *National Tax Journal* 52, no. 4 (December 1999): 655–82, doi:10.2307/41789423. 他們的分析對象主要是碳稅以及傳統汙染物的稅賦，總計占聯邦收入的 10%。

第 18 章

1. 關於得獎者以及綠色化學的成功研究例子，請參閱：U.S. Environmental Protection Agency, "Green Chemistry Challenge Winners," https://www.epa.gov/greenchemistry/presidential-green-chemistry-challenge-winners。

2. 本章內容是參考我之前的兩項研究撰寫而成：*The Climate Casino: Risk, Uncertainty, and Economics for a Warming World* (New Haven, CT: Yale University Press, 2013) （繁中版《氣候賭局》，寶鼎出版）；"Designing a Friendly Space for Technological Change to Slow Global Warming," *Energy Economics* 33, no. 4 (2011): 665–73, doi:10.1016/j.eneco.2010.08.005。

3. 綠色化學的描述引用自：Paul T. Anastas and John C. Warner, *Green Chemistry: Theory and Practice* (Oxford: Oxford University Press,

1998); James Clark, Roger Sheldon, Colin Raston, Martyn Poliakoff, and Walter Leitner, "15 Years of Green Chemistry," *Green Chemistry* 16, no. 1 (2014): 18–23, doi:10.1039/C3GC90047A。

4. 保羅‧羅默以其科技與新知識的經濟學研究而獲頒 2018 年的諾貝爾經濟學獎。關於他的研究，以下文獻有精采的闡述：Charles I. Jones, "Paul Romer: Ideas, Nonrivalry, and Endogenous Growth," *Scandinavian Journal of Economics* 121, no. 3 (2019): 859–83, doi:10.1111 /sjoe.12370。

5. David I. Jeremy, "Damming the Flood: British Government Efforts to Check the Outflow of Technicians and Machinery, 1780–1843," *Business History Review* 51, no. 1 (Spring 1977): 1–34, doi:10.2307/3112919.

6. Geoffrey Blanford, James Merrick, Richard Richels, and Steven Rose, "Trade-Offs between Mitigation Costs and Temperature Change," *Climatic Change* 123 (2014): 527–41, doi:10.1007/s10584-013-0869-2.

7. 《能源經濟學》（*Energy Economics*）第 33 卷第 4 號（2011 年）的特刊內容有許多有潛力的新科技以及促進這些科技的策略。

8. 部分技術可能不為人所熟悉。關於技術的資訊，可參閱：U.S. Energy Information Administration, "Electricity Explained: How Electricity Is Generated," https://www.eia.gov/energyexplained/electricity/how-electricity-is-generated.php。

第 19 章

1. 倫理學是一門寬廣的學科。簡短而有趣的文獻探討，可參閱：Simon Blackburn, *Ethics: A Very Short Introduction* (Oxford: Oxford University Press, 2003)。環境倫理學的基礎讀本，可參閱：Paul Taylor, *Respect for Nature: A Theory of Environmental Ethics* (Princeton, NJ: Princeton University Press, 1986)。

2. 參閱第 4 章的討論。此外，關於國家之間關係的應用，可參閱：John Rawls, "The Law of Peoples," *Critical Inquiry* 20, no. 1 (1993): 36–68。

3. 關於氣候倫理學的討論，請參閱：John Broome, *Climate Matters: Ethics in a Warming World* (New York: W. W. Norton, 2012)。本章的討論參考我對布魯姆的評述："The Ethics of Efficient Markets and Commons Tragedies: A Review of John Broome's Climate Matters: Ethics in a Warming World," *Journal of Economic Literature* 52, no. 4 (2014): 1135–41, doi:10.1257/jel.52.4.1135。

4. 討論的議題，環保團體「自然資源守護委員會」（National Resources Defense Council, NRDC）有許多睿智的論述。關於碳抵銷的實用建議，請參閱："Should You Buy Carbon Offsets?," https://www.nrdc.org/stories/should-you-buy-carbon-offsets。

5. 同前注。

第 20 章

1. ESG 的三個定義取自：Ronald Paul Hill, Thomas Ainscough, Todd Shank, and Daryl Manullang, "Corporate Social Responsibility and Socially Responsible Investing: A Global Perspective," *Journal of Business Ethics* 70, no. 2 (2007): 165–74; John L. Campbell, "Why Would Corporations Behave in Socially Responsible Ways? An Institutional Theory of Corporate Social Responsibility," *Academy of Management Review* 32, no. 3 (2007): 946–67, doi:10.5465/amr.2007.25275684。

2. Milton Friedman, "The Social Responsibility of Business Is to Increase Its Profits," in *Ethical Theory and Business*, 8th ed., ed. Tom L. Beauchamp, Norman E. Bowie, and Denis G. Arnold (London: Pearson, 2009), 55.

3. Michael C. Jensen, "Value Maximization, Stakeholder Theory, and

the Corporate Objective Function," *Business Ethics Quarterly* 12, no. 2 (2002): 235–56, doi:10.2307/3857812.

4. 同前注，239。

5. 對於市場基本教義派的深入評述，可參閱：Amartya Sen, *On Ethics and Economics* (New York: Basil Blackwell, 1987)。傅利曼之語引用自：Friedman, "Social Responsibility of Business," 55。

6. Sen, *On Ethics and Economics.*

7. 參閱以下訴訟案件：Sylvia Burwell, Secretary of Health and Human Services et al. v. Hobby Lobby Stores, Inc. et al. (2014), No. 13–354, June 30, 2014。請注意，這個論述被用來做為允許企業運用資金於政治目的的理由（並因此引發了廣泛的異議），不過論述也提到更一般的論點，指出企業不是只有股東價值最大化這個狹隘的單一目的。

8. William M. Landes and Richard A. Posner, "The Independent Judiciary in an Interest-Group Perspective," *Journal of Law and Economics* 18, no. 3 (1975): 875–901; William M. Landes, "Economic Analysis of Political Behavior," *Universities-National Bureau Conference Series* 29 (1975).

9. Christopher Stone, *Where the Law Ends: The Social Control of Corporate Behavior* (New York: Harper, 1975).

第 21 章

1. USSIF Foundation, *Report on U.S. Sustainable, Responsible and Impact Investing Trends, 2018*, https://www.ussif.org/currentandpast.

2. TIAA-CREF, "Responsible Investing and Corporate Governance: Lessons Learned for Shareholders from the Crises of the Last Decade" (policy brief), published March 2010, https://www.tiaainstitute.org/sites/default/files/presentations/2017-02/pb_responsibleinvesting0310a.pdf.

3. California Public Employees' Retirement System, "CalPERS Beliefs: Thought Leadership for Generations to Come" (report), published June 2014, https://www.calpers.ca.gov/docs/board-agendas/201501/full/day1/item01-04-01.pdf.

4. 耶魯大學的道德投資報告：John G. Simon, Charles W. Powers, and Jon P. Gunnemann, *The Ethical Investor: Universities and Corporate Responsibility* (New Haven, CT: Yale University Press, 1972), http://hdl.handle.net/10822/764056。

5. 我選擇的整體市場基金是先鋒全股市指數基金（Vanguard Total Stock Market Index Fund, VTSMX），這是市值加權基金，持股組合為市值最高的 3,600 家美國上市公司。

6. 企業與產業的 ESG 評分摘要，請查閱：CSRHub Sustainability Management Tools, https://www.csrhub.com/CSR_and_sustainability_information。

7. 內文裡的計算是依據標準的財務理論而來。假設報酬有兩種風險因素：市場風險以及非系統風險。投資人可以透過分散化降低投資組合風險，讓非系統風險的重要性降低。表 21-1 假設每家公司的預期實質年報酬率為 6%，而每家公司的投資風險有一半是市場風險，一半是非系統風險。綠色投資組合因為分散化程度較低，所以風險較高。我把風險較高的投資組合裡的高風險股票換成安全的債券，藉此把投資組合調整成相同的風險水準，以利比較不同的投資組合。因此，表中所顯示的是風險水準相同的投資組合的報酬減損。現代投資組合理論的基本原理，可參閱以下這本鉅細靡遺而饒富興味的書：Burton Malkiel, *A Random Walk Down Wall Street*, 11th ed. (New York: W. W. Norton, 2016)（繁中版《漫步華爾街》，天下文化出版）。

8. 一般 ESG 的費用率取自：Charles Schwab, *Socially Conscious Funds List, First Quarter 2020*, for U.S. equity funds, www.schwab.com。

第 22 章

1. 本章根據我的前一本書《氣候賭局》寫成：*The Climate Casino: Risk, Uncertainty, and Economics for a Warming World* (New Haven, CT: Yale University Press, 2013)。

2. 關於環境條約的討論，巴瑞特有一本出色的著作：Scott Barrett, *Environment and Statecraft: The Strategy of Environmental Treaty-Making* (Oxford: Oxford University Press, 2003)。

3. 在許多參考文獻都有更完整的討論。關於氣候，William F. Ruddiman, *Earth's Climate: Past and Future*, 3rd ed. (New York: W. H. Freedman, 2014) 是一本絕佳的教科書。

4. Massachusetts v. EPA, 549 U.S. 497 (2007), https://www.supremecourt.gov/opinions/06pdf/05-1120.pdf.

5. 這裡的估計值取自我的諾貝爾獎演說：William Nordhaus, "Climate Change: The Ultimate Challenge for Economics," *American Economic Review* 109, no. 6 (2019): 1991–2014, doi:10.1257/aer.109.6.1991。

6. 從氣候變遷經濟學的發展早期，這些發現就是這個領域的核心。這個基礎模型與分析發現的總結，包含參考文獻資料，可參閱：Nordhaus, "Climate Change," 1991–2014, doi:10.1257/aer.109.6.1991。政府間氣候變遷專門委員會（Intergovernmental Panel on Climate Change, IPCC）的評估報告有幾章深入探討這些要點。關於最近的報告，參閱：www.ipcc.org。

第 23 章

1. 氣候與經濟動態綜合模型是電腦化的數學方程式組，代表經濟與地球體系的重要組成，可以用於預測排放與氣候變遷，並測試政策效果。模型的描述可參閱：William D. Nordhaus, *Climate Casino: Risk, Uncertainty, and Economics for a Warming World* (New Haven, CT: Yale University Press, 2013)。

2. 例如，可參閱我對美國經濟學會（American Economic Association）的會長演說："Climate Clubs: Overcoming Free-Riding in International Climate Policy," *American Economic Review* 105, no. 4 (2015): 1339–70, doi:10.1257/aer.15000001。非技術版本為：William D. Nordhaus, "Climate Clubs to Overcome Free-Riding," *Issues in Science and Technology* 31, no. 4 (2015): 27–34。

3. 參閱：Martin Weitzman, "Voting on Prices vs. Voting on Quantities in a World Climate Assembly," *Research in Economics* 71, no. 2 (2017): 199–211, doi:10.1016/j.rie.2016.10.004。

第 24 章

1. John Aloysius Farrell, "Koch's Web of Influence," Center for Public Integrity, 2011, accessed May 19, 2014, https://www.publicintegrity.org/2011/04/06/3936/kochs-web-influence.

2. https://www.greenpeace.org/usa/global-warming/climate-deniers/koch-industries/.

3. 柯克帕特里克‧塞爾的這段引言，取自：John Zerzan, ed., *Against Civilization: Readings and Reflections* (Eugene: Uncivilized Books, 1999)。

4. 討論及引言取自：Milton Friedman, *Capitalism and Freedom: Fortieth Anniversary Edition* (Chicago: University of Chicago Press, 2009), Kindle; and Milton and Rose Friedman, *Free to Choose: A Personal Statement* (Boston: Houghton Mifflin Harcourt, 1990), Kindle。

5. Milton Friedman and Rose D. Friedman, *Free to Choose: A Personal Statement* (New York: Harcourt Brace Jovanovich, 1980), 218.

6. 二氧化硫排放的歷史資料來自：Sharon V. Nizich, David Misenheimer, Thomas Pierce, Anne Pope, and Patty Carlson, *National Air Pollutant Emission Trends, 1900–1995*, EPA-454/R-96-007

(Washington, DC: U.S. Environmental Protection Agency, Office of Air Quality, 1996)，並有美國環保署的更新資料。GDP 資料來自經濟分析局：https://www.bea.gov/data/gdp，而早前的估計值來自個人學者。

7. David Anthoff and Robert Hahn, "Government Failure and Market Failure: On the Inefficiency of Environmental and Energy Policy," *Oxford Review of Economic Policy* 26, no. 2 (2010): 197–224, doi:10.1093/oxrep/grq004.

8. William D. Nordhaus, *The Climate Casino: Risk, Uncertainty, and Economics for a Warming World* (New Haven, CT: Yale University Press, 2013).

9. Ronald Reagan, "Remarks on Signing the Annual Report of the Council on Environmental Quality" (speech), July 11, 1984, The Ronald Reagan Presidential Library and Museum, transcript, https://www.reaganlibrary.gov/archives /speech /remarks-signing-annual-report-council-environmental-quality.

10. 汙染控制費用的估計值取自：Bureau of Economic Analysis, *Survey of Current Business* (Washington, DC: Bureau of Economic Analysis, 1996)。

第 25 章

1. Barbara Tuchman, *The March of Folly: From Troy to Vietnam* (New York: Knopf, 1984), 7.

綠色精神

諾貝爾經濟學家的永續藍圖

The Spirit of Green: The Economics of Collisions and Contagions in a Crowded World

作者：威廉・諾德豪斯(William D. Nordhaus)｜譯者：周宜芳｜主編：鍾涵瀞｜特約副主編：李衡昕｜行銷企劃總監：蔡慧華｜視覺：BIANCO、薛美惠｜印務：黃禮賢、林文義｜社長：郭重興｜發行人兼出版總監：曾大福｜出版發行：八旗文化／遠足文化事業股份有限公司｜地址：23141 新北市新店區民權路108-2號9樓｜電話：02-2218-1417｜傳真：02-8667-1851｜客服專線：0800-221-029｜信箱：gusa0601@gmail.com｜臉書：facebook.com/gusapublishing｜法律顧問：華洋法律事務所 蘇文生律師｜出版日期：2022年7月｜電子書EISBN：9789860763942（EPUB）、9789860763935（PDF）｜定價：520元

國家圖書館出版品預行編目(CIP)資料

綠色精神：諾貝爾經濟學家的永續藍圖/ 威廉．諾德豪斯 (William D. Nordhaus) 作；周宜芳譯. -- 一版. -- 新北市：八旗文化出版：遠足文化事業股份有限公司發行, 2022.07

432面；14.8×21公分

譯自：The Spirit of Green : The Economics of Collisions and Contagions in a Crowded World.

ISBN 978-986-0763-86-7（平裝）

1.綠色經濟 2.永續發展 3.環境保護

550.16367   111000797